우즈베키스탄 여행기

수학자와
함께 걷는
실크로드

우즈베키스탄 여행기

수학자와 함께 걷는 실크로드

남호영 · 박제남 지음

솔빛길

☀ 차례

• PART 4 •

햇빛과 흙빛이 어우러진 부하라

• PART 5 •

티무르의 푸른빛 도시, 사마르칸트

• PART 1 •

기하학적인 타슈켄트

• PART 2 •

흙빛 고대 도시, 토프라크 칼라

• PART 3 •

목각 예술의 도시, 히바

• PART 4 •

햇빛과 흙빛이 어우러진 부하라

• PART 5 •

티무르의 푸른빛 도시, 사마르칸트

우즈베키스탄? 소련에서 독립한 여러 나라 중의 하나로 들어는 보았지만 어디에 있는지, 어떤 역사를 가진 나라인지 너무나 낯선 이름이었습니다. 언젠가 사마르칸트의 화려한 건물 사진을 보고 막연하게 궁금증을 갖고 있긴 했지만, 낙타를 타고 사막을 가로지르는 대상들의 행렬이 지나다니던 그곳에 진짜로 가볼 기회가 있을 줄을 생각도 못 했지요.

중앙아시아에 있는 우즈베키스탄은 우리나라 사람들이 흔히 가는 여행지는 아닙니다. 중앙아시아는 이슬람화된 지역이고 20세기에는 사회주의 진영에 속해 있었으니, 우즈베키스탄만이 아니라 키르기스스탄이든 카자흐스탄이든 중앙아시아에 있는 나라는 우리에게 친숙하지는 않습니다. 덕분에 이슬람과 사회주의, 거기다 러시아의 색채까지 입은 우즈베키스탄은 장막 너머처럼 들춰보고 싶은 곳이 되지 않았을까요?

이 책은 열흘 남짓한 우즈베키스탄 여행기입니다. 타슈켄트로 입국하여 북서쪽의 히바로 날아가서 부하라, 사마르칸트를 거쳐 다시 타슈켄트로 돌아오는 일정을 따라 기록했지요. 열흘만으로 그곳에 대해 무얼 알 수 있을까요? 그렇습니다. 이번 여행 일정은 열흘 남짓에 불과했지만, 그게 다는 아니지요. 시작은 2014년으로 거슬러 올라갑니다. 우즈베키스탄의 타슈켄트에 인하대학교와 우즈베크 정부가 공동 주관하는 '인하 유니버시티 엣 타슈켄트 Inha University at Tashkent'가 만들어졌습니다. 그곳에서 우즈베크 대학생들을 가르치며, 살며 우즈베키스탄을 비롯한 옛날의 실크로드 문명에 발을 들여놓기 시작했습니다. 타슈켄트를 본거지로 삼아 방학이면 히바에도 다녀오고, 주말이면 부하라에도, 사마르칸트에도 다녀왔습니다. 몇백 년 전 낙타들이 디뎠을 땅을 내 동네 돌아다니듯 쏘다녔습니다. 그 경험을 바탕으로 인하대학교 과학영재교육센터의 학생과 학부모들과 함께 열흘 남짓한 여행을 떠났던 거지요. 첫날에는 우즈베키스탄의 학생들과 하루를 같이 보냈습니다. 그 기록을 제외하면 이 책에는 학생들 이야기는 거의 없습니다. 같이 간 일행 사이에서 벌어진 일보다는 새로운 풍광을 소개하고 실크로드에 남겨진 인간의 역사를 돌아보는 일에 집중하고 싶었기 때문입니다. 이것이 이 여행기의 주요 흐름입니다. 이것과 버금가는 두 번째 흐름은 수학이라는 관점입니다. 중앙아시아의 실크로드 도시들은 바그다드가 몽골 제국에 정복당한 후 새로운 학문의 중심지가 되었습니다. 그곳에서 찬란한 학문의 꽃을 피웠던 거지요. 그 흔적을 수학의 눈을 통해 바라보는 것은 매우 의미 있는 일입니다. 그곳에 남아 있는 유적을 수학의 관점으로 해석하고, 그곳에서 위대한 업적을 남기고 간 학자들을 기억하는 일은 이번 여행의 백미였지요. 다만, 수학에 대해 안 좋은 기억을 가진 독자께서는 '실크로드에서 만난 수학'은 건너뛰어도 좋습니다. 그렇게 읽어도 실크로드의 도시들에 와 있는 듯한 느낌을 받는 데는 지장이 없을 테니까요.

자, 이제 떠나볼까요? 타슈켄트행 비행기에 탑승하십시오.

알 비루니
(al-Biruni, 973~1050년 무렵)

우즈베키스탄

알 콰리즈미
(al-Khwarizmi,
780~850년 무렵)

우르겐치

부하라

투르크메니키스탄

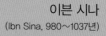

이븐 시나
(Ibn Sina, 980~1037년)

아불 와파 부즈자니
(Abu al-Wafa Buzjani,
940~998년)

이란

카자흐스탄

키르기스스탄

알 카시
(Al–Kashi, 1380~1429년)

울루그 베그
(Ulugh Beg, 1394~1449년)

사마르칸트

오마르 하이얌
(Omar Khayyam, 1048~1131년)

타지키스탄

파키스탄

아프가니스탄

PART 1

기하학적인
타슈켄트

팔각형의 도시

아침 6시가 되기 전에 부지런히 숙소를 나섰습니다. 오늘 일정을 '아침놀이 비추는 타슈켄트 걷기'로 시작해볼 생각입니다. 아주 먼 옛날 이곳에 살던 사람들의 숨결이 여기저기 흩어져 있다면 그 숨결을 가장 짙게 느낄 수 있을 때가 새벽 아닐까요? 모두가 잠든 밤에는 공기도 차분히 내려앉지요. 도시가 부산스럽게 깨어나 그들의 숨결이 흩어지기 전에, 아침 일찍 나섰습니다.

숙소를 나서자마자 길 건너에 아미르 티무르 공원이 보입니다. 티무르는 우즈베크인들이 가장 자랑스러워하는 조상입니다. 우리에게 광개토대왕이 있다면 우즈베크인들에게는 티무르가 있는 거지요. 한때 페르시아부터 중국 접경에 이르기까지 중앙아시아 일대를 정복해 티무르 제국의 영토로 만들었던 인물이니까요.

떠오르는 붉은 해의 기운을 받으며 아미르 티무르 공원의 원형 광장 한가운데에서 말 타고 달리는 듯한 티무르 동상을 보니 낙성대의 강감

아미르 티무르 공원 동상

찬 장군 동상이 생각났습니다. 강감찬 장군 동상도 높은 기단 위에서 말을 타고 달리는 모양입니다. 그 앞 벤치에 앉아서 보면 맞은편 능선 위를 달리는 듯한 착각에 빠져들지요. 아, 그런데 광개토대왕의 동상은 본 기억이 없네요.

아미르 티무르 박물관까지 한 바퀴 돌아와서 서쪽으로 걷기 시작했습니다. 곧 재미있는 오가형을 발견했습니다. 흰색과 빨간색이 섞인 정오각형 여덟 개가 한 줄로 섰습니다. 차례로 조금씩 회전하는 모양입니다. 한두 개 더 만들었다면 처음 오각형과 똑같은 모양의 것이 만들어졌을 텐데요. 정오각형의 중심과 꼭짓점 두 개를 이은 각은 72도이니 저 조형물 8개가 차례로 회전한 각을 모두 더해도 72도보다 작겠네요. 72도씩 회전시켰더라면 변하는 모양이 눈에 안 보였을 겁니다. 그러면 회전시킨 건지 안 시킨 건지 구분이 안 되니 좀 심심했겠지요.

길바닥에서 또 뜻밖의 것을 발견했어요. 어렸을 때 많이 하고 놀

타슈켄트 길가의 정오각형 조형물. 정오각형이 조금씩 회전한 모양이다.

았던 땅따먹기라고도 하고 사방치기라고도 하는 놀이와 비슷한 판이 그려져 있습니다. 어렸을 때는 땅에 돌로 금만 그으면 놀이터가 되곤 했는데, 비록 페인트로 그려진 것이지만 반갑기 그지없습니다. 누가 먼저랄 것도 없이 숫자 위로 뛰어듭니다.

나보이 극장의 대칭

조금 걸으니 이국적인 건물이 앞에 보입니다. 나보이 극장이랍니다. 이곳에는 나보이 거리도 있고 나보이 지하철역도 있습니다. 모두 알리셰르 나보이(Alisher Navoiy, 1441~1501년)의 이름을 땄지요. 그는 티무르 시대에 고위 관료이자 시인이었습니다. 그가 살던 시기는 중앙아시아가 페르시아와 아랍의 기나긴 지배에서 벗어나 우즈베크인들이 패권을 쥐고 있던 때입니다. 우즈베크인들은 튀르크와 몽골의 후예들이지요. 유목 민족인 튀르크는 7세기 무렵부터 북방에서 남하하여 정착하기 시작했고, 몽골은 13세기 초에 이 지역을 정복했지요. 민족은 바뀌었지만 종교는 아랍어, 행정이나 문학은 페르시아어라는 공식이 뿌리 깊게 남아 있던 때이기도 했습니다. 차가타이·튀르크어는 생활 언어일 뿐이었습니다. 이런 시기에 알리셰르 나보이는 페르시아어가 아닌 차가타이·튀르크어로 작품 활동을 했습니다. 바로 우즈베크어의 모어입니다. 아랍어나 페르시아어로 된 작품을 사람들이 이해하지 못했기 때문에 차가타이·튀르크어로 작품을 쓰기 시작했겠지요. 30년 동안 모국어로 활동한 알리셰르 나보이 덕분에 우즈베크인들은 물론 오스만 제국 등 주변 튀르크인들도 하나둘 자신들의 언어로 작품 활동을 하게 되었답니다. 그러니 우즈베크인들이 그를 민족의 정신적 지도자로 생각할 만하지 않나요?

나보이 극장이 연못에 비친 모습. 선대칭이다.

　나보이 극장 건물 앞에 연못이 있습니다. 연못에 비친 건물이 하나 더 있습니다. 주변의 나무도 마찬가지입니다. 이렇게 선명하게 비친 모습을 보기는 쉽지 않지요. 땅에 서 있는 건물과 물에 비친 건물이 대칭을 이룹니다. 수평선을 축으로 한 선대칭입니다.

불변의 성질, 접기와 돌리기

데칼코마니를 하면 똑같은 모양이 반대편에 나타난다. 접은 선에 대칭인 모양으로. 이런 방법으로 나비를 절반만 그리고도, 사람 얼굴을 절반만 그리고도 접었다 펴서 완성할 수 있다. '선대칭' 또는 '반사대칭'이라고 한다. 나보이 극장이 연못에 비친 것은 반사대칭, 특히 수평대칭이다.

데칼코마니가 축으로 접는 대칭을 보여준다면 돌리는 대칭도 있다. 어떤 점을 중심으로 적당한 각도만큼 회전시켜 원래의 도형과 완전히 일치할 때, 즉 불변일 때를 '회전대칭'이라고 한다. 대칭은 불변을 다루는 개념이다.

정오각형은 중심 O를 회전의 중심으로 하여 72도 회전시키면 불변이다. 144도를 회전시켜도 불변이다. 정오각형에는 72도씩 몇 번을 회전시켜도 불변인 회전대칭이 있다.

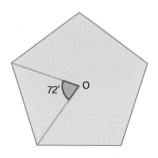

정사각형에는 90도 회전대칭이 있고 완전한 도형인 원에는 모든 각도에 대한 회전대칭이 있다.

직선의 무리들이 만드는 곡선

아래 조형물에서 오각형은 모두 크기가 똑같지만, 뒤에 있는 것일수록 점점 작아 보인다. 실제로 오각형을 회전시키면서 크기를 조금씩 줄여간다면 어떤 모양이 보일까? 바로 아래 오른쪽 그림과 같이 역동적인 곡선이 보인다.

 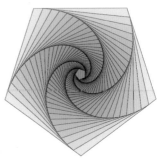

직선은 곧은 선이고 곡선은 휘어진 선이지만, 직선들이 모여 무리를 이루면 곡선이 보이는 놀라운 일이 일어난다. 이러한 곡선을 '포락선'이라고 한다. 포(包)는 '둘러싸다', 락(絡)은 '잇다'라는 뜻이니 포락선은 직선으로 '에워싼' 선이라는 뜻이다. 포락선은 직선이 많을수록 잘 보인다.

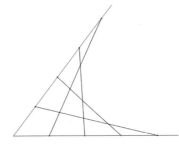 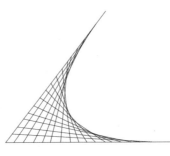

팔각형의 도시, 타슈켄트

나보이 극장 건물 앞의 연못은 팔각형 모양입니다. 이 연못 한가운데 연꽃 모양 분수의 기단도 팔각형입니다. 그러고 보니 나보이 극장 천장에 매달려 있는 샹들리에도 소반같이 생긴 팔각형 모양이고 벽면의 문양도 여덟 개의 꽃잎이 있는 팔각형 모양입니다. 온통 팔각형입니다.

숙소 바로 앞에 있는 아미르 티무르 박물관에도 팔각형 문양이 있었습니다. 아치 안에서 원을 품고 있는 두 겹의 팔각형 문양에서 신성한 기운이 뿜어져 나오는 듯했습니다. 아미르 티무르 박물관의 팔각형은 나보이 극장의 팔각형과는 달라 보입니다. 나보이 극장처럼 볼록 팔각형이 아니라 정사각형이 두 개 엇갈려 겹친 모양인 별 모양의 팔각형입니다.

팔각형에 대한 관심은 메소포타미아 남부 지역에서 가장 오래전에 문명을 이뤘던 수메르에서부터 발견됩니다. 수메르의 대표적인 여신 이난나는 사랑, 욕망과 다산, 전쟁과 죽음의 신이지요. 이난나는 금성으로 상징되는데, 돌이나 토기에 여덟 개의 빛살이 펼쳐지는 별 모양으로 남아 있습니다. 왜 하필 8이냐고요? 수메르인들이 하늘에서 가장 밝은 별인 금성을 골라 8이라는 수와 연결 지은 이유를 단언할 수는 없습니다만 아마도 금성이 제자리에 돌아오는 데 8년이 걸리기 때문이 아닌가 추측합니다. 바빌로니아 제1왕조 때인 기원전 1702년부터 금성을 관측한 기록이 점토판에 남아 전해지니 수메르인들도 이런 이유로 8을 금성과 맺지 않았을까요? 이 수메르를 정복한 아카드인들은 이난나를 이어받아 이슈타르라고 했고 이후 여러 민족의 신화에 이름이 조금씩 바뀌면서 등장합니다. 비너스는 그리스인들이 부르는 이름입니다.

정팔각형을 처음으로 작도한 기록은 기원전 2000년에서 1700년 즈음

타슈켄트의 팔각형 문양. 아미르 티무르 박물관 외관과 내부 바닥의 팔각형과 하즈라티 이맘 모스크의 팔각형 전등

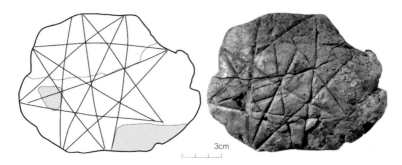

고바빌로니아인이 남긴, 대각선을 이용한 팔각형 작도가 기록된 점토판 IM 51979

의 고(古)바빌로니아인들이 남긴 점토판에서 발견됩니다. 이들에게도 이 난나로 상징되는 팔각형은 중요한 상징이었습니다. 점토판에 그어져 있는 선들이 대각선을 이용하여 팔각형을 작도하는 방법을 나타냅니다.

고고학자인 알 라위(Al-Rawi)의 최근의 연구에 따르면 이라크의 고고학적 유적지인 하다드에서 발견된 점토판에 정사각형 두 개를 엇갈려놓은 별 모양의 팔각형이 쐐기 문자와 함께 그려져 있습니다.

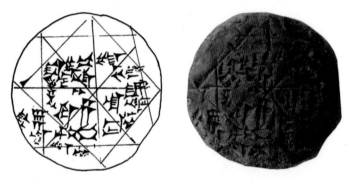

하다드에서 발굴된 고바빌로니아 점토판. 팔각형과 쐐기 문자가 새겨져 있다.

중앙아시아의 팔각형은 메소포타미아의 팔각형이 전해진 것일까요? 아주 오래전부터 교류가 있었고 알렉산드로스의 정복이 끝난 다음에는 헬레니즘 문화가 이곳에 퍼졌으니 가능성 있는 이야기입니다. 여기 타슈켄트만이 아니라 프랑스의 파리 오페라 하우스, 노트르담 대성당, 터키의 아야 소피아에서도 별 모양의 팔각형 문양을 흔하게 볼 수 있습니다. 문양의 기본이 되는 도형은 단순한 기하학을 넘어 문화이기 때문에 전 세계로 퍼져나가지 않았을까요?

별팔각형

다각형은 이웃한 꼭짓점을 이어서 그린 도형이다. 만약 이웃한 꼭짓점이 아닌 여러 칸 떨어진 꼭짓점을 잇는다면 어떤 도형이 그려질까? 그림 ②는 정팔각형에서 두 번째 이웃한 꼭짓점끼리 이어 그린 도형, 그림③은 세 번째 이웃한 꼭짓점끼리 이어 그린 도형이다. 두 번째 꼭짓점을 이어 그린 별다각형은 8과 2를 이용하여 만들었으니 $\frac{8}{2}$각형, 세 번째 꼭짓점과 이어 그린 별다각형은 $\frac{8}{3}$각형이라고 한다.

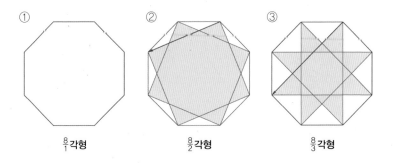

①   ②   ③

$\frac{8}{1}$각형 $\frac{8}{2}$각형 $\frac{8}{3}$각형

정팔각형은 바로 다음 꼭짓점인 첫 번째 꼭짓점을 이어 그린 셈이므로 $\frac{8}{1}$각형과 같이 나타낼 수 있다. 마치 약분한 것처럼 8각형이라고 생각하면 감쪽같다.

이와 같이 별다각형의 이름을 붙이면 $\frac{8}{3}$각형과 $\frac{8}{5}$각형이 같고 $\frac{8}{2}$각형과 $\frac{8}{6}$각형이 같아 정팔각형에서 만들어지는 별다각형은 $\frac{8}{2}$각형, $\frac{8}{3}$각형 두 종류뿐이다. 모든 다각형에 대해서 같은 방식으로 별다각형을 만들 수 있다.

별다각형으로 가린 독립 광장

나보이 극장을 지나 조금 더 걸어가니 길 건너편에 심상치 않은 느낌을 주는 공간이 있습니다. 정면에 있는 하얀 건물이 내뿜는 규모의 웅장함에서도, 꽤 길게 이어지는 하얀색 다리 위에 있는 힘차게 날갯짓하는 새들의 위용에서도. 저곳은 역사적으로 중요한 장소임에 틀림없습니다.

아, 이곳은 우즈베키스탄 독립 기념비가 세워져 있는 독립 광장이랍니다. 1991년 소련이 해체되어 독립하기 전에는 레닌 광장이었지요. 정부 청사, 넓은 광장과 분수대, 무명용사의 묘까지 우즈베키스탄의 아픈 역사를 기리는 곳입니다. 해마다 9월 1일 독립 기념일이면 이곳에서 대규모 경축 행사가 벌어진다고 하니 우리의 광화문 광장 같은 곳인가 봅니다.

오늘은 공사를 하고 있는지 대형 건설 장비들이 보입니다. 공사 현장을 막은 가림막 무늬에 아, 하는 감탄이 흘러나옵니다. 우리나라에서 보던 무미건조한 가림막이 아닙니다. 별 같기도 하고 꽃 같기도 한 별다각형들이 가득합니다. 타슈켄트에는 온통 기하학적인 무늬가 널렸는데, 이 가림막도, 길거리 담장도 예외는 아니네요. 이곳은 별들의 고향인가요? 다각형의 고향인가요?

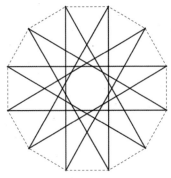

가림막의 별다각형은 아미르 티무르 박물관의 별팔각형과는 다릅니다. 멀고 먼 우주에서 날아온 별빛처럼 뾰족뾰족합니다. 정십이각형에서 출발하여 만들어진 까닭입니다. 더구나 두 문양은 모두 $\frac{12}{5}$각형의 바깥쪽에 마치 꽃잎이 12개 붙은 듯합니다. 이런 문양을

정십이각형에서 만들어진 $\frac{12}{5}$각형

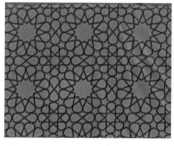

12겹 로제트. 독립광장 가림막(왼쪽), 타슈켄트 길거리 벽(오른쪽)

'로제트'라고 합니다. 로제트는 방사형으로 둥글게 퍼진 잎 형태를 말하는데, 고대부터 메소포타미아, 인도, 로마, 아랍, 중앙아시아 지역까지 종교나 장식의 모티브로 널리 사용되었습니다.

　로제트는 별다각형 바깥쪽에 그리는데, 별다각형이 몇 각형이든 그 원리는 같습니다. 별팔각형 위에 잎이 8개인 로제트를 그리든 별십이각형 위에 잎이 12개인 로제트를 그리든 그 원리는 같다는 거지요. 실제로 $\frac{12}{5}$ 각형을 그린 후 바깥쪽으로 선을 연장하면 12겹 로제트를 그릴 수 있습니다. 타슈켄트 거리는 이런 별들로, 꽃들로 가득 찼습니다.

별다각형과 로제트

여기에서는 간단하게 별십이각형이 아닌 별팔각형 위에 로제트를 그려 보자.

먼저 별팔각형인 $\frac{8}{3}$각형을 그린다. 사실, $\frac{8}{3}$각형의 안쪽에는 그림과 같이 $\frac{8}{2}$각형이 저절로 생긴다.

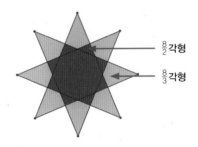

두 번째로 $\frac{8}{3}$각형의 변을 바깥쪽으로 연장하여 아래와 같이 로제트를 그린다.

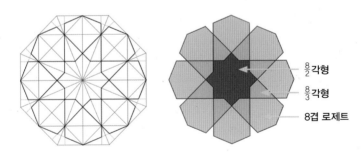

원을 8등분한 후 작도에 필요한 선들을 그리면 별팔각형 두 종류와 8겹 로제트가 생긴다.

잎이 8개인 로제트는 '8겹 로제트', 잎이 12개인 로제트는 '12겹 로제트'라고 한다.

대지진에 무너진 타슈켄트

☾ 　새벽 산책을 마치고 숙소로 돌아와 든든히 아침을 먹었습니다. 이제 지하철을 타고 초르수 바자르에 가려고 합니다. 바자르는 '시장'이라는 말입니다. 초르수 바자르는 타슈켄트에서 가장 크고 오래된 시장이지요. 낯선 나라에 왔으니 북적이는 시장에 가서 사람 구경도 하고 이국적인 향신료도 구경할 참입니다.

타슈켄트의 지하철은 아름답기로 유명합니다. 지하철이 예술 작품 전시장인 셈이지요. 타슈켄트에 중앙아시아 최초의 지하철이 들어선 데는 아픈 사연이 있습니다. 1966년 타슈켄트에 강도 7.5의 대지진이 일어났지요. 1,000여 차례의 여진도 일어나고 건물과 집은 무너지고 얼마나 많은 사람이 죽었는지 파악이 안 될 정도로 완전히 생지옥이었다고 합니다. 도시 전체가 파괴되어 다른 지역처럼 오래된 유적이 거의 없습니다. 그 때문에 우즈베키스탄은 물론 중앙아시아를 방문하는 여행객들은 타슈켄트의 국제공항만 이용하고 시내 관광은 하지 않는 경우가 많습니다. 대지진 몇 년 후 타슈켄트는 화려하게 현대 도시로 새로 태어났고 이때 중앙아시아 최초로 지하철도 생겼습니다. 지하철역에는 시민들을 위로하고 다시 자부심을 품게 하려고 예술 작품들을 설치했다고 합니다. 초르수 바자르에도 갈 겸 지하철역의 예술 작품들도 볼 겸 타슈켄트 역으로 향합니다.

미술관인가 지하철역인가

타슈켄트 역으로 들어서니 플랫폼 벽면에 파란색과 흰색이 섞인 돌로 만든 패널이 여행객을 반겨줍니다. 열차를 몇 차례 보내며 패널 하나하나를 살펴봅니다. 타슈켄트를 배경으로 새와 꽃을 들고 있는 아이들, 책을 들고 있는 아이들, 소련 국기를 들고 있는 아이들 등 폐허를 딛고 일어서는 희망을 아이들을 통해서 보여줍니다. 마침 새로 들어오는 열차를 탑니다. 아이베크 역을 지나면 코스모나브틀라르 역입니다. 우주비행사역이라니? 궁금증이 일어 얼른 열차에서 내립니다. 벽면 빛깔은 검정색에서 강렬한 파란색을 거쳐 점점 희미해집니다. 줄지어 서 있는 녹색 기둥과 플랫폼 이쪽부터 저쪽 끝까지 천장에 매달린 조형물은 은하수 사이를 빠져나가고 있는 듯한 생각에 빠지게 합니다.

선로를 따라 벽면에 거대한 메달처럼 우주비행사들의 초상이 있습니다. 이카루스도 한 자리 차지하고 있네요. 가장 눈에 띄는 인물은 유리 알렉세예비치 가가린(Y. A. Gagarin)입니다. 1961년 인류 최초로 지구 궤도를 도는 우주 비행을 해서 온 세상을 깜짝 놀라게 했지요. 그가 전한 "지평선이 보인다. 하늘은 검고 지구 둘레에 아름다운 푸른색 섬광이 비친다."라는 말은 지구 밖에서 지구를 보고 묘사한 첫 번째 말이었지요.

우리가 보는 다른 천체들과는 달리 지구는 푸른 행성이었던 거지요. 꽃을 들고 있는 우주비행사는 발렌티나 블라디미로브나 테레시코바(V. V. Tereshkova)입니다. 1963년 지구를 48바퀴 돌고 온, 여성으로서는 세계 최초의 우주비행사입니다. 벗어진 머리에 한 손을 들고 뭔가 할 말이 있는 듯이 보이는 인물은 콘스탄틴 예두아르도비치 치올콥스키(K. E. Tsiolkovsky)입니다. 19세기 중반에 태어난, 인류 우주 비행의 아버지로 여기는 사람입니다. 소련이 인류 최초의 우주 비행을 할 수 있도록 초석을 다진 선구자입니다. 그는 "지구는 인류의 요람이지만, 우리가 영원히 요람에서 살 수는 없다."라는 말을 편지에 썼는데, 그가 활동한 시대를 생각하면 참 놀라운 혜안입니다.

다시 열차를 타고 이번에는 알리셰르 나보이 역에서 내립니다. 알리셰르 나보이 역 덕분에 타슈켄트는 2014년에 한 인터넷 사이트에서 '지하철역이 대중교통을 이용하도록 영감을 주는 세계 17개 도시'에 뽑혔습니다. 우윳빛 기둥들이 돔을 받치고 서 있습니다. 돔은 통로 위에만 있지 않고 양쪽 선로 위에도 있습니다. 그렇게 돔과 기둥이 줄지어 서서 우아한 분위기를 만들어냅니다. 돔에는 별십이각형이 꽃잎을 품고 있습니다. $\frac{12}{3}$각형 안에 $\frac{12}{2}$각형, 그 안에 $\frac{12}{4}$각형이 있는 모양입니다. 천장이 온통 별다각형으로 화려함의 극치를 이루고 있습니다. 플랫폼 바닥에 늘어선 $\frac{8}{2}$각형들은 마치 돔에 그려진 별다각형의 그림자 같습니다. 줄지어선 기둥들도 모두 작은 $\frac{8}{2}$각형을 밟고 서 있습니다.

벽에는 옥색 패널 안에 알리셰르 나보이의 작품들이 그림으로 돋을새김되어 있습니다. 성벽 안에 두 남자가 있는 패널은 그의 작품 「알렉산더의 벽」을 표현한 것인가 봅니다. 머리에 터번을 쓰고 웃옷을 반쯤 벗

타슈켄트 지하철역의 아름다운 모습. 위에서부터 타슈켄트 역, 알리셰르 나보이 역, 코스모나브틀라르 역

은 남자와 이마에 장식물을 붙이고 하늘하늘한 옷을 입은 여자가 있는 패널은 「라일라와 마즈눈」인가 봅니다. 나보이의 대표 작품은 다섯 가지 사랑 이야기로 구성된 『함사』인데, 「라일라와 마즈눈」은 그중 하나입니다. 알리셰르 나보이가 남긴 30편의 문학 작품 중 또 다른 것들이 플랫폼 벽면에 직사각형 모양으로 설치되어 있습니다. 우즈베크어를 몰라 그림을 보면서 눈치로 짐작하며 플랫폼을 천천히 걷습니다.

동심원으로 매대를 펼쳐놓은 초르수 바자르

타슈켄트 역에서 여섯 정거장밖에 떨어져 있지 않은 초르수 바자르 역에 드디어 내렸습니다. 이 역에는 멋진 장식물이 없습니다. 그래서 계단을 따라 바삐 올라갑니다. 지하철역을 빠져나오자 차량과 사람과 높고 낮은 건물과 초록색 돔들이 정신을 쏙 빼놓습니다. 창문이 있는 가장 큰 돔이 초르수 바자르입니다.

초르수 바자르는 엄청나게 큰 시장이다.

초르수 바자르는 16세기 후반에 형성된 구시가지의 중심지입니다. 오래된 시장답게 규모가 대단합니다. 돔 바깥에도 노점이 즐비합니다. 멜론, 수박, 토마토, 파프리카, 그리고 이름 모를 과일과 채소들이 상자 안에 가득 담겨 팔리기를 기다리고 있습니다. 상자를 앞에 놓고 앉아 있는 상인들이 호기심 어린 눈으로 우리를 쳐다봅니다. 일단 아무거나 먹고 볼까요? 이곳에서는 멜론이나 토마토 등 과일을 사서 바로 먹는 일이 흔합니다. 우리도 먹기 편해 보이는 이름 모를 작고 붉은 과일을 사서 한 입 베어 뭅니다. 단물이 입안에 가득 찹니다.

트럭과 노점 상인들 사이를 요리조리 빠져나가면서 돔 안으로 들어섭니다. 밖에서 보기에도 돔이 커 보이기는 했지만 안에 들어오니 더 놀랍습니다. 매대가 동심원처럼 겹겹이 자리 잡고 있습니다. 해바라기씨와 같은 견과류 상인들이 모여 있는 곳, 말린 과일이 수북이 쌓여 있는 곳을 기웃기웃하다 보니 향신료가 유혹하는 곳이 나타났습니다. 가지각색으로 쌓여 있는 향신료를 냄새를 맡아보며 고릅니다. 말은 안 통하지만 흥정을 하는 신기술도 발휘해봅니다. 집에 가면 볶음밥이나 샐러드에 넣어 먹을 생각입니다. 이쪽은 반찬을 파는 곳이네요. 고들빼기김치같이 배추김치와는 조금 다른 김치 종류와 채소를 절인 것, 볶은 것, 무친 것 등 반찬 종류가 많습니다. 고려인들이 반찬 가게를 많이 한다는데, 이곳에 정착한 지 벌써 몇 세대가 지났으니 우리말을 하지 못하는 고려인도 많다고 합니다. 생김새로도 구분하기는 어렵습니다. 정육점 창고처럼 고깃덩어리를 통째로 매달아놓은 정육점들이 동심원 가장자리에 모여 있습니다. 이층으로 올라가니 시장 전체가 시원하게 내려다보입니다. 도대체 가게가 얼마나 많은 걸까요? 돔의 지름이 거의 90m쯤 되니 동심원 매대를 모두 돌아보려면 한나절은 걸릴 듯합니다.

돔을 니와 한 바퀴를 도니 아까 들어올 때는 미처 못 봤던 노점들이 돔을 둘러싸고 있습니다. 과일 가게도 있지만 옷가게도 많습니다. 면과 비단의 나라답습니다.

중앙아시아 이슬람의 중심지, 하즈라티 이맘 광장

초르수 바자르에서 북쪽으로 1km 남짓 떨어진 곳에 하즈라티 이맘 광장이 있습니다. 아스팔트가 끝나자마자 물고기 뼈 모양, 그러니까 연속적으로 ㅅ자 모양으로 벽돌을 깐 보도를 따라 몇 걸음 걷자 같은 모양의 보도블록이 깔린 넓은 광장이 펼쳐집니다. 서쪽의 건물은 바라크 칸 마드라사이고, 바로 옆으로 틸랴 쉐이크 모스크와 무이 무보라크 마드라사가 이어집니다. 마드라사는 학교를 말합니다. 광장 북쪽으로 16세기의 철학자이자 시인인 카팔 사쉬의 영묘와 소련 시절에도 운영이 허용되었던 이슬람 센터인 알 부하리 연구소가 있습니다. 알 부하리는 9세

하즈라티 이맘 모스크의 아치문 위의 무늬

기의 학자로 부하라 출신입니다. 며칠 후에 갈 부하라에서 그를 만나보
지요. 동쪽 큰 건물은 하즈라티 이맘 모스크입니다. 대지진을 버텨내며
이슬람 문화를 지켜온 오래된 건물들 곁에 2007년 하즈라티 이맘 모스
크를 세우면서 이곳은 명실공히 이슬람 문화의 중심지가 되었습니다.

　하즈라티 이맘 모스크의 정문은 동쪽으로 나 있습니다. 광장 반대편
으로 도로에 맞닿아 있습니다. 도로 쪽에서 보는 모습은 위압적일 정도
입니다. 양옆에 엄청나게 높은 미나렛도 두 개나 있습니다. 미나렛은 모
스크의 부속 건물인 높은 탑을 말하며 '첨탑'이라고 번역합니다. 외래어
표기법에 따르면 '미너렛'이나 이 책에서는 통상적인 발음인 '미나렛'으
로 표기하였습니다. 비교적 최근에 지어진 건물이라 모스크의 전통 구
조와는 좀 달라 보이지만 아치문 위 문양은 화려합니다. 오각별도 있고
팔각별도 있고 찌그러진 육각형도 보입니다. 아, 다시 보니 8겹 로제트
네요.

틸랴 쉐이크 모스크는 규모가 대단합니다. 모스크 안을 꽉 채워서 초록색 카펫이 깔려 있습니다. 돔으로 불룩 솟아오른 천장은 푸른빛과 붉은빛이 섞인 동심원 모양이 마치 신이 내리는 축복인 듯 사방팔방으로 뻗어 내리는 모양입니다. 그 안에 그려진 별다각형은 어지러워서 몇 각형인지 세기도 어렵습니다. 그 아래 빙 둘러 있는 아치 모양의 창문으로 들어온 빛이 실내를 밝힙니다. 돔이 끝난 평평한 천장에는 원 모양의 장식과 $\frac{8}{2}$각형 전등이 화려합니다.

이곳 모스크에서는 1만 명이 한꺼번에 기도를 드릴 수 있다고 하던데, 정말일까요? 호기심이 동해서 계산을 해보았습니다. 모스크의 가로, 세로 길이가 35m, 12m 정도인데, 보통 가로, 세로 1m인 정사각형 안에 두 사람이 있는다고 하니 최내한으로 생각해서 세 명이 앉는다고 가정하지요. 35와 12를 곱한 수에 3을 더 곱하면 1,260이 됩니다. 1,260명이 동시에 앉을 수 있다는 말이지요. 어찌 된 일일까요? 몇 배는 더 많은 사람이 들어간다니 엎드려 기도하지 않고 서 있는다는 말일까요? 서 있으면 두 배는 더 들어갈 수 있습니다. 1만 명이라는 인원은 틸랴 쉐이크 모스크만을 말한 것이 아니라 옆에 있는 하즈라티 이맘 모스크와 광장까지 포함한 경우인가 보다 생각하며 무이 무보라크 마드라사로 발걸음을 옮깁니다.

무이 무보라크 마드라사는 박물관의 역할을 하고 있는 곳입니다. 세계에서 가장 오래된 코란을 보관하고 있기 때문이지요. 안에 들어서면 약간 어둡습니다. 유리장 안쪽에 코란이 놓여 있습니다. '우스만 코란'이라고 하는 이 코란에는 이것을 읽다가 살해된 세 번째 칼리프 우스만의 피가 얼룩져 있다고 합니다. 두꺼운 양피지에 아랍어의 초기 언어로 쓰여 있습니다.

하즈라티 이맘 모스크의 별 문양

하즈라티 이맘 모스크의 아치문 위 무늬는 아래와 같이 사각형과 팔각형의 테셀레이션 위에 8겹 로제트를 그려 완성할 수 있다. 테셀레이션이란 도형을 겹치지 않게 빈틈없이 반복하여 평면을 채우는 것을 말한다.

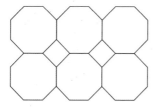

① 사각형과 팔각형 테셀레이션으로 기본선을 그린다.

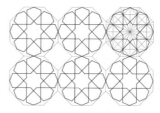

② 기본선의 팔각형 안에 8겹 로제트를 그린다.

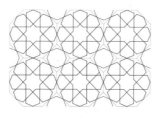

③ 로제트의 변을 사각형 안에서 만날 때까지 연장한다.

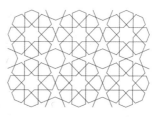

④ 기본선을 지우고 완성한다.

피슈타크가 화려한 바라크칸 마드라사

바라크칸 마드라사는 샤이반 왕조가 티무르 제국을 무너뜨린 후인 1502년에 지어졌습니다. 직육면체 형태로 생긴 이 거대한 출입구는 '피슈타크'라고 합니다. 피슈타크는 아치형 출입문을 둘러싸고 있는, 삼면이 벽이고 한 면은 트여 있는 직사각형 공간을 말하지요. 대개 위쪽은 아치 모양으로, 마치 양파를 세로로 자른 것처럼 둥글면서도 조금은 뾰족하게 파여 있고 아래쪽에는 출입구가 있습니다. 아치형 출입문인 이완은 기원전 3세기 무렵 메소포타미아를 지배했던 파르티아 제국에서 시작되었다고 합니다. 이후 페르시아 사산 왕조부터 더 웅장하고 화려한 효과를 위하여 이완 주위를 직육면체로 감싼 피슈타크 형태로 널리 퍼져나갔다고 하지요.

바라크칸 마드라사의 피슈타크도 화려하기 그지없습니다. 아치 위쪽으로는 아라베스크 무늬가 있고 그 주위에 ㄷ자 모양으로 아랍어가 새겨진 타일이 붙어 있습니다. 이슬람 건축물에서는 글자를 멋있게 새겨 넣은 경우를 흔하게 볼 수 있습니다. '캘리그라피'라고 하는 이것은 손으로 그린 아름다운 문자라고 번역할 수 있겠지요. 우리에게도 문자가 기록의 의미를 넘어서 예술이었던 적이 있었습니다. 글자의 예술, 바로 서예라는 표현에서 기억할 수 있지요. 김정희는 자신의 호를 딴 추사체라는 서체까지 남기지 않았던가요. 우리의 서예는 건물 현판이나 종이에 남아 있지만, 이슬람의 서예는 책은 물론 건물 벽면에까지 새겨져 있는 점이 다를 뿐입니다.

이슬람 건축 장식에서 문자가 이렇게 중요한 요소가 된 이유는 살아

바라크칸 마드라사

있는 생명은 신의 소관이라는 생각에서 비롯됩니다. "내가 창조한 것처럼 어떤 것을 창조하려고 하는 자보다 더 그릇된 자는 없다."라는 말은 무함마드의 언행을 기록한 하디스에 실려 있는 말입니다. 오직 신만이 인간이나 동물, 즉 형상을 만들 수 있는 창조주라는 믿음입니다. 그 결과 이슬람 건물의 조각이나 벽화에서는 인물이나 동물 장식이 보이지 않습니다. 심지어 사원에도 신을 본뜬 성상은 없습니다. 대신 신의 말씀을 전하는 문자를 예술의 경지에 이르게 발달시킨 캘리그라피로 그들의 예술혼을 펼쳤지요.

　건물에서 볼 수 있는 캘리그라피는 크게는 각이 진 서체와 흘려 쓴 서체로 구분됩니다. 피슈타크의 위쪽에 알아보기 어려운 서체가 흘림체이고 세로로 길게 반복된 서체가 각진 체인 쿠파체입니다. 우리로 말하면 고딕체라고나 할까요. 흘림체는 어떤 서체든 페르시아어이거나 아랍어라고 알아차릴 수 있지만 각진 서체는 글자인지 모르고 지나칠 수도 있습니다. 쿠파체의 기본 형태는 정사각형 안에 곧은 선으로만 글자를 표현한 것입니다. 마치 학교 다니던 시절, 미술 시간에 사각형 안에 자를 대고 글자 모양을 만들어 넣던 것과 비슷합니다. 그래서 쿠파체는 아랍어를 잘 모르면 기하학적인 문양으로 보일 정도로, 직선과 곡선이 어우러진 디자인이라고만 생각할 정도로 아름답습니다.

캘리그라피로 가장 많이 등장하는 글자가 알라와 무함마드입니다. 쿠파체로 이 두 글자를 읽을 수 있다면 곳곳에서 문양인 듯이 박혀 있는 이 글자를 발견하는 재미가 있습니다. 바라크칸 마드라사의 정면에도 알라라는 글자가 여러 개 새겨져 있습니다.

바라크칸 마드라사에 더 관심을 가진 이유는 피슈타크에 새겨진 여러 개의 알라라는 글자 사이에 있는 사각형 네 개가 회전하는 모양의 정사각형 분할 문양 때문입니다. 실크로드를 따라 여행하다 보면 역사적으로 의미가 깊은 문양을 곳곳에서 만나는데, 이것도 그중의 하나입니다.

바라크칸 마드리샤의 알라의 아랍어 쿠파체(노란색)와 사각형이 회전하는 모양의 정사각형 분할 모양

이 문양의 뿌리는 메소포타미아 지역에서 살았던 사람들이 남긴 점토판에서 발견됩니다. 고바빌로니아는 물론 그보다 이른 기원전 2400년경 아카드 시기의 점토판에서도 보입니다. 출발은 직사각형 띠의 넓이를 이등분하는 방법이었습니다. 정사각형을 둘러싸고 있는 네 개의 직사각형 띠의 넓이를 이등분하는 문제는 지금은 '피타고라스의 정리'라고 하는 것을 당시 사람들이 알고 있었다는 증거도 됩니다. 그런데 그들은 왜 직사각형 띠의 넓이를 이등분하는 계산을 했을까요? 당연히 당시 사람들이 살아가는 데 필요한 계산이었기 때문입니다. 토지의 넓이를 측정할 때도 필요하고 별자리를 계산할 때도 필요했다는 증거가 점토판에 남아 있습니다.

중앙아시아까지 영토를 넓혔던 아바스 왕조의 수도 바그다드는 메소포타미아 문명을 꽃피웠던 바로 그 자리이니 그 언젠가 이 문양이 중앙아시아로 전해졌을 겁니다. 그러곤 신성한 문양으로 사용되었겠지요.

바라크칸 마드라사의 정사각형 분할 문양

네 개의 직사각형이 회전하듯이 정사각형을 둘러싸고 있다. 이 직사각형 띠의 넓이를 이등분하는 방법을 생각해보자. 고바빌로니아인들이 생각한 방법은 대각선으로 각각의 직사각형을 이등분하여 잘라내는 것이다. 그러면 직사각형 띠의 넓이가 이등분된다.

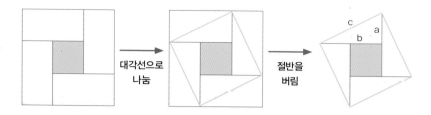

이때, 남은 직각삼각형의 두 변을 a, b라 하고 빗변을 c라고 하면, 작은 정사각형의 넓이 $(b-a)^2$과 직각삼각형 4개의 넓이 $4\left(\dfrac{ab}{2}\right)$의 합과 큰 정사각형의 넓이 c^2이 같다. $(b-a)^2+4\left(\dfrac{ab}{2}\right)=c^2$. 이를 정리하면 $a^2+b^2=c^2$으로 피타고라스의 정리가 성립한다.

이번에는 잘라낸 직각삼각형을 빗변을 축으로 선대칭이 되게 놓아보자. 바라크칸 마드라사의 정면에 있는 정사각형 분할 문양이 만들어진다.

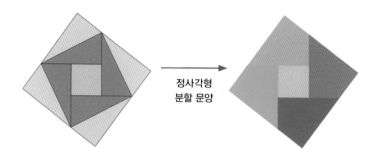

보도블록의 기하학

　타슈켄트에는 기하학적으로 해석할 수 있는 보도블록이 꽤 많이 깔려 있습니다. 옆의 사진도 타슈켄트의 보도블록입니다. 정사각형 두 종류가 번갈아 놓여 있지만 바라크칸 마드라사에서 보았던 삼각형, 사각형이 회전하는 모양의 정사각형 분할 문양을 숨기고 있습니다.

타슈켄트 보도블록. 정사각형 분할 문양을 숨기고 있다.

　삼각형이 회전하는 모양의 정사각형 분할 문양에 가운데 있는 작은 정사각형을 하나 추가하여 옆에 붙입니다. 이것을 사방팔방으로 평행이동시키면 두 가지 사각형이 어우러진 문양의 보도블록이 됩니다.

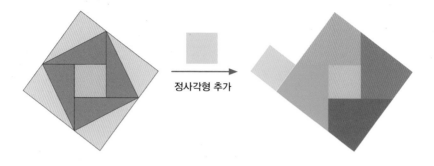

정사각형 추가

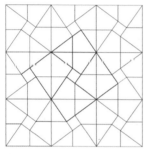

두 정사각형이 반복하며
만드는 문양

두 정사각형이 평면을 채우며 만드는 보도블록의 무늬는 좀 더 발전시킬 수 있습니다. 회전하는 네 개의 사각형 안에 수직으로 만나는 빨간색 선을 긋는 겁니다. 한 조각이 네 조각으로 더 작게 나누어지면서 화려한 문양이 만들어집니다. 정사각형, 직각삼각형, 네 변의 길이가 모두 다른 사각형이 얼기설기 모인 무늬로만 보입니다. 두 정사각형을 표시하지 않으면 어떤 도형에서 출발하여 만들어진 문양인지 알아볼 수 없을 정도지요.

보도블록의 두 정사각형은 크기를 변화시킬 수도 있는데, 처음 직사각형 띠를 생각하면 당연한 일이지요. 처음 직사각형 띠에서 직사각형의 가로와 세로의 길이가 비슷했다면 두 정사각형의 크기는 차이가 크게 나고, 가로와 세로의 길이 차이가 크게 났다면 두 정사각형의 크기는 차이가 덜 납니다.

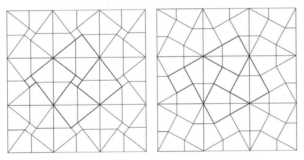

두 정사각형의 크기가 변함에 따라 문양의 느낌도 달라진다.

앞에서 말했듯이, 이슬람에서는 오직 신만이 인간이나 동물, 즉 형상을 만들 수 있는 창조주라는 믿음을 갖고 건물 어디에도 인물이나 동물 장식을 하지 않았습니다. 그 덕에 이번 여행길에서는 기하학적인 아름다움에 푹 빠질 수 있었습니다. 보도블록과 건물의 문양, 창문의 창살, 길거리나 건물의 난간의 무늬 등 눈 돌리는 곳마다 기하학적인 문양이 발견됩니다. 그것을 해석하는 일, 즉 그 문양이 어떤 도형으로 어떻게 그려졌는가를 들여다보는 일이 이번 여행의 즐거움 중의 하나가 될 겁니다.

반복되는 패턴

타슈켄트의 보도블록들을 더 살펴볼까요? 가장 간단한 원리를 품고 있는 보도블록은 직사각형을 나란히 늘어놓은 모양일 겁니다. 가장 흔한 모양이지요. 정육각형을 맞대서 바닥을 채운 경우도 보이고 언뜻 보기에 사각형 꽃같이 보이는 보도블록도 있습니다. 자세히 보니 기본 도형은 $\frac{8}{2}$각형입니다.

타슈켄트 보도블록. 색깔을 넣어 입체감을 주었다. 타슈켄트의 $\frac{8}{2}$각형 보도블록

어떤 벽돌을 이용하든 보도블록을 깔 때는 빈틈을 두지 않습니다. 빈틈이 있다면 걸어가다가 발목이 삐끗하겠지요. 도형을 겹치지 않게 빈틈없이 반복하여 평면을 채우는 것, 이것을 '테셀레이션'이라고 합니다. 안타깝게도 우리말로 번역되어 널리 쓰이는 말이 없습니다. 말이 좀 길긴

타슈켄트 곡선 무늬 보도블록

하지만 이 책에서도 그냥 테셀레이션이라고 하겠습니다.

정육각형 보도블록과 같이 한 가지 정다각형으로 테셀레이션하는 경우도 있고 여러 가지 정다각형으로 할 수도 있습니다. 정다각형만이 아니라 마름모 같은 다각형으로도 평면을 채울 수 있습니다. 색깔을 넣어 입체감을 줄 수도 있습니다.

나아가 곡선 모양을 포함한 무늬도 가능합니다. 물고기 비늘 같은 보도블록, 물고기 네 마리가 입 맞추고 있는 듯한 보도블록까지 다채로운 디자인은 타슈켄트를 여행하는 즐거움을 더해줍니다.

정다각형으로 보도블록 채우기

도형을 겹치지 않게 빈틈없이 반복하여 평면을 채우는 것을 '테셀레이션'이라고 한다. 한 종류 정다각형으로 테셀레이션할 수 있는 도형은 정삼각형, 정사각형, 정육각형뿐이다. 정삼각형을 한 꼭짓점에 6개 모으면 360도가 되고 정사각형을 한 꼭짓점에 4개 모으면 360도가 된다. 이와 같이 정다각형 세 종류는 혼자 힘으로 테셀레이션할 수 있다.

두 가지 이상의 정다각형으로 테셀레이션할 수도 있다. 아래는 사각형과 팔각형으로 테셀레이션하는 경우이다.

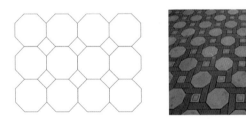

타슈켄트 보도블록. 사각형과 팔각형이 반복되는 무늬

두 가지 이상의 정다각형으로 테셀레이션하는 경우는 모두 8가지가 있는데, 그 원리는 한 꼭짓점에 모이는 여러 개의 정다각형의 내각의 크기를 모두 더하면 360도가 되어야 한다는 것이다.

마름모로 만드는 무늬

두 가지 이상의 정다각형으로 테셀레이션하는 경우, 각 도형의 중심을 이으면 새로운 테셀레이션이 만들어진다. 아래는 정삼각형과 정육각형, 두 가지 도형으로 이루어진 테셀레이션을 이용해서 만들어낸 새로운 테셀레이션이다. 이와 같은 새로운 테셀레이션을 '듀얼 테셀레이션'이라고 한다. 타슈켄트 길거리에서 보았던 마름모만으로 이루어진 테셀레이션은 정삼각형과 정육각형이 섞인 테셀레이션의 듀얼 테셀레이션도 된다.

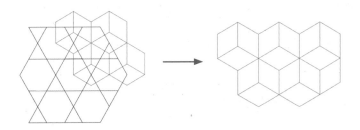

이렇게 만들어진 무늬도 색깔을 어떻게 넣느냐에 따라 다른 무늬처럼 보이기도 한다. 타슈켄트 보도블록처럼 색깔이 세 가지인 경우, 아래와 같이 여러 가지인 경우, 또는 색칠하는 규칙이 다른 경우 모두 다른 무늬처럼 보인다.

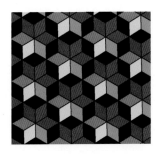
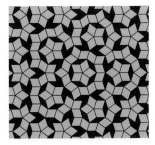

단청 문양 같은 보도블록

타슈켄트를 다니면서 보도블록만 보고 다니지는 않았지만, 한 가지 더 꼭 보고 가야 할 보도블록 모양이 있습니다. 말고기 전문점 앞의 보도블록입니다. 우리나라 궁궐이나 사찰의 단청에서 본 문양과 비슷하지 않나요? 신라, 고려 때 이미 아랍 상인들과 활발하게 교역을 했던 기록이 있으니 놀라운 일은 아니겠지요.

타슈켄트 보도블록. 단청 문양과 비슷하다.

이 단청 문양은 삼각형이 여러 개 모여서 만들어진 것 같지요? 삼각형 6개가 한 꼭짓점에 모여서 반복된다고 보면 정육각형이 기본 도형입니다. 정육각형 테셀레이션인데 그 안에 문양을 넣어서 반복하는 거지요. 어떻게 그릴 수 있을까요?

이런 생각을 하다 보니 어제 있었던 우즈베크 아이들과의 만남이 생각납니다. 어제는 알 콰리즈미 학교를 다니는 아이들 10여 명과 우즈키스탄 청소년연합(O'zbekiston YOSHLAR ITTIFOQ) 건물에서 하루를 같이 보냈습니다. 우즈베키스탄의 학교들은 수로 이름을 짓습니다. 25 학교, 326 학교, 이런 식이지요. 알 콰리즈미 학교와 같이 따로 이름이 있는 경우는 드뭅니다.

단청 문양 그리기

타슈켄트 말고기 전문점 앞 보도블록의 무늬는 아래와 같이 그린다.

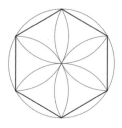

① 원 안에 6개의 원을 그려
정육각형을 완성한다.

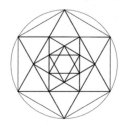

② 정육각형의 세 꼭짓점을 이어
정삼각형 2개($\frac{6}{2}$각형)를 그리고
이를 반복한다.

③ 위 ②의 교점을 이용하여
문양을 완성한다.

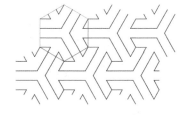

④ 문양을 이동시켜
평면을 채워나간다.

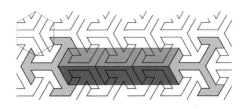

실제로 단위 문양을 완성할
때는 왼쪽 그림과 같이 입체
적으로 손질하고 색을 입힌다.

알 콰리즈미 학교의 아이들

인하대 과학영재교육센터의 아이들과 우즈베크 알 콰리즈미 학교 아이들의 만남은 여행을 떠나기 전에 미리 준비했습니다. 어른들은 만남을 성사시켰고 아이들은 발표할 것을 준비했습니다. 영어를 그리 잘하지 못해도 눈빛과 도형과 수식으로 꽤 많이 통할 수 있는 자리였지요.

테셀레이션과 별다각형과 알 콰리즈미……. 알 콰리즈미에 대해 발표하던 우즈베크 아이들이 생각납니다. 이름이 길이 남을 위대한 수학자를 조상으로 둔 자부심 때문이었을까요? 조금은 수줍어하면서도 뿌듯함을 숨기지 못하는 눈이 똘망똘망했습니다. 수학 티셔츠를 만들 때의 일도 생각납니다. 모두 닥사에 흰 티셔츠를 펼쳐놓고 수학 기호와 도형으로 멋들어지게 디자인하고 있을 때, 특이한 티셔츠가 눈에 띄었습니다. 우리나라 국기와 우즈베키스탄 국기, 우리나라 지도와 우즈베키스탄 지도를 나란히 그린 티셔츠였습니다. 멋지다고 감탄하며 들여다보는데 '코리아'를 한글로 써달라고 부탁하더군요. 이름이 '압둘라'라는 아이였습니다.

모둠 활동에 이어 모둠끼리 어울려 먹은 점심 식사는 우즈베크 학부모들이 준비해주셨습니다. 지하 식당에 내려가자 '레표시카'라고 하는 얼굴만큼 커다란 전통 빵, 토마토 샐러드, 연잎밥 같은 밥, 튀김, 오쉬라고 하는 볶음밥, 강정 비슷한 과자, 말린 과일 등 색색별로 정성 들인 식사가 준비되어 있었지요. 어느 나라나 학부모들의 열성은 따라갈 수가 없나 봅니다. 먼 나라에서 온 손님들을 위해 꽤 많은 양의 식사를 준비해주셨으니까요.

이제 하루가 저물어갑니다. 내일은 아침 일찍 우즈베키스탄의 서쪽, 호라즘으로 떠나는 비행기를 탈 겁니다. 고대의 실크로드로 떠나는 겁니다.

위쪽부터 차례로 알 콰리즈미에 대해 발표하는 우즈베크 학생, 모둠 활동을 하는 두 나라 아이들과 우즈베크 교사, 모둠별로 점심 식사하는 모습, 수학 티셔츠를 만들기 위한 준비 과정, 완성한 수학 티셔츠를 들고 있는 압둘라

PART 2

흙빛 고대 도시,
토프라크 칼라

태양의 땅, 호라즘

타슈켄트에서 비행기를 탄 지 1시간 40분, 우르겐치 공항에 도착했습니다. 공항은 우르겐치 북쪽 변두리에 있습니다. 버스를 타고 더 북쪽으로 갑니다. 첫 목적지는 1세기 아니면 2세기에 지어졌다고 짐작하는 토프라크 칼라(Topraq-Kala), 호라즘의 고대 도시입니다.

이곳으로 오기 전에 모니터에 지도를 띄워놓고 돌리면서, 확대하고 축소하면서 호라즘을 살펴보았지요. 호라즘은 중앙아시아 서쪽 지역입니다. 파미르고원에서 시작하여 굽이굽이 먼 길을 흘러온 아무다리야강이 만든 삼각주에 넓게 자리 잡은 곳이지요. 북쪽으로는 아랄해, 동쪽으로는 키질쿰 사막, 남쪽으로는 카라쿰 사막이 있는 거대한 오아시스예요. 키질쿰 사막은 한반도보다 넓고, 카라쿰 사막은 더 넓어요. 어마어마하게 넓은 사막 중간에 사람들이 모여 사는 오아시스들이 있습니다.

오아시스라고 하면 나무 몇 그루 있는 작은 호수만 한 줄 알았는데, 여기 오아시스들은 우리나라 도시만큼 큽니다. 강화도 굽이진 길을 걸을 때, 섬에 있는 건지 육지에 있는 건지 구분이 안 되었던 것처럼 여기에서도 오아시스인지 그냥 내륙인지 구분이 안 됩니다.

호라즘은 '태양의 땅'이라는 뜻입니다. 비가 거의 오지 않는 메마른 태양의 땅이지만 삼각주가 만든 풍요로운 오아시스에 자리한 지역이라 일찍부터 사람이 살기 시작했답니다. 약 200만 년 전 구석기 시대의 유물도 발견되었다니 유구한 역사로 따지자면 우리나라 못지않습니다.

10여 분도 안 가서 창문 밖에 바로 그 아무다리야강이 보입니다. 강이 얕은지 물이 깨끗한지, 강바닥의 모래가 보입니다. 잔잔한 물빛 사이로 군데군데 모래톱이 올라와 있습니다. 자전거로 달리던 홍천강처럼 넉넉해 보입니다.

겉으로는 평온해 보이는 아무다리야강은 사막에서는 모래 밑으로 흐르고 물길도 자주 바꾸는 끈질긴 생명력을 가진 강입니다. 아무다리야강의 아랍어 이름은 '자이 혼', 즉 미친 강입니다. 굽이치며 흐르다가 모래 밑으로 사라지고, 어느 사이에 나타나서 넘실대며 물길을 바꿔버리는 아무다리야강! 아랍 사람들에게는 생명의 원천이자 혼돈이었나 봅니다.

창문 밖으로는 키 작은 풀들만 삐죽삐죽 나 있는 누런 초원이 이어집니다. 우르겐치에서 토프라크 칼라까지는 오아시스 지역입니다. 위성 사진에서 보면 주변의 황톳빛 사막과는 사뭇 다릅니다. 어두운 녹색의 오아시스 지역 끄트머리에 토프라크 칼라가 있습니다. 초원 지역답게 번듯한 나무보다는 키 작은 관목과 듬성듬성 나 있는 풀들만 창문 밖으로 흘러갑니다.

어릴 적 마당에서 벌어지던 일이 생각났습니다. 오빠는 보자기를 두르고 의자에 앉아 있습니다. 아버지는 가위처럼 생긴 수동 이발기로 오빠

토프라크 칼라. 1세기 무렵부터 조성되기 시작했다고 본다.

의 머리를 밉니다. 엄지손가락은 그대로 있고 나머지 손가락으로 재깍재 깍 오므렸다 폈다 하면서 머리 주변부에서 정수리 쪽으로 밀고 올라가 길 반복합니다. 어느 순간 아악, 하는 오빠의 비명이 터져 나옵니다. 머 리 한 번 밀 때마다 서너 번은 이발기에 머리카락을 뜯겼지요. 풀들도 그렇게 뜯겨나간 듯, 듬성듬성합니다.

흥미로운 게 없는 요새?

그런 풍경에 익숙해질 무렵 드디어 토프라크 칼라에 도착했습니다. 버 스에서 내리자 동네 뒷산같이 낮은 언덕이 보입니다. 민둥민둥합니다. 토 프라크는 '흙', 칼라는 '도시'를 뜻한다더니 진정한 흙의 도시인가 봅니 다. 하긴, 사막에서 흙 말고 어떤 건축 자재를 찾을 수 있었을까요.

호라즘에는 토프라크 칼라를 비롯해 '칼라'라는 이름이 붙은 발굴된 터가 많이 있습니다. 토프라크 칼라 부근에도 10여 개 있습니다. 아야

즈 칼라(Ayaz-Kala), 코이 크릴칸 칼라(Koi Krylgan Kala), ……. 모두 사막 위에 흙을 쌓아 주변보다 높게 하고 성벽으로 둘레를 막아 도시를 세웠습니다. 호라즘에서 작은 도시 국가들이 통합되어 하나의 제국을 이루었을 때는 3세기 무렵이라고 합니다. 이때 토프라크 칼라를 수도로 삼아 제국이 출발했다는 주장도 있고 토프라크 칼라는 왕실의 계절 거주지였을 뿐, 수도는 아크차칸 칼라(Akchakhan-Kala)였다는 주장도 있습니다. 모든 것이 모래 밑에 묻혀 끝내 밝혀지지 않을지도 모릅니다. 이제 뜨거운 태양을 머리에 이고 고대 흙의 도시로 천천히 걸어 올라갑니다.

걸어 올라간 곳은 토프라크 칼라의 북서쪽 높은 지대에 있었던 궁전 터입니다. 터는 어찌 보면 집을 짓다 내버려둔 곳 같습니다. 흙벽만 있습니다. 둥글게 풍화된 흙벽들이 ㄱ자, ㅁ자, ㅂ자로 공간을 나누고 있습니다. 2,000년 전 버려진 이곳은 바람이 불고 또 불던 어느 날 조금씩 모습을 드러냈겠지요. 고고학자들이 삽으로 파내고 붓으로 털며 옛 모습을 복원했을 텐데, 그들이 떠난 후에 본격적인 풍화가 시작되었을 겁니다.

지붕이 사라진 흙벽 위를 걷습니다. 저 아래 구덩이처럼 보이는 곳이 이곳에 살던 사람들의 발길이 닿았던 땅입니다. 고고학자들은 저 아래 땅과 이곳 벽 위 모든 곳을 샅샅이 뒤지며 고대의 흔적을 하나라도 놓치지 않으려고 애썼을 겁니다. 시간에 따라 사람들이 딛고 선 위치가 다릅니다.

세르게이 톨스토프(Sergey Tolstov)는 그의 저서 『고대 호라즘 문명의 발자취를 따라』에서 그가 토프라크 칼라를 처음 만났을 때를 다음과 같이 회고합니다.

  1938년 어느 맑은 10월 저녁, 우리 소규모 탐사대는 아야즈 칼라 1의 쿠
샨 요새 성벽 위에 서 있었다. 멀리 서쪽 지평선 위로, 모래와 소금기 있는
땅과 마른 점토가 끝없이 펼쳐진 평원 너머로 폐허의 실루엣이 보였다. 세
개의 탑으로 된 성채의 웅장한 윤곽, 거대한 폐허의 윤곽이었다. "저게 무
슨 요새지요?" 나는 가이드에게 물었다. "토프라크 칼라라고 해요. 거기엔
흥미로운 게 없어요."라고 그가 짤막하게 대답했다. 다음 날 우리는 '흥미
로운 게 없는 요새'에 갔다.

  토박이 원주민에게는 흥미로운 게 없는 흙더미가 고고학자의 눈에는
감춰진 역사를 드러낼 흥미로운 흙더미였습니다. 톨스토프가 설립한 소
련의 과학아카데미 호라즘 탐사대는 1937년부터 소련이 해체된 1991년
까지 중앙아시아를 탐험하며 1,000여 개의 고고학 유적지를 발견하고
기록했다고 합니다. 토프라크 칼라에 대한 탐사 결과가 1981년 『토프라
크 칼라 도시』 12권, 1984년 『토프라크 칼라』 14권으로 모스크바에서
출판되었다니, 또 다른 보고서는 얼마나 많았을까요. 무릎 위에 펴놓고
한 장 한 장 넘기며 사진이라도 보았으면 하는 바람이 생깁니다.

  토프라크 칼라에 대해 알 수 있게 된 것은 이들 덕분이지만, 사실 꼭
반갑지만은 않습니다. 소련 시절 대부분의 고고학자는 발굴에만 관심
이 있었던 듯합니다. 발굴이 끝나면 아무런 보호 조치도 하지 않고 떠
났다고 합니다. 토프라크 칼라도 그 이후 수십 년 동안 심하게 침식되
었답니다. 석굴암에 콘크리트 붓던 시절이었으니 남 탓할 일도 아니지
만, 보존에 대한 계획이 설 때까지 발굴을 미루었더라면 하는 아쉬움

은 어쩔 수 없습니다. 물론 발굴이 급한 지역도 있습니다. 시베리아처럼. 시베리아의 영구 동토층은 땅을 팔 수 있는 여름철에만 발굴해왔는데, 그곳의 무덤은 의복은 물론 인간의 피부까지도 그대로 보존될 정도로 고고학적 가치가 높은 곳이라고 합니다. 그런데 지구 온난화 때문에 땅 밑 얼음이 녹고 있어 아직 발굴되지 않은 것들이 그대로 썩어 사라지는 처지라고 합니다. 이런 곳은 발굴이 시급하지만 바싹 마른 사막 한가운데 흙으로 된 도시들은 인간을 기다려줄 수 있을 텐데, 사라진 것들이 안타깝습니다.

　토프라크 칼라에 대한 연구는 계속 이어졌습니다. 1967년에 발굴이 재개되었을 때, 발굴단은 성의 북서쪽 윗부분에 있는 길이가 36m인 정사각형 건물은 요새 안의 요새라고 밝혔습니다. 통치자가 위험할 때 몸을 숨길 수 있는 은신처라는 거지요. 러시아 고고학자 블라토프 (M. Blatov)는 2009년에 발표한 논문에서 더 많은 것을 알아냈다고 했습니다. 이곳에 천문대가 있었다고 했고, 동서남북 방위를 나타내는 선을 그으면 직각삼각형이 회전하고 있는 모양임을 밝혔지요. 이 모양은 타슈켄트의 바라크칸 마드라사에서 보았던, 직사각형 띠에서 시작한 정사각형 분할 문양과 원리가 같습니다. 작은 정사각형을 중심으로 '직각삼각형 4개가 회전하는 모양'은 점대칭도형으로 직각삼각형의 변들은 동서남북 방위를 가리키고 있습니다. 블라토프의 해석에 따르면 이 설계에는 $\frac{1}{\sqrt{5}}$, $\frac{\sqrt{5}-1}{2}$ 등의 무리수가 사용되었고, 이처럼 천문학이 가미된 수학적 디자인은 군사 진지 구축에도 사용이 되었답니다. 그는 12세기 호라즘에 구축된 진지 터에서도 직각삼각형 4개가 회전하는 모양의 정사각형 분할이 사용되었음을 고증을 통하여 해석했습니다.

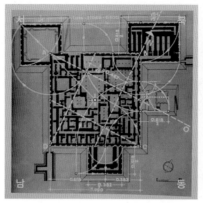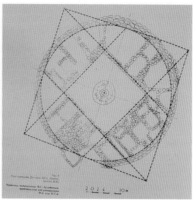

토프라크 칼라 설계 분석(왼쪽)과 호라즘 데우 칼라(Deu-kala)의 진지 터 설계(오른쪽)

사실 토프라크 칼라의 설계에 사용된, 직각삼각형 4개가 회전하는 모양의 정사각형 분할은 아부 알 와파 부즈자니(Abu al-Wafa Buzjani, 940~998년)가 다룬 모양입니다. 아부 알 와파 부즈자니는 주로 바그다드에서 활동했지만 호라즘에 머물 때 잠시 뒤에 만나볼 알 비루니를 가르친 학자입니다. 그는 『장인에게 필요한 기하학적 작도에 대하여』의 11장 「한 개의 정사각형을 여러 개의 정사각형으로 나누는 것에 대하여」에 이 도형을 자와 컴퍼스로 작도하는 방법을 실어놓았습니다.

직각삼각형 4개가 회전하는 모양의 정사각형 분할

다음은 토프라크 칼라의 설계에 사용된, 직각삼각형 4개가 회전하는 모양의 정사각형 분할을 자와 컴퍼스로 작도하는 방법이다. 10세기의 수학자 아부 알 와파 부즈자니의 책에 실려 있다.

① 정사각형을 그린다.

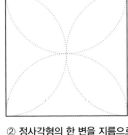

② 정사각형의 한 변을 지름으로 하는 반원을 네 변에 그린다.

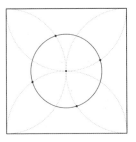

③ 반원들의 교점을 중심으로 하는 작은 원을 그려 원과 반원의 교점을 4개 택한다.

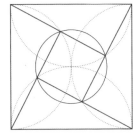

④ 이 교점과 정사각형의 꼭짓점을 잇는 선분을 그린다.

위의 ③에서 네 점은 반원 위의 점이므로 ④의 삼각형은 직각삼각형이다. ③의 작은 원의 크기를 바꾸면 직각삼각형의 모양도 바뀐다.

토프라크 칼라의 시간 여행자

흔히 우리는 4차원의 공간에 살고 있다고 합니다. 공간을 나타내는 3차원에 시간의 축을 하나 보태면 4차원이지요. 이런 생각을 해봤어요. 경복궁 근정전의 팔작지붕 앞에 서면 구슬 달린 면류관을 쓰고 그곳에서 즉위식을 올리던 세종 대왕을 볼 수 있을까요? 지구 위에서 경복궁이라는 삼차원 좌표는 그대로인데, 시간까지 넣어 4차원으로 생각하면, 세종 대왕이 즉위식을 올리던 궁정은 몇백 년 전의 궁정이고 제가 서 있는 궁정은 지금의 궁정입니다. 두 곳은 4차원으로는 다른 곳입니다. 우리는 그 다름을 별로 신기하게 여기지 않습니다. 그런데 여행을 떠나오면 공간마저 달라져서 시간의 축이 크게 느껴집니다.

지금 제가 보고 있는 이 척박한 땅에 2,000년 전이라는 시간의 좌표를 하나 더 넣어봅니다. 성벽으로 둘러싸인 공간 안에 건물도 사람도 많습니다. 사제들은 사원에서 의식을 치르고 있습니다. 필경사들은 가죽에 글을 쓰고 있습니다. 직물을 짜는 사람들이 있습니다. 동전을 주조하는 사람들이 있습니다. 벽화를 그리는 사람들이 있습니다. 이런 폐허를 여행하려면 시간 여행자가 되어야 합니다.

토프라크 칼라에 지금 남아 있는 터는 직사각형 성벽으로 둘러싸여 있던 성 안쪽 중에 북서쪽 높은 지대입니다. 정사각형 모양으로 15m 정도 흙을 높게 다져 궁전 터로 삼은 곳입니다. 북서쪽, 북동쪽 양쪽 끝으로 불쑥 올라와 있는 저 무너진 흙더미들은 탑입니다. 탑처럼 보이지 않는다고요? 도저히 탑이라는 생각이 들지 않긴 합니다. 그렇지만 탑이 보낸 세월을 생각하면 흙무더기로나마 흔적을 남기고 있는 것에 감탄이 나옵니다. 톨스토프가 본 탑이 바로 이것입니다. 남쪽으로는 형체가 더 무너진 흙더미가 있습니다. 남쪽 탑입니다. 지금도 다른 곳보다는 높지만, 역시 탑이었다고 알아차리기는 쉽지 않습니다. 시간 여행자는 지그시 눈을 감고 상상의 나래를 펍니다. 카라칼파크(Qaraqalpaq)라는 인터넷 사이트에 의지해서 상상의 나래를 펍니다. 여행을 즐기던 데이비드와 수 리처드슨 부부는 은퇴 후 호라즘 전문가로 거듭나면서 이 사이트를 만들었다고 합니다. 여기에는 20여 개의 '칼라'에 대한 자료들이 실려 있습니다. 이제 궁전 터 서쪽에서 출발하여 시계 방향으로 방향을 잡습니다. 두꺼운 흙담으로 구획 지어진 흙더미 탐사를 시작합니다.

서쪽 작은 방은 '수사슴방'이라고 하는 공간입니다. 발굴 당시 벽면에 덧댄 패널에 수사슴 그림이 있어 붙여진 이름이지요. 수사슴 위에는 신화에 등장하는 사자 몸통에 독수리의 머리와 날개가 달린 그리핀이 그려져 있고 양쪽으로는 나무 그림이 있었다고 합니다. 햇볕 뜨거운 담장 위에 서서 아래쪽 흙벽에 수사슴을 그려 넣고 그리핀도 그려 넣어봅니다. 이들에게 수사슴과 그리핀은 어떤 의미였을까요?

수사슴방 옆의 넓은 방은 가면 무도실입니다. 벽마다 춤을 추는 인물들의 그림이 실물 크기로 연이어 붙어 있었답니다. 폐허에서 발견된 파편에서 그림의 인물들이 가면을 쓰고 있었다는 사실을 알게 되어 '가면 무도실'이라고 이름 붙였답니다. 춤추고 즐기는 사람들끼리의 사교의 장은 아니었고 호라즘의 여신 아나히타를 위한 성소로 보인답니다.

북서쪽 탑으로 오르는 길은 조금 가파릅니다. 흙을 다져 계단을 만들어놓았습니다. 몇 미터 더 높아졌을 뿐인데, 탁 트인 시야가 시원합니다. 저 너머 북쪽으로 100m 정도 떨어진 곳에 토프라크 칼라 2도 있었습니다. 또 다른 궁전과 사원이 있는 위성 도시라고나 할까요. 사실상 토프라크 칼라는 토프라크 칼라 2를 포함해서 성벽 바깥 지역도 포함하는 넓은 도시였습니다.

북서쪽 탑과 북동쪽 탑 사이에 가장 넓은 공간을 차지한 곳은 왕의 공간입니다. 호라즘에서는 왕을 '샤'라고 불렀으니 샤의 집무실이지요. 고고학자들에 따르면, 가운데 세 개의 아치문이 있는 실내에 샤의 옥좌가 있었다고 합니다. 옥좌 좌우로는 기둥으로 지붕을 받쳐 실내인 듯 실외인 듯 열린 공간인 주랑을 만들어냈습니다. 양쪽으로 늘어선 주랑 가운데에 큰 안뜰이 만들어집니다. 그 구조가 우리의 궁전과 비슷합니다. 창덕궁의 인정전을 생각하면, 인정전 양옆으로 늘어선 행각이 그 가운데에 마당을 만들어내는 구조와 같은 거지요. 어디에서건 왕의 권위는 양옆으로 늘어선 건물에 의해서 만들어지나 보다 하는 생각이 듭니다.

동쪽으로 이어지는 곳은 아마도 궁전에서 가장 중요한 성소였을 겁니다. 가운데는 햇빛이 들어오는 기둥으로 둘러싸인 뜰이 있고 한쪽에는

궁전 지대의 남쪽에서 북쪽을 바라본 광경. 정사각형 모양의 궁전 지대가 있고 그 바깥으로 탑이 있었다.

불의 제단이 있었습니다. ㄷ자 벽을 따라 낮은 단이 설치되어 있고 벽들은 칸칸이 나뉘어 칸마다 커다란 점토로 만든 좌상이 올려져 있었답니다. 톨스토프는 점토 좌상이 왕실의 조상들을 묘사하고 있다고 추측했습니다. 중앙에 있는 아이의 손을 잡은 여인을 여신이라고 추측하여 마치 판테온처럼 호라즘의 신들을 묘사한 것이라고 했습니다. 사당인지 판테온인지 알지 못하지만 지금도 뚜렷한 저 첨두아치 구멍은 틀림없이 창문이었을 겁니다.

담장을 따라 걷는 길은 폭이 좁은 곳은 1m 남짓, 미끄러워 보입니다. 모서리가 둥글게 깎인 벽 위를 걸어가는 일이 조심스럽습니다. 이곳은 승리의 방입니다. 왕의 양옆에 두 명의 여신을 새긴 부조가 반복되는 장소입니다. 가운데 있는 왕은 크게 새겨져 있고 승리와 행운을 상징하는 두 여신이 왕을 바라보며 서 있습니다. 남쪽으로 이어지는 방은 숫양의 뿔로 장식된 갑옷을 입은 전사의 부조가 있는 방입니다. 크고 작은 전투에서 도시 국가를 지킨 영웅을 기리는 방이겠지요.

전사의 방에서 남쪽 탑으로 이어지는 곳에는 조로아스터교의 신상을 놓았던 것으로 추정되는 둥근 흔적이 남아 있다. 문자도 흐릿하게 남아 있다.

수학의 눈으로 보는 차원

수학에서 차원은 '유클리드 공간'이라는 개념에서 유래했다. 선은 1차원, 평면은 2차원, 입체는 3차원이다. 이 개념은 공간 안에 있는 점의 위치를 나타내기 위한 축의 개수로 결정된다.

프톨레마이오스는 3차원 공간을 나타내는 세 개의 수직인 축에 더 많은 수직인 축을 긋는 것이 불가능하므로 3차원보다 더 큰 차원은 존재하지 않는다고 했지만 지금은 차원을 정의하는 방법이 여러 가지이다.

프랑스 수학자 푸앵카레는 유클리드의 정의를 거꾸로 이용했다. 단면이 0차원이 되는 것을 1차원, 단면이 1차원이 되는 것을 2차원이라고 하는 식이다. 이 정의에 따르면 단면이 3차원이 되는 것이 4차원이므로 3차원 도형을 그 도형에 수직이 되는 방향으로 움직이면 4차원 도형이 생긴다. 물론 생각하기는 어렵다.

4차원에 대한 또 다른 생각은 아인슈타인이 제안했다. 3차원 공간에 시간축을 더하여 4차원 시공간을 생각하면 현재는 이 4차원 시공간의 단면이 된다. 그러나 시간은 거꾸로 흐를 수 없기 때문에, 즉 시간축에서는 운동이 한 방향으로만 일어나기 때문에 수학에서는 시간을 네 번째 차원이라고 하지는 않는다.

모든 차원을 다루는 가장 강력한 방법은 수학에서 만들었다. 2차원은 (x_1, x_2)로, 3차원은 (x_1, x_2, x_3)로 나타낼 수 있는 것처럼 n차원은 $(x_1, x_1, \cdots, x_n)$으로 나타낸다. 현대 수학은 물론 첨단의 물리학과 천문학에서도 이 방법으로 모든 차원에서의 위치, 모양을 나타내고 있다. 비록 눈으로는 확인할 수 없지만 이론적인 계산을 하기에는 충분하기 때문이다.

아람어로 남은 고대 호라즘

어느새 한 바퀴 돌아서 궁전 터의 남쪽까지 왔습니다. 남쪽 탑 너머로는 황량한 초원만 보입니다. 저곳이 당시 거주지였지요. 성벽으로 둘러싸여 있었던, 가로 335m, 세로 487m로 이곳 궁전 터의 30배 정도였다는 거주지는 흔적도 없습니다. 그곳을 보려면 또다시 시간 여행자가 될 수밖에 없습니다.

궁전 바로 앞에는 불의 사원이 있었습니다. 이들이 믿은 조로아스터교에서는 하루에 다섯 번의 예식을 거행했습니다. 예식에서 불은 소중한 상징이었습니다. 모든 피조물을 정화하는 도구였기 때문이지요. 불의 사원 바깥쪽은 주로 주민들의 장소입니다. 2,500명 정도가 살았다고 추측한답니다.

토프라크 칼라에서는 많은 유물이 발견되었습니다. 도자기, 양모, 실크 직물, 유리구슬 목걸이, 금으로 만든 장신구 등 생활용품과 미술품은 물론 통치자의 얼굴이 새겨진 동전도 발견되었습니다. 목판과 가죽에 쓴 아람어 문서들도 발견되었습니다.

아람어가 뭐냐고요? 고대 중동 지역에서 널리 쓰던 언어이지요. 지금의 시리아 지역에 흩어져 살았던 아람 사람들이 쓰던 언어인데, 기원전 8세기경 아시리아에 정복당하면서도 아람어는 살아남았어요. 전쟁에이긴 아시리아의 언어인 아카드어는 사라지고 피지배 민족의 언어인 아람어가 널리 쓰이게 된 거지요. 아람어는 아시리아, 신바빌로니아, 페르시아의 아케메네스 왕조 등을 거치면서 국제적인 공용어로 사용되었고 예수도 히브리어가 아니라 아람어로 말했다고 전합니다. 7세기에 이슬람이 득세하면서 아랍어가 국제어 자리를 차지할 때까지 1,000년 정도 널리 사용된 언어랍니다. 지금도 사용하는 사람들이 남아 있고요.

토프라크 칼라에서 발견된 아람어 문서 중에는 식료품의 배달, 수령 등에 대한 문서도 있습니다. 우리가 사용하는 달력으로 치면 207년, 231년, 232년이라고 정확히 기록되어 있는 문서 세 개도 발견되었지요. 지금은 메마른 초원인 저곳에 집도 있었고, 청동, 도자기, 직물, 무기 제조 등을 담당하는 주조소도 있었습니다. 메마른 폐허 위로 활기 넘치는 고대 도시가 겹칩니다.

토프라크 칼라를 둘러보며 마치 증강 현실처럼 소환했던 고대 도시의 모습을 하나씩 꺼내갑니다. 남쪽 탑 너머의 광활한 주민들의 장소가 흐릿해집니다. 북서쪽 탑, 북동쪽 탑도 다시 허물어지고 궁전도 허물어져 터만 남았습니다. 발을 돌려 토프라크 칼라를 내려옵니다. 길 저편에 관광객을 위한 것인 듯 여러 개의 유르트가 보입니다. 미리 알았으면 저곳에서 하룻밤 머물며 사막의 밤을 즐길 수 있었을까요? 여행은 누리지 못한 일정에 대한 아쉬움으로 채워질 수도 있음을 새삼 깨닫습니다.

호라즘이 낳은 석학, 알 비루니

☾　　　토프라크 칼라의 영광은 305년에 끝났습니다. 305년에 아프리그 왕조가 세워지면서 수도는 카트로 바뀌었습니다. 토프라크 칼라와 주변 칼라들은 물론, 아프리그 왕조에 대한 문헌은 거의 남아 있지 않습니다. 알 비루니(al-Biruni, 973~1050 무렵)는 『고대 국가들의 연표』라는 책에서 그 이유를 아래와 같이 묘사합니다.

　　아랍 장군 쿠타이바가 군사 원정대와 함께 호라즘에 파견되어 두 번이나 정복했을 때, 그는 호라즘어를 모국어로 하는 사람들과 호라즘의 유산, 역사 및 문화를 아는 사람들을 그 자리에서 바로 죽였습니다. 그는 조로아스터교 사제들을 모두 죽이고 그들의 책을 버리고 태웠습니다. 글을 전혀 모르는 문맹만 남을 때까지. 그래서 그 지역의 역사는 대부분 잊혔습니다.

호라즘은 712년에 아랍 우마이야 왕조에 정복당했습니다. 아프리그 왕조에 대한 자료는 이때 대부분 파괴되었습니다. 이슬람화되기 이전의 호라즘에 대해 우리가 아는 것은 대부분 알 비루니가 남긴 문헌 덕분입니다. 호라즘의 노동력은 상당 부분 노예들이 담당했다는 것도, 농업을 위한 물 관리가 꽤 수준 높게 이루어졌다는 것도, 조세 제도가 정교하게 이루어졌다는 것도, 이 모든 것을 운영하기 위해서 수학을 비롯한 관련 전문 지식이 고도로 발달했다는 것도 알게 되었습니다. 알 비루니가 누군지 궁금하지 않으신가요?

알 비루니는 이곳 호라즘의 카트에서 태어나고 활동한 학자입니다. 카트는 우리가 우르겐치를 떠나 아무다리야강을 건넜을 때 지나온 도시입니다. 그런데, 지도에는 카트라는 이름이 없습니다. 알 비루니를 기념하여 1957년에 '비루니' 시로 이름을 바꾸었기 때문입니다. 알 비루니는 우리에겐 좀 생소할 테지만, 1973년 파키스탄, 아프가니스탄, 이란, 이집트, 소련 등 여러 나라에서 탄생 100주년 기념 우표를 발행할 정도로 위대한 석학입니다.

'비루니' 시로 남은 알 비루니

알 비루니가 태어났을 때, 호라즘은 아프리그 왕조의 운명이 얼마 남지 않은 시기였습니다. 어려서 고아가 된 그는 당시 아프리그를 지배하고 있던 바누 이라크 가문에서 자랐습니다. 왕족 아부 나스르 만수르 이라크(Abu Nasr Mansur Iraq, 960~1036년)가 아부 알 와파 부즈자니에게 천문학과 수학을 배운 것이 알 비루니의 호기심을 자극했을까요? 알 비루니는 천체를 보기 위해 기다란 관을 사용했는데, 주변의 빛을 차단하고 하나의 천체에만 집중할 수 있었다고 합니다. 사실 여기에 렌즈를 달면 바로 갈릴레오가 사용했던 망원경이 되는 거지요. 멸망한 왕조의 왕족이 아닌 천문학자이자 수학자로 이름을 남긴 이라크는 알 비루니의 스승이자 동료로 서로의 저작을 헌정하며 평생 친밀한 관계를 유지합니다. 고향을 등지고 떠나 살아야 했던 고단한 인생에 참 다행한 일입니다.

잠시 알 비루니의 스승인 아부 알 와파 부즈자니에 대해 생각합니다. 그는 탄젠트 함수를 정의하고 오늘날 삼각함수의 합차 공식, 배각 공식이라고 하는 규칙을 정립했으며 구면삼각형에서 사인 정리를 적용하여 대양에서 항해할 수 있는 기초를 닦은, 호라즘 남쪽에 있는 호라산 출신의 학자입니다.

당시 10세기 중앙아시아에서는 육십진법과 인도 숫자로 나타내는 십진법이 혼용되고 있었습니다. 천문학자들은 고바빌로니아에서 물려받은 육십진법을 사용했고 인도 숫자는 아직 완전히 우위를 점하지는 못한 상태였습니다. 아부 알 와파 부즈자니가 쓴 책 중『서기관과 상인에게 필요한 산술학에 대한 책』은 그 혼란한 와중에 생활에 필요한 계산 방법을 알려주는 실용 수학책입니다. 일곱 개의 장으로 되어 있는데, 처음 세 개의 장은 분수 계산, 정수와 분수의 곱셈과 나눗셈, 도형의 측정에 대한 것이고 나머지 네 개의 장은 세금 계산, 곡물의 교환과 가치 계산, 선박의 허가와 보류 등 각종 경제 활동에 따르는 계산을 담은 책이지요.

알 비루니의 삶은 절대 호락호락하지 않았습니다. 호라즘은 아프리그 왕조(305~995년), 사만 왕조(819~999년)와 함께 신흥 왕조인 가즈니 왕조(977~1186년)까지 엉켜 내전에 빠져들었습니다. 알 비루니가 전쟁을 피해 고향인 카트를 떠났다가 다시 돌아와서 지낸 시기에 두 가지 일화가 전해옵니다. 지리학에 관심이 많았던 알 비루니는 카트와 바그다드의 경도를 확인하는 작업을 했습니다. 997년 5월 28일 월식이 일어나는 날, 바그다드에 있던 아부 알 와파 부즈자니와 각자의 위치에서 월식의 시간을 기록한 거지요. 시간 차이가 1시간이었으니 두 장소는 경도로 15도 떨어진 곳에 있다는 사실을 알게 되었습니다. 알 비루니가 '측지학의 아버지'라고 불리게 되는 출발이라고나 할까요. 알 비루니는 1025년에 작업을 마친 『도시들의 좌표 결정』* 에서 많은 도시의 경도, 위도를 계산했습니다. 위도는 태양의 고도로부터 비교적 쉽게 계산할 수 있지만 경도는 그렇지 않습니다. 특히 바다에서 경도를 제대로 계산하지 못하면 사고로 이어집니다. 망망대해에서는 바닷길을 찾을 수도 없었고 안개가 많아 시야가 확보되지 않을 때는 해안에 충돌하여 많은 사람이 죽는 사고가 일어나기도 했지요. 별을 이용하여 경도를 계산하는 것이 가장 적합했지만 방법도 복잡했고 날씨가 흐리면 무용지물이 되기도 했지요. 경도는 항해용 시계를 발명한 18세기 후반까지 매우 다루기 어려운 문제였습니다.

---

* 원제목은 『도시 간 거리 보정을 위한 장소 좌표 결정(Taḥdid nihāyāt al-amākin li-taṣḥiḥ masāfāt al-masākin)』이다.

아부 알 와파 부즈자니의 실용적인 산술

아부 알 와파 부즈자니가 쓴 『서기관과 상인에게 필요한 산술학에 대한 책』의 1장에 따르면 당시 지금과 같이 통분을 이용한 분수 계산은 전문가들 사이에서만 가능했고 상인들은 고대 이집트의 분수 계산과 비슷하게 기본 분수($\frac{1}{2}$부터 $\frac{1}{10}$까지의 9개의 분수와 함께 분자는 2에서 9까지, 분모는 3에서 10까지인 분수)만을 사용하는 것을 선호했다. 다른 분수는 기본 분수의 합 또는 곱으로 나타냈다.

문제는 분모에 7보다 큰 소수가 있으면 유한개의 기본 분수의 합이나 곱으로 나타낼 수 없는 점이다. 아부 알 와파 부즈자니는 상인들을 위하여 이런 분수를 기본 분수로 나타내는 방법을 보였다. 예를 들어, $\frac{3}{17}$을 기본 분수만으로 나타내는 방법을 다음과 같이 세 가지로 제시하였다.

$$\frac{3}{17} \approx (3+1) \div (17+1) = \frac{2}{9}$$

$$\frac{3}{17} \approx 3\frac{1}{2} \div 17\frac{1}{2} = \frac{1}{5}$$

$$\frac{3}{17} \approx 3\frac{1}{7} \div 17\frac{1}{7} = \frac{1}{6} + \frac{1}{6} \times \frac{1}{10}$$

2장에서는 두 자릿수를 곱하는 방법을 설명하는 과정에서 음수를 명확하게 언급했다. 알 비루니를 거쳐 음수의 계산과 음수를 다항식의 근으로 본격적으로 다룬 수학자는 바그다드에서 태어난 알 사마왈(al-Samawal, 1130〜1180년)이다.

이븐 시나와 편지를 주고받다

또 하나의 일화는 이븐 시나(Ibn Sina, 980~1037년)와의 편지 교환입니다. 알 비루니는 25세, 이븐 시나는 18세인 998년부터 2년에 걸쳐 카트와 부하라로 편지가 오고 갔습니다(이븐 시나에 대해서는 그의 고향 부하라에서 알아보지요).

두 사람은 흔히 생각할 수 있는 공동 연구 같은 형태로 편지를 주고받지는 않았습니다. 당시 부하라에서 건방진 천재로 이름을 떨치고 있던 이븐 시나에게서 무례한 대접을 받은 아불 파라지가 알 비루니를 부추긴 일이니 당연하겠지요. 편지는 알 비루니가 이븐 시나에게 18개의 질문을 던지며 시작되었습니다. 천체의 속성에 대한 질문, 진공이 존재하는지에 대한 질문, 천체가 직선 또는 원형으로만 운동하는지 타원형의 운동도 가능한지에 대한 질문, 우주에는 우리 세계만 존재하는지 다른 세계도 존재하는지에 대한 질문 등 맹공을 퍼부었다고 합니다. 네 차례 편지가 오고 간 후 이븐 시나는 논쟁을 끝냈습니다. 처음부터 알 비루니는 이븐 시나가 더 관심 갖고 있던 의학에 대해서는 아무 질문을 하지 않았던 탓도 있지만 아마도 더 크게는 두 사람의 관점의 차이 때문일 겁니다. 이븐 시나는 의학과 형이상학으로, 알 비루니는 지금의 분류로는 자연과학과 사회학으로 나아간 정황이 바로 그 증거이지요. 물질세계를 탐구하던 알 비루니와 형이상학을 통해 세상을 인식하던 이븐 시나의 이 논쟁은 당시에는 형성되어 있지 않았던 과학과 철학 사이에 벌어질 틈을 보여준 사건일 겁니다.

알 비루니는 호라즘을 떠나 카스피해 근처의 고르간에서 5년간 일하게 됩니다. 이곳에서 『고대 국가들의 연표』를 완성했습니다. 바로 아랍 정복 이전의 호라즘에 대한 기록이 실려 있는 책이지요. 더구나 이 책은 호라즘만이 아니라 이집트, 그리스, 페르시아, 아랍 등 당시 알려진 세계 각 민족의 주요 역사적 사건들을 자세하게 나열한 역사서입니다. 최초의 세계사 책이라고 할 수 있습니다. 알 비루니는 민족마다 종교마다의 다양한 연대표를 모아 하나의 표로 정리하여 비교해보았습니다. 그러자 서로 맞아떨어지지 않는 엉터리가 되어버린다는 사실을 발견했지요. 시간을 계산하는 합리적인 체계가 있어야 제대로 된 연대표를 만들 수 있고, 이것이 없다면 과거를 제대로 이해할 수 없다고 판단하고 이를 바로잡기로 했습니다. 그는 천문학 지식에 근거한 추론으로 개별 역사를 통합하여 처음으로 세계사를 만들어냈습니다. 일, 달, 년의 구성, 국가마다 달랐던 시대 구분, 왕마다의 치세 기간 확정, 민족과 종교마다의 경축일 비교 등 스물한 개의 장에 걸쳐 설명과 표로 자세히 설명한 이 책으로 알 비루니는 유명 인사가 되었습니다.

바그다드의 지혜의 전당, 구르간지의 마문 아카데미

알 비루니가 구르간지로 다시 돌아온 1004년은 호라즘의 귀족인 마문 가문이 이미 아프리그 왕조를 몰아내고 활기를 되찾은 시기였습니다. 마문 왕조(995~1017년)는 튀르크계인 가즈니 왕조에 멸망당할 때까지 짧게나마 구르간지(지금의 우르겐치)에 학문의 꽃을 피운 왕조입니다. 풍부한 장서를 갖춘 도서관, 지식인들에 대한 후원 덕분에 중앙아시아에서 학자들이 모여들었습니다. 이븐 시나도 왔습니다. 마문 궁전에서는 시인, 문필가, 학자들과 같은 박식한 지식인 집단의 회합이 지속해서 열렸습니다. 바그다드의 지혜의 전당과 같은 역할을 했는데, '마문 아카데미'라고 합니다(이것을 기원으로 하는 단체가 지금 '호라즘 마문 아카데미'라는 이름으로 히바에 있습니다). 아마도 이 기간이 알 비루니에게는 가장 행복한 기간이었을 것입니다. 자유롭고 개방된 지적 풍토를 지원하는 마문 왕조의 궁전에서 학자들과 함께 평화롭게 연구에 집중할 수 있었으니까요.

가즈니 왕조의 술탄 마흐무드가 호라즘을 정복하자 회합은 깨졌고 구르간지의 도서관은 약탈당했습니다. 이븐 시나는 고르간으로 탈출했고 알 비루니는 가즈니로 가게 되었습니다. 그 결과 알 비루니는 술탄 마흐무드가 인도에 원정 갈 때 동행하게 되었습니다. 몇 년 동안 인도에 머물며 인도를 연구하여 『알 비루니의 인도』를 썼습니다. 이 책에서 인도 천문학에 대해 논평하면서 "지구가 회전한다고 해도 천문학에 영향을 미치지 않는다"라는, 즉 지구가 회전하든 태양이 회전하든 이론적으로 문제가 없다는 견해를 밝혔습니다. 또, 『(천문학에 관한) 마수드 정전』(가즈니 왕조 마수드 왕의 천문학에 대한 기준이라는 뜻입니다)이라는 문헌에서도 움직이는 것을 태양으로 택하든 지구로 택하든 수학적으로는 똑같다고 했습니다. 간단히 비유하자면 이런 말일 거예요.

기차를 타고 갈 때, 기차에 탄 사람은 기차가 움직이는 게 아니라 풍경이 지나가고 있다고 느끼지 않나요? 만약 기차가 남쪽으로 달리고 있다면 풍경이 북쪽으로 달리고 있다고 느끼겠지요. 똑같은 속력으로요. 어렸을 때 기차를 타면 전봇대가 획획 지나간다고 느꼈던 기억이 생생합니다. 알 비루니의 얘기는 바로 그겁니다. 지구가 제자리에 고정되어 있다고 해도, 지구가 움직인다고 해도 같은 이론이 설명될 수 있다는 말입니다(이슬람 천문학은 계속 발전하여 15세기에 지구를 중심에 둔 정교한 우주 모형을 만들어냈습니다. 그 이론은 지구와 태양의 위치를 바꾸기만 하면 코페르니쿠스의 우주 모형과 같은 것입니다).

참으로 놀랍지 않은가요? 모두가 지구가 움직이지 않는다고 철석같이 믿고 있던 시대에 이론적인 연구로 이런 생각을 하다니요. 다만, 알 비루니는 지구가 움직인다고 주장하지는 않았습니다. '이를 불가능하게 하는 다른 이유' 때문입니다. 기차로 생각하면 어느 기차가 움직이든 문제가 없지만, 지구와 태양일 때는 다릅니다. 우리가 올라타고 있는 지구가 움직인다면, 굉장히 빠른 속도로 움직일 것이므로 문제가 심각합니다. 우리도 그 시대에 살았다면 지구가 움직이면 사람이나 나무나 지구상의 모든 것이 휩쓸려 날아가버려 생존할 수 없으리라 생각했을 겁니다. 알 비루니가 태양이 회전한다는 이론을 택할 것인가 지구가 회전한다는 이론을 택할 것인가 사이에서 어느 이론을 택할 것인가는 물리적인 문제

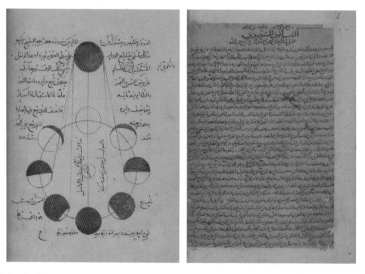

『점성술의 원리』에 실린 달의 위상 그림(왼쪽)과 『(천문학에 관한) 마수드 정전』 표지(오른쪽)

라고 말한 건 바로 이 때문이었습니다. 이 문제는 몇백 년이 지나야 해결될 수 있는 문제였지요.

호라즘의 중심은 지금은 비루니 시라고 부르는 카트에서 다시 구르간지로 바뀌는데, 구르간지는 지금의 우르겐치를 말합니다. 한양을 서울이라고 하듯이 도시의 이름은 가끔 바뀌기도 하지요. 구르간지는 이슬람교를 앞세운 아랍이 침략한 이후부터 17세기까지 호라즘의 중심이었습니다. 호라즘 왕조를 거쳐 몽골 제국의 지배 기간에도, 히바 칸국이 세워지면서도 호라즘의 중심은 구르간지였습니다. 호라즘의 중심이 구르간지에서 히바로 바뀐 것은 16세기 말 아무다리야강의 강줄기가 바뀌었기 때문입니다. 구르간지에 물이 부족해지자 1619년, 히바 칸국은 수도를 더 남쪽인 히바로 옮겼습니다. 히바는 오랫동안 카라쿰 사막의 출입구 노릇을 하며 실크로드 경유지로 번성했습니다. 히바는 1925년까지 히바 칸국의 수도로서, 호라즘 소비에트 인민공화국의 수도로서 또 다른 역사를 써 내려갔습니다. 오늘은 히바로 가서 자려고 합니다.

PART 3

목각 예술의 도시,
히바

지붕 없는 박물관, 이찬 칼라

흙빛 성벽이 히바의 파란 하늘 아래 길게 누워 있습니다. 완만하게 누운 성벽 위로 가파르게 서 있는 성벽, 틀림없이 몹시 두껍게 지어졌을 성벽이 끝이 보이지 않게 깁니다. 그렇지만 위압적이지는 않습니다. 성벽과 하늘이 맞닿는 선이 대바늘 뜨개질을 하다 바늘을 쭉 뺐을 때 동글동글 반복되는 코처럼 정겹게 보인 탓일까요? 직사각형 성문은 '굴다스타' 라고 하는, 둥근 지붕을 쓴 두 개의 원기둥 망루를 사이에 두고 열려 있습니다.

여기는 이찬 칼라로 들어가는 서문입니다. 히바의 유적지는 두 개의 성으로 둘러싸인 지역에 몰려 있습니다. 내성으로 둘러싸인 지역을 '이찬 칼라', 내성과 외성 사이 지역을 '디샨 칼라'라고 합니다. 히바의 중심부에서 살짝 남쪽에 있습니다. 출토된 유물로 추정하건대, 성벽을 쌓기 시작한 건 기원전 6세기 무렵부터라고 합니다. 이찬 칼라는 도시의 가장 오래된 지역으로 동서남북, 네 개의 문이 있는 직사각형 모양의 긴

이찬 칼라 서문

성벽으로 둘러싸여 있습니다. 디샨 킬라는 이찬 칼라에 비해 훨씬 넓습니다. 외성은 드문드문 남아 있고 유적은 곳곳에 흩어져 있고 보존 상태가 좋지 않은 것도 많답니다.

이제 저 문으로 들어가면 오랜 역사를 품은 도시 히바의 성안으로 들어가는 겁니다. 보존이 잘되어 있어 '지붕 없는 박물관'이라는 하는 이찬 칼라.

호라즘에서 찾는 알 콰리즈미의 흔적

잠깐, 이찬 칼라로 들어가기 전에 볼 게 있습니다. 저기 어디쯤 알 콰리즈미의 동상이 있을 텐데요. 미리 보아둔 사진에는 알 콰리즈미(al khwarizmi, 780~850년 무렵)가 앉아서 두루마리를 내려다보는 동상이 있었습니다. 알 콰리즈미는 바그다드 '지혜의 전당'에서 활동했는데, 가장 위대한 수학자 중의 한 명이라고 일컬어집니다. 아마 중고등학교 시절, 수학이나 세계사 교과서에서 이름을 보았을 겁니다. 설령 알 콰리즈미는 몰라도 알고리즘이라는 말을 모르는 사람은 없을 겁니다. 알고리즘은 알 콰리즈미라는 이름의 라틴어 버전입니다. 11~12세기 유럽에서 아랍 세계의 학문적 성과를 라틴어로 번역할 때 학자들의 이름도 라틴어 소리로 옮겨 적었습니다. 그 과정에서 소리가 조금씩 바뀌게 되었지요. 그는 수학만이 아니라 천문학, 지리학에도 큰 업적을 남겼

페르시아 수학자 알 콰리즈미. 출생 1,200주년 기념 우표. 1983년 소련 발행

지만, 성안으로 들어갈 마음이 급하니 한 가지만 이야기할게요.

알 콰리즈미가 태어났을 때는 이슬람교를 내세운 아랍이 급격한 팽창을 한 지 불과 100여 년이 지났을 때입니다. 세 개의 대륙으로 뻗어나간 아랍인들은 엎드려 절할 메카 방향도 알아야 했고 하루 다섯 번 기도 드릴 시간도 계산할 수 있어야 했습니다. 늘어난 재산을 상속하기 위해 까다로운 계산도 해야 했고요. 그런 시대 상황 속에서 인도인들의 위치적 기수법은 놀라운 것이었습니다. 알 콰리즈미는 인도의 사절단이 아바스 왕조의 궁전으로 가져온 책을 보고 『인도 숫자 계산법』이라는 책을 썼어요. 0을 포함한 열 개의 기호가 자리에 따라 값이 달라지면서 어떤 수든 표기할 수 있다니. 지금의 컴퓨터만큼이나 획기적인 발견이었을 거예요. 825년의 일입니다. 이런 일이 갑자기 일어나지는 않습니다. 사실 이미 실크로드를 따라 상인들이 오가고 있었고 그 길목인 호라즘에 정착하여 판매상을 하는 인도의 상인들도 꽤 있었으니 호라즘 사람들은 인도의 십진법에 익숙해 있었을 거라고 합니다. 인도 숫자

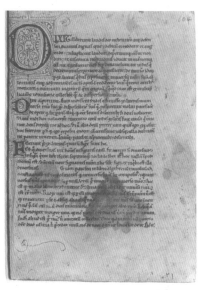

『일고리즘의 인도 숫자 계산법』, 1857년에 라틴어로 번역된 알 콰리즈미의 책, 캠브리지대학 도서관

를 본격적으로 도입할 분위기가 형성되어 있었던 거지요. 이 책은 12세기에 『알고리즘의 인도 숫자 계산법』이라는 제목으로 라틴어로 번역되었는데, 왼쪽 사진에서 읽을 수 있듯이 '알고리즘이 말하기를(DIXIT alGorizmi)'이라는 말로 시작되었어요. 이후 저자의 이름이 계산 방법 자체로 굳어졌어요. 알고리즘, 이니 일 콰리즈미 넉 분에 지금 우리가 인도 숫자를 사용하고 있는 거지요. 인도 아라비아 숫자라는 이름으로.

인도 숫자가 그렇게 놀라운 거냐고요? 놀랍다마다요. 우리 말만 생각해봐도 알 수 있어요. 우리 말로 수를 셀 때는 일, 십, 백, 천, 만으로 한 자리씩 올라가는데, 천만 다음에는 억, 천억 다음에는 조, 천조 다음에는 경, 이런 식으로 네 자리마다 새로운 이름이 붙습니다. 수학이 발달했던 그리스도 그렇고 로마도 마찬가지였어요. 대부분의 숫자 표기 방식이 이런 식이었어요. 물론 계산하기가 불편해서 주판이나 산가지와 같이 계산 도구가 따로 있고 숫자는 기록할 때만 쓰였지요. 그런데 인도 숫자는 열 개의 기호로 무한히 큰 수, 무한히 작은 수 모두를 표기할 수 있는 마법 같은 기호였어요. 더구나 지금 우리가 하는 것처럼 필산도 할 수 있다니! 알 콰리즈미가 『인도 숫자 계산법』을 써서 이 표기법이 널리 퍼지도록 한 일은 인류 역사상 엄청나게 중요한 일인 거지요. 물론 완전히 자리 잡기까지는 10세기의 알 유클리디시, 15세기의 알 카시의 등장까지 기다려야 했지만요.

알 콰리즈미는 '알 화리즈미'로도 읽습니다. '호라즘에서 온 사람'이라는 뜻이지요. 호라즘은 히바가 속해 있는 지역입니다. 알 콰리즈미가 태어난 이곳에서 그를 만나리라 기대했습니다. 두리번거리다가 주변 사람에게 물었습니다.

"알 콰리즈미의 동상이 어디 있나요?"

아는 사람이 없었습니다. 일행 중 누군가가 알아 왔습니다. 저쪽에 있었

서문으로 들어서면 오른편으로 칼타 미나렛과 무함마드 아민칸 마드라사가 있고 기념품 노점이 줄을 잇는다.

는데 우르겐치로 옮겨 갔답니다. 정비 작업이 끝나면 다시 옮겨 온다고. 이 런 사실을 몰랐으니 우르겐치 공항에 도착했을 때 알 콰리즈미의 동상을 찾아 나설 수는 없었던 터. 여행은 그렇게 삐걱거리기 일쑤입니다.

　서문으로 들어서자 온통 흙색과 푸른색뿐입니다. 비취색, 에메랄드색, 청록색, 어느 표현이 더 어울릴까요? 차가운 색감은 뜨겁고 건조한 날씨 마저 식혀주는 듯합니다. 파란 하늘 아래 쭉 뻗은 길 오른편으로 흙빛 의 건물들과 함께 그런 푸른빛의 타일을 온몸에 휘감고 있는 거대한 원 기둥, 칼타 미나렛이 웅장합니다. 왼편으로 완강하게 버티고 선 높은 흙 벽 뒤쪽은 쿠냐 아르크입니다. 아르크는 성곽이라는 뜻입니다. 사막 한

털모자를 파는 가판대

복판 오아시스 도시답게 흙으로 건설된 도시임을 색깔로 분명히 알려줍니다.

　나지막하게 세워놓은 이찬 칼 라 지도를 힐끗 보고 기념품을 파는 노점들이 연달아 늘어선 길 속으로 들어섭니다. 하늘하늘 한 스카프, 시원해 보이는 옷, 수 놓은 네모난 가방, 히바의 건축

물을 담은 동그랗거나 네모난 유약을 발라 구운 채색 타일, 알록달록 예쁜 빛깔의 자기 그릇들. 그 사이에서 가장 눈길을 끄는 것은 털로 된 모자였습니다. 길을 따라 가판대에 쭉 진열된 털북숭이 모자. 매서운 칼 바람이 부는 한겨울에나 쓸 법한 모자가 여기 40도를 넘는 한여름에 팔릴까요? 이런 모자를 쓰고 땀이 날 때 부채질을 하면 더 시원하다는,

서문으로 들어가면 가판대에 기념품이 즐비하다.

말도 안 되는 말은 누가 시작했을까요? 겨울을 대비해 하나 사볼까 생각은 했지만, 이 뜨거운 태양 아래에서는 손을 뻗어 만져보기조차 망설여집니다.

중앙아시아의 신기한 물건들을 보며 몇 걸음 걷다 보니 오른쪽으로 토끼굴 같은 아치 모양 입구가 있습니다. 입구를 지나 계단을 오르자 넓적한 돌이 깔린 길의 양쪽 턱에 사람들이 앉아 있습니다. 가볍게 배낭을 메고 선글라스를 낀 모양새가 다들 먼 곳에서 와서 고대 도시의 그늘을 즐기는 중인가 봅니다. 이 중에 누군가는 예전에는 이슬람교도들이 공부하던 마드라사였고 지금은 호텔인 이곳 무함마드 아민칸 마드라사에 묵을 수도 있겠지요. 그때와 다른 점은 코란을 읽는 소리가 들리지 않는다는 것뿐일까요? 아니, 방마다 문 위에 매달려 있는 나무 막대를 사선으로 짜 맞춘 직육면체 상자도 다릅니다. 아마도 저 안에는 뜨거운 사막의 열기를 식혀줄 실외기가 들어 있을 겁니다.

무함마드 아민칸 마드라사를 보려면 고개를 한껏 젖혀야 합니다. 일행들은 누가 누가 고개를 많이 젖히나 시합을 하는 것 같습니다. 그러다 누군가 몸의 중심을 잃고 넘어질 뻔하면 얼른 잡아주면서 쨍한 햇살 같

무함마드 아민칸 마드라사의 입구의 피슈타크와 이완

은 웃음이 터집니다. 건물이 크고 웅장합니다. 기품이 있습니다.

무함마드 아민칸 마드라사의 피슈타크 정면에는 모서리를 따라 ㄷ자로, 또 이완의 아치를 따라 곡선으로 푸른빛 채색 타일로 만들어진 문양이 정교하게 반복되고 있습니다. 피슈타크 위쪽에는 마치 제목처럼 가로로 길게 아랍어 글자가 새겨져 있습니다. 읽을 수는 없지만 코란의 구절이겠지요. 코란 구절을 향해 푸른빛 채색 타일로 만들어진 기하학적인 패턴과 식물 무늬가 아치 곡선을 타고 상승합니다.

마드라사는 대부분 ㅁ자 모양입니다. 사막의 모래바람을 막기 위해 이층으로 높게 짓고 안쪽에 중정을 갖춘 모양입니다. ㅁ자의 한쪽은 강의실, 나머지 세 방향의 건물은 기숙사로 사용했다는데, 마드라사 건물 자체는 마치 프랙털 같습니다. 프랙털이 뭐냐고요? 크고 작은 닮은 모양이 끊임없이 되풀이되는 구조이지요. 피슈타크에도 작은 이완이 여러 개 배치되어 있고, ㅁ자 건물의 일층, 이층도 이완이 늘어서며 완성되고, ㅁ자 건물의 네 방향마다 중앙에 닮은꼴인 이완이 하나씩 높게 솟아 있습니다. 크고 작은 이완들이 마드라사 곳곳에 박혀 있습니다. 마드라사 전체가 이완을 복제하며 프랙털을 이루고 있습니다.

무함마드 아민칸 마드라사에는 130개의 방이 있는데 260명 정도의 학생이 동시에 거주했다고 합니다. 먼 곳에서 온 학생들도 여기에 머물면서 아랍어 문법, 논리, 이슬람 율법, 신학, 법학 등을 배웠습니다. 마드라사의 교육은 기부받은 재원을 이용하여 무상으로 이루어졌고, 학생들은 공부를 끝마칠 때까지 기간 제한 없이 머물 수 있었답니다. 이런 제도가 어떻게 생겨났을까요? 우선 코란이라는 말의 뜻이 바로 '읽기'라는 사실에서 짐작할 수 있습니다. 알라의 첫 계시가 '읽으라'였으니 무지로부터의 탈피가 이슬람교도들의 첫 번째 과제였어요. 그래서 마드라사는 종교 활동의 거점일 뿐만 아니라 문화 전수와 교육의 장이었습니다. 학문에 정진하는 것은 신의 뜻을 알기 위한 고귀하고 신성한 일이니 누구에게나 열려 있어야 했던 거지요.

호텔 투숙객인 듯한 사람들이 오가고 있습니다. 이곳의 유적은 바라만 보는 곳이 아니라 지금도 사용하는 곳입니다. 일부는 호텔로도 사용되고 박물관으로도 사용됩니다. 사실 박물관이라고 해야 우리나라의 국립 박물관같이 큰 규모는 아닙니다. 마드라사나 궁전이 하나의 주제로 박물관을 소박하게 운영합니다. 코지 칼론 마드라사는 음악사 박물관, 아불가지칸 마드라사는 자연사 박물관, 세르고지칸 마드라사는 의약사 박물관, 쿠냐 아르크는 고대 호라즘 박물관으로 사용하는 식이지요.

마드라사에서 보는 프랙털

프랙털은 크고 작은 닮은 모양이 되풀이되는 구조를 말한다. 아래 그림은 정사각형을 똑같은 크기의 정사각형 9개로 나눈 후 그중 5개를 남기는 방법으로 만들어진 프랙털이다. 단계마다 정사각형의 개수가 5배가 된다.

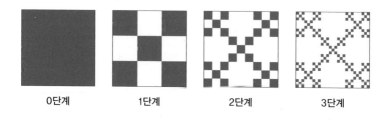

| 0단계 | 1단계 | 2단계 | 3단계 |

마드라사에서는 아치를 둘러싼 이완이 위의 정사각형 같은 역할을 한다. 크고 작은 이완이 반복되며 프랙털을 이루고 있다.

호텔로 사용되고 있는 무함마드 아민칸 마드라사의 프랙털 구조

높게, 거대하게 솟은 칼타 미나렛

무함마드 아민칸 마드라사는 중앙아시아에서 가장 큰 마드라사라고 합니다. 히바 칸국의 49대 칸이었던 무함마드 아민칸이 가장 큰 마드라사를 지으라고 했다지요. 19세기 초 히바 칸국이 강성하던 시절 이야기입니다. 무함마드 아민칸은 곧이어 이 마드라사 바로 옆에 가장 높은 미나렛도 짓기 시작했습니다. 1851년의 일이지요. 400km나 떨어진 부하라 칸국을 볼 수 있을 만큼 높게 지으려고 했답니다.

이렇게 먼 거리를 보려면 미나렛을 얼마나 높게 지어야 할까요? 얼추 계산해도 수 킬로미터는 되어야 할 겁니다. 미터가 아니라 킬로미터. 우리나라에서 가장 높은 롯데월드타워의 높이가 555m이니 높이를 킬로미터로 재야 하는 탑을 짓는 건 말이 안 됩니다. 설령 엄청나게 높은 미나렛을 짓더라도 공기의 방해 때문에 보일 리가 없잖아요. 어떤 물체가 점점 멀어질수록 잘 안 보이는 건 눈이 나빠서라기보다는 공기 때문에 흐릿해지기 때문이니까요. 멀리 있는 산은 가까이 있는 산보다 색이 탁해 보이지요. 일찍이 레오나르도 다빈치가 모나리자를 그릴 때 이 사실을 적용해서 배경을 흐릿하게 그렸지요. 그래도 미심쩍다면 서울에서 부산까지의 직선거리가 300km가 넘는다는 사실을 기억해보세요. 서울에 얼마나 높은 빌딩을 지으면 부산이 보일까요?

히바 칸국은 이웃인 부하라 칸국과는 몇 차례나 전쟁을 벌인 사이였어요. 중앙아시아의 패권을 다투는 사이였으니 직접 보며 감시하고 싶었던 걸까요? 그러나 칸이 죽으면서 칼타 미나렛 건설은 중단되었어요. 28m 높이에서. 그래서인지 두께가 굉장합니다. 다른 첨탑에 비하면 탑이 아니라 둔중한 빌딩 같아요.

칼타 미나렛이 다른 미나렛과 다른 점은 또 있습니다. 다른 첨탑들은 중간부터 채색 타일을 붙여 모양을 냈지만, 칼타 미나렛은 바닥부터 채색 타일을 붙여 전체가 푸르게 빛납니다. 마치 거대한 도자기를 세워놓은 듯합니다. 언뜻 보면 무늬가 다른 여러 층의 원형 띠처럼 보이지만, 자세히 보면 사용된 타일은 모두 가로로 긴 직사각형 한 종류입니다. 색깔만 다릅니다. 기단이라고 할 수 있는 바닥 쪽은 푸른색 한 가지 타일만 붙였고, 몸통 부분은 색깔이 다른 타일들을 붙여 무늬를 만들어냈습

니다. 몸통 부분을 네 개의 원형 띠로 구분해볼까요? 첫 번째 띠를 무함마드 아민칸 마드라사와 이어지는 구름다리와 연결된 띠라고 하고 위로 올라가면서 차례로 두 번째, 세 번째, 네 번째 띠라고 합시다. 네 개의 띠의 무늬를 비교하면 다른 듯 다르지 않아 보입니다. 가까이 가서 자세히 볼게요.

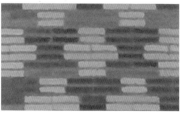

칼타 미나렛. 민무늬의 푸른빛 기단과 그 위로 네 단계의 띠로 치장한 미완성의 첨탑이다(왼쪽). 칼타 미나렛 무늬 확대. 십자 문양 흰색 타일 사이사이를 푸른색 타일로 채웠다(오른쪽).

무늬가 가장 선명한 건 아래에서 두 번째 띠입니다. 모름지기 정체를 파악할 땐 선명한 것부터 해야 쉽기도 하고 오류도 최소화할 수 있지요. 두 번째 띠에서는 푸른색 바탕에 흰색 타일이 8개씩 모인 십자 문양이 도드라져 보입니다. 좀 더 자세히 보면 십자 문양 흰색 타일 사이사이를 푸른색 타일로 채운 무늬입니다.

그러고 보니 세 번째 띠도 구조는 같습니다. 갈색 타일 8개가 십자 문양을 만들고 푸른색 타일 10개가 블록처럼 끼워져 바탕을 채우는 구조가 같습니다. 십자 문양 자리에 짙은 푸른색 타일을 붙인 경우도 있고 갈색과 푸른색이 섞인 듯한 색깔의 타일을 붙인 경우도 있지만 단조로움을 피하기 위한 변주 정도로 보입니다.

이제 가장 위쪽인 네 번째 띠를 볼게요. 십자 문양 자리를 갈색 타일이 조금 더 많이 차지하고 바탕에 더 짙은 푸른색 타일이 와 있지만 결코 자리가 바뀌지는 않았습니다. 언뜻 보면 문양이 다르게 보일 수도 있지만 십자 문양이 반복되는 구조는 모두 같습니다. 이제 마지막으로 첫 번째 띠를 보면, 모두 푸른 계통 타일이라 문양이 흐릿하긴 하지만 푸른색 타일 바탕에 십자 문양을 이루는 짙은 청색 타일이 반복되는 구조는 같습니다.

그러고 보니 칼타 미나렛의 네 개의 원형 띠는 마치 변주곡 같습니다. 어렸을 때 많이 불렀던 "반짝반짝 작은 별 아름답게 비치네."라는 「작은 별」의 노래 가사가 입에 맴돕니다. 돌림 노래처럼 계속 불렀던 이 노래는 프랑스 민요의 선율을 주제로 하여 모차르트가 만든 곡입니다. 「작은 별 주제에 의한 12개의 변주곡」은 경쾌하게, 우아하게, 끊어질 듯 아련하게, 그러다가 다시 재빠르게 주제를 변화시키며 이어집니다.

「작은 별 주제에 의한 12개의 변주곡」 주제부

　반짝 반짝 작은 별 …… 바안짝 바안짝 작은 별 …… 바아안짝 바아
안짝 작은 별……. 변주곡에서 주제가 될 선율은 짧고 단순해야 합니
다. 그래야 넣고 빼고 반복하면서 변주를 만들어낼 수 있습니다. 모차르
트가 민요에서 주제 선율을 택한 이유겠지요. 칼타 미나렛의 변주도 주
제는 간단합니다. 다만, 언뜻 보면 달라 보여 수학이라는 렌즈를 통과해
야만 변주가 보입니다. 수학으로는 보이지 않는 것도 볼 수 있기 때문이
지요.

　그 위로는 아랍어 문장이 새겨진 타일이 붙어 있습니다. 칼타 미나렛
위쪽의 캘리그라피는 히바에서 처음으로 맞닥뜨린 글자였습니다. 문양
자체만으로도 아름답지만 뜻을 알면 더 좋을 텐데, 칼타 미나렛의 꼭대
기에 적힌 글자의 뜻을 알아내는 일은 쉽지 않았습니다. 숙소로 돌아온
후, 수많은 검색 끝에 결국 알아냈습니다. "신의 이름으로, 자비로운 자
들이여, 인정이 넘치는 자들이여."

　이 캘리그라피는 나스탈리크체입니다. 14~15세기에 페르시아어를 표
기하기 위해 만든 서체이지요. 페르시아어에는 원래 문자가 없었다고 합
니다. 고대 페르시아 제국에서는 문자가 있는 언어가 여럿 사용되었는
데, 그중 널리 쓰이던 아람 문자가 이후에도 표기하는 용도로 사용되었
지요. 사산 왕조 시대의 중세 페르시아어를 표기하던 팔라비어도 아람

칼타 미나렛 위쪽의 캘리그라피. "신의 이름으로, 자비로운 자들이여, 인정이 넘치는 자들이여."라는 뜻이다.

문자에 기반한 것이라고 합니다. 그러다가 7세기 아랍에게 정복된 후부터는 페르시아어를 점차 아랍 문자로 표기하게 되었지요.

우리도 비슷한 경험을 했습니다. 우리말을 기록하는 문자가 없어 말을 할 때는 우리말로 하고, 기록할 때는 한자를 사용했지요. 다행히 세종 대왕 때 한글을 만든 덕분에 우리는 우리말과 문자를 가지게 되었지만, 지금도 페르시아어, 아니 이란어는 기본적으로 아랍 문자로 표기하지요.

호텔로 사용되는 무함마드 아민칸 마드라사 중정에는 호텔답게 군데군데 의자들이 놓여 있습니다. 지난밤, 조금은 시원해진 밤공기 속에서 별을 보며 식사를 한 흔적이 아닐까 합니다. 다음엔, 다음에 또 올 수 있을지 모르겠지만, 마드라사에서 하룻밤 자고 싶습니다. 기숙사로 쓰였던 작은 방에 누우면 그곳에서 신성한 삶을 추구했던 사람들의 숨결이 느껴지지 않을까요?

다시 밖으로 나오니 칼타 미나렛과 마드라사 사이로 굴다스타가 보입니다. 보통 굴다스타는 건물의 귀퉁이에 장식으로 덧댑니다. 마드라사 네 귀퉁이마다 설치된 굴다스타는 양파같이 끝이 뾰족하게 올라간 지붕을 쓰고 푸른색 타일을 몸에 붙이고 한껏 모양을 내고 있지요. 빗살무늬 모양으로 흙벽돌이 깔린 바닥을 밟으며 구름다리 밑을 지나 걷습니다. 칼타 미나렛의 푸른빛 타일을 손으로 쓸면서 한 바퀴 돕니다. 한 바퀴가 참 깁니다.

　다시 양쪽으로 흙빛 마드라사가 즐비합니다. 히바는 마드라사와 모스크의 도시입니다. 히바에서 산 관광 지도를 보면 모스크는 8개, 마드라사는 24개 표시되어 있습니다. 물론 이찬 칼라는 모스크와 마드라사로 가득 찼으니 이보다 훨씬 많음은 확실합니다. 이찬 칼라는 사실 동서로 400m, 남북으로 720m 정도밖에 안 되는 아담한 공간입니다. 그 안에 높은 흙빛 담장과 흙벽돌로 지은 닮은꼴 건물들로 가득 차 있어 작은 돔을 보면 모스크인가 보다, 이완의 프랙털 구조를 보면 마드라사인가 보다 생각하며 길을 갑니다. 그렇게 이리저리 기웃대며 길을 걷다 보면 어디가 어딘지 정신을 차릴 수가 없습니다. 길을 잃기 십상입니다. 그러니 본격적으로 나서기 전에 이찬 칼라의 구조를 머릿속에 넣어야 합니다. 길을 잃지 않도록. 나중에 수많은 사진을 보며 어디가 어딘지 기억하려면.

　이찬 칼라의 이정표는 어디서든 보이는 높은 미나렛 세 개로 정하면 좋습니다. 이찬 칼라에는 미나렛이 네 개 있지만, 키가 작아 이정표 노릇을 하기 어려운 투라 무라드 미나렛은 제외하지요. 마치 잘려나간 거대한 도자기 같은 독특한 모양의 칼타 미나렛은 서문 안쪽에 있습니다. 나머지 두 개의 미나렛은 모두 바탕색이 흙빛인데, 서문에서 동문으로 가는 길 저 앞에 보이는 것은 높이가 33m인 주마 모스크 미나렛입니다. 여섯 개의 푸른색 타일 띠를 두르고 서 있습니다. 가장 높은 미나렛은 이슬람 호자 마드라사에 있는 높이 45m의 이슬람 호자 미나렛입니다. 이 미나렛은 아래쪽에는 칼타 미나렛과 같은 무늬의 띠가 있고 그 위로 11개의 서로 다른 무늬의 원형 띠를 두른 화려한 미나렛입니다. 주마 모스크 미나렛에서 남쪽으로 두 블록 거리에 있습니다. 그러니 이찬 칼라에서 길을 잃지 않으려면 이것만 기억하면 됩니다. "세 개의 미나렛이 직각삼각형을 이룬다, 칼타 미나렛과 주마 모스크 미나렛은 서문과 동문을 잇는 길 위에 있다, 주마 모스크 미나렛에서 남쪽으로 꺾으면 가장 높은 이슬람 호자 미나렛이 보인다." 이제 길을 잃을 염려가 없습니다.

여섯 개의 푸른 띠를 두른 주마 모스크 미나렛, 가장 높은 이슬람 호자 미나렛, 미완성의 거대한 칼타 미나렛은 이찬 칼라의 이정표가 된다.

목각 기둥과 빛이 빚어내는 신비

칼타 미나렛에서 계단을 몇 개 밟고 큰길로 내려오자 저 앞에 소박한 미나렛이 보입니다. 여섯 개의 푸른 띠를 두른 주마 모스크 미나렛 옆에 주마 모스크가 있습니다. 주마 모스크는 '금요일의 사원'이라는 뜻으로 이슬람 도시마다 있습니다. 금요일마다 도시 사람들이 다 모여 대규모로 예배를 보는 사원이지요. 그래서 이찬 칼라 가운데에 세워졌고 히바 사람들의 정신적인 요람일 겁니다.

히바의 주마 모스크는 10세기에 처음 지어져 여러 번의 재건 공사를 거쳐 18세기 말에 지금의 모습이 되었습니다. 보통 모스크와는 달리 돔도 없고 아치 모양의 정문도 없습니다. 초원과 사막으로 둘러싸인 오아시스 도시의 사람들에게 사원의 원형은 으리으리한 대리석 돔 모스크가 아니었습니다. 늦게 출발한 종교답게 포교하면서, 정복하면서 그 지역의 큰 건물을 사원으로 사용했습니다. 숭배의 장소가 아니라 신과 직접 만나는 장소이기 때문에 주마 모스크처럼 소박한 경우도 많습니다.

미나렛 담벼락에 붙은 주마 모스크의 출입구는 가느다란 나무 기둥 하나로 정사각형 처마를 받치고 선, 아주 날렵

주마 모스크의 정문. 동그란 쇠 문고리가 한옥 대문같이 정겹다.

한 모습입니다. 여닫이문에 달린 동그란 쇠 문고리는 어릴 적 살던 한옥 대문같이 정겹습니다. 문안으로 들어서자 실내는 어둑합니다. 넓은 실내에는 편평한 나무 천장과 가로세로 줄 맞춰 늘어선 나무 기둥이 질서 정연합니다. 주춧돌 위에 올라선, 점점 좁아지는 나무 기둥의 단아한 곡선이 기품 있습니다. 조명이 없어 어둑한 대신 저쪽 박공지붕 모양의 채광창으로 빛이 쏟아져 들어옵니다. 모스크 안에 빛과 나무로 만들어지는 신성함이 가득합니다.

그렇게 안쪽에 눈이 팔려 있는데, 아차차, 입장권을 보여달라고 합니다. 이찬 칼라는 대부분 표 없이 자유롭게 돌아다닐 수 있지만, 몇몇 건물에 들어가려면 표를 사야 합니다. 한 군데씩 따로 사는 것보다는 모든 곳을 들어갈 수 있는 자유 입장권을 사는 것이 좋습니다.

표를 검사하는 현지인의 설명에 일행이 서문으로 입장권을 사러 갔습니다. 한참을 기다리는데도 오지 않아 답답해졌습니다. 정문 역할을 하는 서문은 가까운 편인데, 시간이 지날수록 뭔가 문제가 생겼나 하는 걱정이 들었습니다. 지하철 개찰구 같은 이 막대를 지나 눈 앞에 펼쳐진 저 기둥의 숲으로 들어가지 못할 것 같은 조바심마저 생겼습니다. 마침내 일행이 입장권을 사 가지고 돌아왔습니다. 사정을 들어보니 문제는 관광객과 현지인이 사는 입장권 가격이 다르다는 점이었답니다. 정확한 가격은 기억나지 않지만, 열 배 정도 차이가 났던 것 같습니다. 일행 대부분이 더위를 피해 현지인 가이드와 함께 호텔로 가고 몇몇만 더위를 무릅쓰고 나선 길이었기에, 호텔에 있던 가이드에게 부탁해서 입장권을 사느라 시간이 걸렸답니다.

현지인이 아닌데 가이드 덕분에 내국인 수준으로 엄청나게 할인받은 셈입니다. 갈등이 생깁니다. 나의 것이 아닌 것을 차지한 불편함 때문일까요? 니체가 자라투스트라, 즉 조로아스터의 입을 빌려 말했습니다. "나는 사랑한다, 주사위를 던져 얻은 행운을 수치로 여기고 '나는 사기 도박꾼이 아닌가?'라고 반문하는 자를." 이미 땅에 묻힌 니체의 사랑을 받은들 무엇 하겠습니까? 이런 문장을 마음에 새겨놓았지만, 제가 주사위를 던지지 않았어도, 저를 위해 던져진 주사위로부터 얻은 행운에 순간적으로 미소 지은 얼굴 근육에 아차, 하는 거지요.

약 3m 간격으로 펼쳐진 기둥의 숲에 들어섰습니다. 나무 기둥 하나하나에 아라베스크 무늬가 화려하게 조각되어 있습니다. 주마 모스크에 늘어선 목각 기둥이 212개라고 하니, 가히 목각 기둥 박물관이라고 할 만합니다. 지금도 히바에는 나무 기술 학교가 여러 개 있는데, 학교마다 특징이 있다고 합니다. 기둥을 자세히 보니, 비슷한 무늬도 있지만 하나하나 조금씩 다 다릅니다. 나무 기둥마다 다르게 판 목각 무늬는 부서지는 빛에 따라 밝음과 어두움을 나눠 가집니다. 파인 부분과 도드라진 부분에 빛이 섞여 모스크를 예술 작품으로 만들어냅니다. 기둥의 무늬는 원형의 띠로 한 층을 이루며 기둥을 한 바퀴 돌면서 반복됩니다. 그렇게 몇 층의 띠로 기둥을 채워나갑니다. 그렇게 하나하나 살피는 사이, 주춧돌에 기대었던 목각 기둥 그림자가 사원 바닥으로 옮겨 눕습니다.

나무 기둥과 주춧돌 사이에 낙타털이 끼어 있는 기둥이 많습니다. 낙타털이 완충 작용을 하나 봅니다. 지진에 대비했다는 증거이지요. 그래도 여러 차례 지진으로 무너져 목각 기둥은 교체되었습니다. 16세기 이전의 기둥이 25개인데, 그중 4개는 처음 모스크가 세워진 10세기 무렵의 것이라니 기둥들의 나이가 다릅니다. 굵기도 다르고 모양, 나뭇결, 색

기둥이 질서 정연하게 들어찬 주마 모스크. 기둥 하나하나가 정교한 조각품이다.

깔도 다릅니다. 그래도 낡은 기둥 모두에 약간은 케케묵은 듯한 냄새가 배어 있습니다. 아마도 코란을 낭송하는 소리도 배어 있을 것입니다. 1,000년이 넘었는데, 어찌 소리라고 배어들지 않았을까요.

주마 모스크에서 만나는 고구려 고분 천장

고개를 들어 천장을 봅니다. 기둥이 네 개씩 모여 규칙적으로 정사각형 천장을 받치고 있습니다. 정사각형 편평한 천장의 모양은 여러 가지입니다. 일렬로 나란히 각목을 덧댄 천장, 귀퉁이에 직각삼각형을 만들 듯 각목을 덧대어 결국 팔각형을 만들어낸 천장. 가장 눈길을 끄는 것은 정사각형을 겹겹이 쌓은 듯한 '중심이 같은 정사각형 구조' 천장입니다.

'중심이 같은 정사각형 구조'는 이찬 칼라의 다른 모스크에서도 자주 사용되었습니다. 그뿐만 아니라 아나톨리아 반도에서부터 중앙아시아, 인도 및 동북아시아에 이르기까지 다양한 문화와 여러 시대에 걸쳐 발

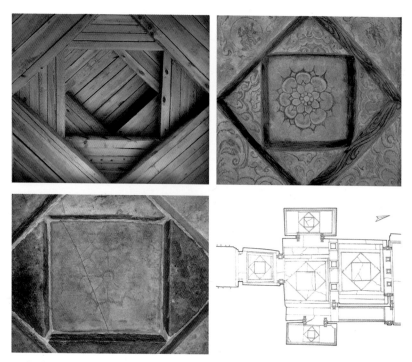

주마 모스크의 모고임천장(왼쪽 위), 고구려 고분 쌍영총(평안남도 용강군 용강읍, 5세기 말)의 모고임천장(오른쪽 위), 안악 3호분(황해남도 안악군 오국리, 357년)의 모고임천장과 평면도(아래)

견되고, 고구려 고분의 천장에서도 많이 보입니다. 고구려에 불교가 전해지면서 사원 건축의 형태로 들어왔다고 하지요. 고구려 고분에서는 정사각형 모양의 지붕 네 귀에 삼각형 굄돌을 걸치면서 천장을 좁혀나가는 방식입니다. 모(모서리)를 고여가면서 반복하여 쌓아 올린다는 뜻에서 '모고임천장 구조'라고 합니다.

중심이 같은 정사각형 구조에서 연이은 정사각형 두 개만 생각하면, 큰 정사각형은 작은 정사각형보다 넓이가 두 배입니다. 넓이가 두 배가 되는 정사각형을 만드는 문제는 플라톤의 『메논』에 등장합니다. '탁월함

이란 무엇인가, 배울 수 있는 것인가'라는 질문에 대한 답을 찾는 과정에서 소크라테스가 메논에게 배움이란 무엇인가를 보여주는 장면입니다. 소크라테스는 노예 소년에게 넓이가 두 배가 되는 정사각형의 한 변의 길이가 얼마인지 묻습니다. 교육을 받지 않은 노예 소년은 변의 길이가 2배가 되면 넓이도 2배가 된다고 대답합니다. 소크라테스는 아무것도 가르치지 않고 질문을 합니다. 오직 질문만 합니다. 결국 노예 소년은 소크라테스가 그린 그림에서 넓이가 두 배가 되는 정사각형의 변을 짚어냅니다. √2배라는 대답은 할 수 없어도 모양을 보고 넓이가 2배가 되는 정사각형의 변을 찾아낸 것입니다. 노예 소년은 이번 생에서 이것을 배운 적이 없습니다. 따라서 불멸의 영혼이 간직

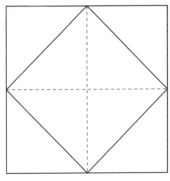

중심이 같은 정사각형 구조. 빨간색 정사각형은 파란색 정사각형보다 넓이가 2배이다.

하고 있는 전생의 인식을 상기한 것입니다. 이것이 플라톤이 소크라테스를 등장시켜 주장한 상기론입니다. 주마 모스크, 어둑한 곳에서 우리 인연이 전생에 이곳에서 시작되지 않았나 생각해봅니다. 플라톤에 따르면, 잘 상기하면 알아낼 수 있지 않을까요?

플라톤이 탐구와 배움은 '상기'라고 주장할 때 소재로 쓰인 '중심이 같은 정사각형 구조'는 고대 그리스에서 처음 연구된 도형은 아닙니다. 이미 고바빌로니아에서도 사용되었습니다. 영국 박물관에 보관되어 있어 BM 15285라고 이름 붙여진 점토판을 볼까요? 메소포타미아 지역에서 발견된 이것은 기원전 2,000년에서 기원전 1,500년 사이의 것으로

중심이 같은 정사각형 구조에 관한 문제가 기록된 고바빌로니아의 점토판 BM 15285의 앞면. 그림 밑에 쐐기 문자로 문제가 쓰여 있다.

여깁니다. 점토판 앞뒤에 40개의 문제가 기록되어 있습니다. 고대부터 이미 경작하는 땅이나 건축물, 장식물에서 이러한 도형들의 넓이나 길이를 계산할 줄 알아야 했겠지요.

이 점토판의 문제들은 그려놓은 도형에서 넓이나 길이를 구하라는, 당시 학생들에게 내어준 문제입니다. 그림만 봐도 머리가 아픈가요? 당시 학생들도 그랬나 봅니다. 무더기로 발굴된 점토판 중에는 틀린 풀이가 새겨진 것들도 발견되니까요.

고바빌로니아에서 고대 그리스를 거쳐 퍼져나간 이러한 문양을 우리는 고구려 고분 벽화에서도, 히바의 모스크에서도 볼 수 있습니다. 문명이 교류한 흔적이겠지요.

고바빌로니아의 점토판 문제

고바빌로니아의 점토판 BM 15285에는 한 변의 길이가 60인 단위 정사각형 안에 있는 도형들의 넓이를 구하는 문제 40개가 쐐기 문자로 기록되어 있다. 앞면의 문제 20개는 대부분 중심이 같은 정사각형 구조에 대한 것이고 뒷면의 문제 20개는 정사각형 안에 원이 내접한 구조에 대한 것이다. 몇 개의 문제는 다음과 같다.

7번: 단위 정사각형에 내접하는 정사각형의 넓이는?

8번: 단위 정사각형에 4개의 직각삼각형과 작은 정사각형이 있다.
　　　이 정사각형에 내접하는 정사각형의 넓이는?

10번: 정사각형 안에 8개의 직각삼각형이 있다. 이것들의 넓이는?

11번: 단위 정사각형에 내접하는 정사각형 안에 4개의
　　　직각삼각형이 있다. 이것들의 넓이는?

12번: 단위 정사각형에 16개의 직각삼각형이 있다.
　　　이것들의 넓이는?

14번: 단위 정사각형의 넓이를 절반으로
　　　줄인 정사각형 안에 내접하는
　　　정사각형의 넓이는?

18번: 단위 정사각형 안에 4개의 직각
　　　삼각형이 있다. 이것들의 넓이는?

알 콰리즈미가 내려다본 도형

사실 저 중심이 같은 정사각형은 서문 앞에 있었던 알 콰리즈미의 동상에도 있습니다. 알 콰리즈미가 내려다보고 있는 두루마리에 중심이 같은 정사각형에 내접하는 원이 있는 도형이 그려져 있지요. 점토판에 있는 고바빌로니아의 학생들이 풀었던 문제 중 10번 문제의 도형과 같습니다.

알 콰리즈미는 그의 저서 『대수학』 54쪽에서 직각삼각형과 정사각형의 넓이 사이의 관계를 이용해서 직각삼각형의 빗변의 제곱은 나머지 두 변의 제곱의 합과 같음을 증명합니다. 그런데 알 콰리즈미의 동상에 있는 그림은 여기에 원이 하나 더 그려져 있습니다. 아마도 동상의 제자자인 소련의 스파르타크 바바얀(Spartak Babayan)이 『대수학』에 있는 또 하나의 그림과 합치지 않았나 싶습니다. 『대수학』 62쪽에서는 원의 지름과 원주를 알 때 넓이를 구하는 방법을 다루었거든요. 고대에는 둘

서문 밖에 있었던 알 콰리즈미 동상. '대수학의 아버지'라고 불린다. 오른쪽은 알 콰리즈미가 보고 있는 두루마리에 그려져 있는 그림이다. 스파르타크 바바얀, 1979~1983년 건립

알 콰리즈미는 『대수학』 54쪽에서 직각삼각형의 세 변 사이의 관계(피타고라스의 정리)를 설명할 때 '중심이 같은 정사각형' 그림을 사용했다. 62쪽에서는 원의 지름과 원주로부터 원의 넓이를 구하는 방법을 설명했다.

레의 길이로부터 넓이를 계산하는 방법이 주요하게 쓰였습니다. 공평한 과세를 위해서는 땅의 넓이를 구해야 하는데 이때 측정할 수 있는 것이 둘레의 길이였으니까요. 넓이를 구하기 어렵게 생긴 사각형 모양의 토지의 넓이는 마주 보는 두 변의 길이의 평균을 곱하는 식이었지요.

조각가 바바얀은 아마도 두 그림을 합쳐서 그렸나 봅니다. 그런데 바바얀이 알 콰리즈미에게 자문을 구했다면 어떤 그림을 추천했을까요? 아마도 "근의 제곱과 근의 열 배를 더한 값이 39이다."를 추천하지 않았을까 합니다. 지금의 표현으로 하면 $x^2 + 10x = 39$의 근을 구하는 이차방정식 문제이지요. 그는 『대수학』 5~11쪽에서 이 문제를 푸는 산술적 해법 한 가지와 기하적 해법 두 가지를 제시합니다. 이 책 덕분에 $x^2 + 10x = 39$는 세상에서 가장 유명한 이차방정식이 되었습니다.

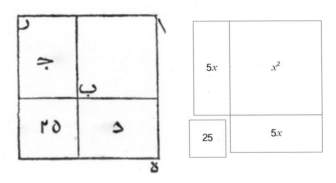

알 콰리즈미의 『대수학』 11쪽 그림. $x^2 + 10x = 39$의 근을 구하는 방법

위 그림은 『대수학』 11쪽에 실린 풀이입니다. 넓이가 x^2인 정사각형을 그리고 넓이가 $10x$인 직사각형은 절반으로 잘라 양쪽에 덧붙입니다. 여기에 원래는 없던, 넓이가 10의 절반의 제곱인 정사각형을 채워주면 네 개의 사각형이 모여 정사각형을 이룹니다.

그림에서 네 개의 사각형으로 만들어지는 정사각형의 넓이가 64인 거지요. 여기에서 근이 3임을 구할 수 있습니다. 당시에는 음수를 방정식의 근으로 여기지 않았으니 근은 3뿐입니다. 오늘날 이 방법을 '완전제곱식에 의한 풀이'라고 합니다. 전 세계의 아이들이 학교에서 배우는 방법이지요. 그러니 바바얀이 동상을 만들 때 이 그림을 썼다면 알 콰리즈미가 훨씬 좋아하지 않았을까 하는 마음이 남습니다.

알 콰리즈미를 '대수학의 아버지'라고 부르는 이유는 그가 830년에 쓴 『대수학』이라는 책 때문입니다. 원래의 제목은 간단히 말하면 '알 자브르 와 알 무카발라(al-Jabr wa al-Muqābalah)'입니다. 방정식의 양변에 같은 양을 더해도, 빼도 양변의 크기가 변하지 않는다는 뜻입니다. 이

둘은 우리가 방정식을 풀 때 지금도 사용하는 등식의 성질입니다. 알 자브르(al-Jabr)는 라틴어로 음역하는 과정에서 알게브라(algebra)가 되었고, 이것이 바로 '대수학'입니다. 대수학은 문자와 방정식을 다루는 수학의 한 분야인데, 많은 사람이 골치깨나 아팠던 기억을 갖고 있을 겁니다.

알 콰리즈미의 『대수학』은 이후 이슬람 세계는 물론 유럽의 대학에서도 주요한 수학 교과서로 쓰였습니다. 알 콰리즈미는 서문에서 이 책을 쓰게 된 동기를 다음과 같이 말했습니다.

> 나는 알 마문의 격려로 이항과 연산에 관한 이 책을 쓰게 되었다. 이 책의 내용은 상속, 유산, 분배, 소송, 무역과 같은 모든 거래에서 또는 토지 측량, 운하 파기, 기하학적 연산, 다양한 종류의 대상들이 관련된 경우에 사용하는, 가장 쉽고 가장 유용한 계산으로 제한했다.

알 콰리즈미는 『대수학』의 앞부분에서는 일차방정식과 이차방정식을 체계적으로 분류하여 해법을 제시하고 제곱근 계산을 다루었으며, 중반 이후에서는 교역, 상속 등 실제적인 문제를 하나하나 실제 사례를 통해 해법을 제시했습니다. 당시 유산 분배 규정의 큰 틀은 코란에 명시되어 있었지만 두 가지 측면에서 쉽지 않았습니다. 하나는 하디스에 기록되어 있는 상세한 경우에 대한 해석과 적용이고, 또 하나는 실제 계산이 어려웠다는 점입니다. 예를 들면, 한 여자가 딸 두 명과 어머니와 남편을 두고 죽었을 때 유산을 어떻게 분배해야 하는가라는 상황을 봅시다. 코란에 따르면 딸만 두 명을 남긴 경우 딸들의 몫은 유산의 $\frac{2}{3}$, 어머니의 몫은 $\frac{1}{6}$이고, 남편의 몫은 $\frac{1}{4}$입니다. 그런데 $\frac{2}{3}$, $\frac{1}{6}$, $\frac{1}{4}$을 모두 합하면 1이 넘습니다. 이 문제를 풀려면 전체 비율이 1이 넘는 경우에 대한 처리와 분수 계산을 할 수 있어야 합니다.

알 콰리즈미의 이론은 본질적으로 기하학인 고대 그리스 수학 개념에 혁명적인 변화를 가져왔습니다. 고대 그리스에서는 자연수만 수로 인정했습니다. 두 자연수의 비인 유리수도 수로 사용했지만 지금과 같은 분수 표현도, 소수 표현도 없었습니다. 지금의 $\frac{2}{3}$는 '2:3'으로 표현하고 2와 3의 비인 수로 생각했지요. 그러니 두 자연수의 비가 아닌 것은 수로 인정할 수가 없었습니다. 유럽에서 무리수가 수로 받아들여진 것은 16세기에 와서의 일입니다.

알 콰리즈미는 유리수, 무리수, 기하학적인 크기를 구분하지 않고 모두를 대수적인 대상으로 다루는 통합 이론을 만들었습니다. 알 콰리즈미는 지금 우리가 x라고 쓰는 것을 '근'이라고 하고, x^2을 '제곱'이라고 하면서 계산했습니다. 더하고 빼고 곱하고 나누고 자유롭게 계산했습니다. 유럽에서는 17세기에도 길이 x와 넓이 x^2을 더할 수 없다고 생각한 것에 비하면 얼마나 진취적인 생각인가요.

중심이 같은 정사각형

알 콰리즈미는 『대수학』에서 "직각삼각형의 짧은 두 변을 각각 자기 자신과 곱하여 더하면 긴 변을 자기 자신과 곱한 것과 같다."라고 했다. 간단히 말하면 직각삼각형의 두 변의 길이의 제곱의 합은 빗변의 제곱과 같다는 뜻으로, 중국에서는 '구고현의 정리'라고 했고 지금은 '피타고라스의 정리'라고 한다.

알 콰리즈미는 정사각형에 대하여 아래와 같이 증명했다.

정사각형 ABCD를 사등분하면 작은 정사각형 4개의 넓이가 같아 변 AT의 제곱은 사등분된 정사각형 1개의 넓이와 같다.

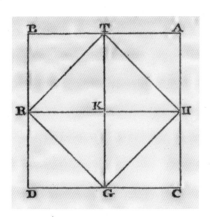

사등분된 정사각형 4개에 대각선을 그으면 8개의 직각삼각형이 생기며, 이 직각삼각형의 넓이가 같아 변 TH의 제곱은 사등분된 정사각형 2개의 넓이와 같다.

변 AT의 제곱과 변 AH의 제곱을 더하면 사등분된 정사각형 2개의 넓이와 같다. 따라서 변 AT의 제곱과 변 AH의 제곱을 더하면 변 TH의 제곱과 같다.

아랍인들의 유산 나누기

알 콰리즈미의 『대수학』에는 매우 많은 문제와 그 풀이가 실려 있다. 유산을 다룬 장에서는 죽은 사람의 상황을 조금씩 바꾸어가면서 유산을 어떻게 나누어야 하는지를 풀어놓아 당시 사람들에게 실질적인 도움이 되었을 것으로 보인다. 이 책에 실린 문제 하나를 보자.

한 여자가 딸 두 명과 어머니와 남편을 두고 죽었다. 그녀는 가족 이외에 두 사람에게 유산을 남겼다. 한 사람에게는 어머니의 몫만큼, 또 다른 사람에게는 전체 재산의 $\frac{1}{9}$ 만큼을 남겼다.

코란에 따르면 딸만 두 명을 남긴 경우 딸들의 몫은 유산의 $\frac{2}{3}$, 어머니의 몫은 $\frac{1}{6}$, 남편의 몫은 $\frac{1}{4}$ 이다. 여자가 남긴 전 재산을 1이라고 하자. 상속자의 몫을 모두 더하면 $\frac{2}{3} + \frac{1}{6} + \frac{1}{4} = \frac{13}{12}$ 이므로 1보다 크다. 따라서 상속자에게 상속할 유산을 $13v$라고 하면 딸은 $8v$, 어머니는 $2v$, 남편은 $3v$를 갖는다. 제삼자에게 유증한 몫은 $2v$와 여자가 남긴 유산 전체의 $\frac{1}{9}$ 이다.

코란에 따르면 가족이 아닌 제삼자에게 유증을 할 경우에는 제삼자에게 먼저 주고 가족은 남은 재산을 나누어 가져야 하므로, 제삼자에게 줄 몫은 $2v + \frac{1}{9}$ 이고 남는 것은 $1 - (2v + \frac{1}{9})$이다. 이것이 상속분 $13v$와 같으므로 식 $\frac{8}{9} - 2v = 13v$가 세워진다. 알 콰리즈미는 이항과 동류항 정리를 사용하여 $1\frac{7}{8}v = \frac{1}{9}$ 을 구한다. 따라서 제삼자 몫은 $1\frac{7}{8}v$와 $2v$, 상속자 몫은 $13v$이므로 전체 유산은 $16\frac{7}{8}v$로 보면 된다.

돌의 궁전, 타슈 하울리

◖   주마 모스크를 나와 계속 동쪽으로 갑니다. 길은 키의 서너 배는 될 듯한 흙빛 담장을 따라 적당히 좁게 뻗어 있습니다. 하늘은 눈이 시리게 파랗습니다. 햇볕은 뜨거워 그늘을 따라 걷습니다. 길 끝에서 계단 다섯 개를 내려가니 양쪽으로 기념품 가게들이 늘어서 있습니다. 왼쪽엔 나무로 만든 가판대에 천으로 파라솔을 친 아주 소박한 노점들, 오른쪽엔 판자로 지붕까지 댄 그 나름대로 품격 있는 노점들입니다. 벽걸이 수예품과 기다란 비단 스카프도 있고, 마네킹에 맵시 나게 옷도 입혀 놓았습니다. 뽕나무와 목화의 나라답습니다.

이븐 바투타가 본 호라즘

노점들을 바라보다 보니 이븐 바투타의 얘기가 기억났습니다. 모로코 출신 중세 아랍의 여행가인 이븐 바투타(Ibn Battuta, 1304~1368년)는 호

주마 모스크에서 동문으로 가는 길(왼쪽). 알라쿨리칸 마드라사 앞 노점. 똑바로 가면 동문이고 오른쪽에 악 모스크가 있다(오른쪽).

라즘에 대한 인상을 이렇게 남겼습니다.

> 가장 크고, 가장 위대하고, 가장 아름답고, 가장 웅장한 도시다. 시장은 번화하고 거리는 널찍하며 건물이 즐비하고 재화가 풍족하다. 주민이 얼마나 많은지 그야말로 사람들로 물결치고 있다. 어느 날 말을 타고 시장에 들어갔다. 한복판에 들어섰는데, 슈후르라는 곳에서는 도대체 발을 옮겨놓을 수가 없었다. 어찌나 붐비는지 도저히 그곳을 빠져나올 수도 없었다.

글을 읽는 것만으로도 정신이 혼미해집니다. 실크로드 위에 있는 번화한 도시의 모습이 이런 것인가 봅니다. 이븐 바투타는 모로코 출신의 14세기의 탐험가이자 순례자이자 법관입니다. 21세에 시작해서 30년 동안 아프리카, 유럽, 아시아 세 대륙을 다니고 여행기를 남긴 사람이지요. 우리나라에도 그의 여행기가 번역되어 있습니다. 어떻게 무려 30년간의 여행이 가능했을까요? 먼저 10세기를 전후한 이슬람 문명의 전성기에 아랍 학자와 여행자와 상인들이 세계 방방곡곡을 누비며 남긴 견문기 덕분입니다. 우리도 여행을 떠나기 전에 여행 책자와 인터넷을 뒤지면서 미리 현지에 대해 이것저것을 알아보듯 이븐 바투타도 선배들이 남긴 기록을 안내 책자로 삼았겠지요. 또 하나 중요한 요인은 이슬람 특유의 형제애 덕분일 겁니다. 이븐 바투타가 호라즘에 묵을 때의 일입니다. 아미르가 이븐 바투타에게 1,000디르함을 보냈는데, 그중 35디르함으로 검정말 한 필을 구입했다고 합니다. 그 이후 인도 땅에 들어설 때까지 계속 말 수효가 늘어났다는 이야기가 나옵니다. 여행길에서 만난 사람들은 음식을 대접하고 쌀과 먹을 것을 나누어 주고 돈도 주고 서로 소식을 나누는 등 이븐 바투타를 환대했습니다. 기본적으로는 마드라사나 자위야에 묵었지만, 곳곳에서 만난 사람들의 따뜻한 배려가 없었다면 그렇게 오랫동안 여행하기는 어려웠겠지요. 아, '자위야'는 당시 거미줄처럼 퍼져 있던 이슬람 신비주의 분파인 수피즘의 수행 도장을 말하는데 무슬림 여행자들의 숙소도 겸했지요.

　노점 오른쪽에 있는 건물이 눈에 확 들어옵니다. 회반죽을 칠한 하얀

비행접시처럼 곧 날아오를 듯한 하얀색 악 모스크

색 건물입니다. 온통 흙빛 아니면 푸른빛이었는데, 하얀색 건물이라니. 더구나 생김새도 독특합니다. 하얀색 낮은 담장 끝에 서 있는, 모스크보다 낮은 하얀색 굴다스타. 그리고 둥근 돔 아래

하얀색 사각 건물. 건물의 세 면에는 우리나라 처마처럼 튀어나온 반 지붕을 목각 기둥들이 받치고 서 있는 회랑이 설치되어 있습니다. 악 모스크입니다. 악은 '하얗다'라는 뜻이랍니다.

악 모스크는 17세기에 지어졌지만 모스크의 건축 방식을 되짚어볼 수 있는 외관을 보여줍니다. 아랍이 중앙아시아를 정복하고 처음으로 모스크를 건설할 때, 조로아스터교 사원을 본떠 정육면체 구조 위에 돔을 얹는 방식을 택했다고 하지요. 바로 악 모스크 같은 모습이었겠지요. 악 모스크는 동네 모스크입니다. 주마 모스크가 이 도시의 사람들이 다 모이는 큰 모스크라면 악 모스크는 하루 다섯 번의 기도를 위해 주변 사람들이 모이는 동네 모스크입니다. 동네 모스크는 대부분 이렇게 작고 네모난 건물에 작은 돔을 올려 투박하고도 소박하게 생겼습니다. 하얀색 악 모스크 중간의 튀어나온 반 지붕 때문에 마치 비행접시 같은 독특한 기운을 내뿜습니다.

아누사칸의 욕탕은 바로 옆에 있는 악 모스크와 함께 1657년에 완공되었습니다. 이 욕탕은 아불가지칸이 아누사의 용기를 기려 지었다는 얘기가 전해집니다. 대체로 이런 이야기입니다.

아불가지칸이 부하라 칸국과의 전투에서 사로잡혔을 때, 아불가지칸을 구하러 온 것은 아홉 명이나 있는 아들이 아니라 열 번째인 딸 아누사였습니다. 부하라의 아미르에게도 매우 뜻밖의 일이었습니다. 아누사는 부하라의 아미르에게 그를 놀라게 하면 아버지를 풀어달라고 제안을 했습니다. 아미르는 호기심에 제안을 받아들였습니다. 그러자 아누사가 옷을 벗었는데, 남자였다고 합니다. 놀란 아미르는 약속대로 아불가지칸을 풀어주었답니다. 어떻게 된 일일까요?

사실 아누사는 원래 남자였는데, 아누사가 태어날 때 이미 아들이 아홉 명이나 있던 아불가지칸은 딸을 원했다고 합니다. 그래서 딸을 낳았다고 거짓으로 알리고 아누사를 딸로 키웠던 것이지요. 히바로 돌아온 아불가지칸은 자기에게 아들은 아누사 한 명뿐이라고 선언하고 그 용기를 기리기 위해 치유의 욕탕을 지으라고 명했습니다. 아누사는 아불가지칸을 이어 히바 칸국의 14대 칸이 되었지요.

그래서인지 아누사칸의 욕탕은 단순한 목욕 시설이 아니라 병원을 겸한 복합 시설이었다고 합니다. 발과 관절 질환의 치료를 위해 뜨거운 증기를 쐬는 시설, 치통을 완화하는 시설, 혈액 질환 치료 시설 등도 있었고, 약초로 만든 차도 준비되어 있었다고 합니다. 우리나라에서 찜질방에 갔던 생각이 납니다. 준비된 옷으로 갈아입고 숯방에 들어가 탄소에서 나온다는 원적외선을 쐬고, 황토방에서는 몸이 나른해지면서 깜빡 잠도 들었지요. 여기 욕탕에서도 그랬을까요? 요일별로 여성, 귀족과 칸, 사제, 마을 사람들로 구분하여 모두가 사용했다고 하는데, 모두의 피로를 풀고 질환을 치료하는 장소였는지 궁금합니다.

거대한 피슈타크와 ㅁ자 건물이 알라쿨리칸 마드라사,
악 모스크 뒤쪽 작은 돔들이 동문 욕탕이다.

동문 밖 중앙아시아 최대의 노예 시장

욕탕은 동문(Polvon Darvoza)과 이어져 있는데, 동문은 마치 길 건너에 있는 알라쿨리칸 마드라사의 부속 건물처럼 보입니다. 동문은 이찬 칼라의 동서남북, 네 개의 문 중에 가장 오래된 문입니다. 3,000년 된 문이지요. 사실 동문은 어찌 보면 히바가 러시아의 보호국이 되면서 소련에 병합되는 현대사의 발단이 된 곳입니다.

동문은 여섯 개의 돔이 한 줄로 늘어선 모양인데, 양쪽의 이완에는 노예들이 묶여 있었습니다. 동문 밖에도 엄청난 수의 노예들이 족쇄에 묶여 있었습니다. 중앙아시아 최대의 노예 시장이었다는 말이 있을 정도이니까요.

전쟁 포로로 잡은 사람들도 있고 주변 마을을 습격해서 잡아 온 사람도 있었습니다. 여행자들을 잡아들이기도 했다고 합니다. 특히, 건장한 러시아인 남자는 값이 비쌌다고 합니다. 이곳에서도 노예제는 아주 오래된 일이었지만, 러시아인들이 어떻게 히바의 노예 시장에 나타나게 되었을까요?

러시아는 18세기 들어 카자흐 초원을 가로질러 남쪽으로 내려오기 시작하여 100여 년이 지나자 현재의 카자흐스탄 대부분을 지배하게 되었습니다. 러시아는 인도로 가는 무역로도 열고 아무다리야강 기슭에서 발견되었다는 금도 얻을 겸 첫 번째 정복 대상으로 히바 칸국을 선택했습니다.

1717년 표트르 대제는 무장한 무역 원정대 약 4,000명을 파견했습니다. 100척에 가까운 배로 카스피해 북단에서 출발하여 동쪽 해안에 상륙한 후, 메마른 땅을 가로질러 동쪽으로 향했습니다. 6월 중순의 타들어가는 사막에서 갈증과 일사병으로 많은 대원을 잃었습니다. 기진맥진해서 도착한 히바에서는 대량 학살을 당하고 남은 수십 명은 포로로 잡혔다고 합니다. 포로들은 노예로 팔려나갔습니다.

그러나 당시 러시아는 발트해를 둘러싸고 스웨덴과 전쟁 중이었고, 오스만 제국과도 잦은 전쟁을 치르고 있어 중앙아시아에 눈 돌릴 여력이 없었습니다. 러시아가 중앙아시아에 정예병을 파견한 것은 나폴레옹과의 전쟁, 크림 전쟁이 끝난 19세기 후반입니다.

그때까지 러시아의 중앙아시아 쪽 변경은 약탈당했습니다. 러시아 무역단들은 습격당하고 물건을 약탈당했습니다. 납치당해서 노예로 팔려나간 러시아인들이 수천 명이 넘는다고 합니다. 사실 정확한 숫자는 누구도 알 수 없겠지요.

노예 시장으로 번잡했을 동문 밖을 한참 봅니다. 가지각색 아름다운

동문 왼쪽 건물은 알라쿨리칸 마드라사, 오른쪽 건물은 욕탕이다(왼쪽). 동문 바로 앞의 별팔각형 모양의 하수구(오른쪽)

무늬의 보도블록이 깔린 넓은 광장이 보입니다. 옆에도 모스크가 있고 저쪽 멀리도 모스크가 보이는 한적한 풍경입니다. 노예로 전락한 사람들의 울분과 탄식의 소리는 들리지 않습니다. 시간의 축이 너무 많이 다른 까닭입니다.

다시 동문 안으로 들어오는데 일행이 바닥을 사진으로 찍고 있었습니다. 사방팔방에 아름다운 문양이 있어 뭔가 또 독특한 문양이 있나 싶어서 가까이 가보니 하수구 모양이 재미있습니다. 팔각형인데, 조금 다른 팔각형입니다. 타슈켄트에서 본 것과 같은 별팔각형입니다. 가운데 볼록한 회오리 문양도 나선 8개로 만들어졌고 옴폭 들어간 곳에 있는 물이 빠져나가는 구멍도 8개입니다.

그나저나 사막 지역은 역시 다릅니다. 이 정도 구멍이 하수구 역할을 하다니. 비가 몇 방울이나 빠져나갈까 싶은 하수구 구멍을 보고 있자니 몇 년 전 빗속을 자전거로 달리던 날이 생각납니다. 인천에서 떠나는 배에 자전거를 싣고 하룻밤 자고 도착한 제주도에서의 일이었지요. 라이딩을 시작하려는데, 비가 쏟아졌습니다. 어쩔 수 없이 비를 맞으며, 바다를 오른쪽에 두고 달리기 시작했지요. 여기서라면 있을 수 없는 일입니다. 이곳의 1년 치 강수량이 그날 10분 정도 쏟아진 비와 맞먹지 않을까요?

벽면의 기하학적 무늬는 수학자와 장인의 합작품

알라쿨리칸 마드라사를 끼고 오른쪽으로 돕니다. 양쪽으로 알라쿨리칸 마드라사와 타슈 하울리가 높게 서 있습니다. 타슈는 '돌', 하울리는 '마당'이라는 뜻입니다. 그러니 타슈 하울리 궁전은 마당이 돌로 된 궁전입니다.

1804년 히바 칸국은 온기라트 왕조로 혈통이 바뀌면서 다시 한번 중앙아시아의 패권을 잡게 됩니다. 일투자르칸, 무함마드 라힘칸, 알라쿨리칸, 무함마드 라힘 쿨리칸, 무함마드 아민칸, ……, 샤이드 무함마드칸, 무함마드 라힘 II세로 이어지며 힘을 과시합니다. 무함마드 아민칸은 서문 앞에 히바에서 가장 큰 마드라사와 미완의 칼타 미나렛을 남긴 바로 그 칸입니다.

알라쿨리칸은 히바의 중심지를 서문 쪽에서 동문 쪽으로 옮겼습니다. 동문 앞에 타슈 하울리와 함께 마드라사, 카라반 사라이(여행자 쉼터), 돔 지붕의 시장을 지으며 새로운 복합 단지를 건설했습니다. 이찬 칼라에는 두 개의 궁전이 남아 있는데, 정복과 약탈의 역사가 점철된 중앙아시아에 궁전이 남아 있는 경우는 극히 드문 경우라고 합니다.

타슈 하울리는 크게 세 구역으로 나누어집니다. 왕실 주거 영역인 하

악 모스크에서 타슈 하울리로 가는 길. 왼쪽 건물은 타슈 하울리, 오른쪽 건물은 알라쿨리칸 카라반 사라이이다.

렘, 칸의 리셉션 홀 겸 연회실로 사용되는 건물, 관공서 건물. 세 개의 커다란 궁정과 다섯 개의 작은 중정, 163개의 방이 있답니다.

타슈 하울리의 하렘으로 먼저 들어갔습니다. 하렘은 칸과 왕비들이 사는 공간이지요. 하렘은 동서로 기다란 직사각형 구조로 되어 있습니다. 아름다운 정원이었을 중정엔 텅 빈 돌바닥만 남아 있습니다. 온통 직사각형으로 가득 찬 중정 가운데 원 모양의 우물이 덩그러니 있습니다. 중정 남쪽 면으로는 1층으로 된 다섯 개의 이완이 있습니다. 가장 동쪽에 있는 조금 큰 이완이 칸을 위한 공간이고 나머지 네 곳은 왕비들이 머물던 곳이었다고 합니다. 이완 한쪽에 있는 문을 열면 뒤쪽으로 들어갈 수 있을 것 같은데, 열어볼 수는 없었습니다. 겨울에 머무는 공간이 있을 텐데요. 가판대에 놓인 벽면의 기하학적인 무늬를 닮은 기념품과 직물을 보면서 이곳에 살던 사람들을 떠올려봅니다.

이슬람에서는 아내를 네 명까지 둘 수 있습니다. 흔히 이것을 이슬람에서 남녀 차별이 심하다는 또 하나의 증거로 삼지만, 이슬람 초기에 있었던 포교 전쟁으로 남자 신도가 많이 전사하면서 생겨난 제도라고 합니다. 갑자기 많은 과부와 고아가 생겨났기 때문이지요. 코란 4장 3절에는 "좋은 여성 중에서 둘, 셋, 넷과 결혼해도 좋으니라."라는 구절이 있습니다. 그러나 바로 이어서 "그녀들에게 공평하게 대해줄 수 없을 것 같으면 오직 한 여인과만 결혼하라."라는 말도 있습니다.

이들의 다처제는 흔히 우리가 생각하는 것과는 다릅니다. 아내 사이에 지위 차별도 없고 모든 아내의 상속 지분도 같아야 했습니다. 누구의 자식일지라도 법적·사회적 차별은 없고 모두가 적자입니다. 그러니 일부일처가 근본 취지이고 네 명까지 부인을 둘 수 있다는 것은 특별한 경우로 한정하는 혼인 제도로 보아야 할 듯싶습니다. 물론 세월이 흐르면서

타슈 하울리 하렘의 두 번째 이완. 수놓은 직물과 인형, 접시, 채색 타일 등 각종 기념품을 팔고 있다.

제도의 취지가 바뀌는 건 어느 사회에서나 벌어지는 일이겠지요.

이완이 화려합니다. 벽면마다 갖가지 무늬의 푸른빛 채색 타일로 가득합니다. 빈틈없이, 조금씩 다른 무늬가 반복됩니다. 어떻게 이렇게 복잡하면서도 아름다운 무늬를 반복해서 그려낼 수 있었을까요?

토프라크 칼라에서 살펴보았던 아부 알 와파 부즈자니가 남긴 책 『장인에게 필요한 기하학적 작도에 대하여』에서 그 배경을 알 수 있습니다. 이 책에서 밝힌 바에 따르면, 그는 바그다드에서 기하학자와 장인들의 정기적인 모임에 참석했습니다. 이런 모임은 아랍과 중앙아시아 세계에서는 널리 퍼져 있는 현상이었습니다. 이스파한에서, 사마르칸트에서 장인과 수학자들이, 장인과 수학자와 고위 관료들이 정기적인 모임을 가진 기록들이 남아 있습니다.

건축물의 외벽에 높은 온도에서 구운 도자기 타일을 조각조각 붙여 반복되는 기하학적 문양을 입히는 작업을 생각해보세요. 아부 알 와파

아부 알 와파 부즈자니와 장인들의 디자인

『장인에게 필요한 기하학적 작도에 대하여』에서 아부 알 와파 부즈자니는 장인들이 제안한, 정사각형 세 개를 잘라 큰 정사각형 하나를 만드는 두 가지 방법에 모두 오류가 있음을 지적했다.

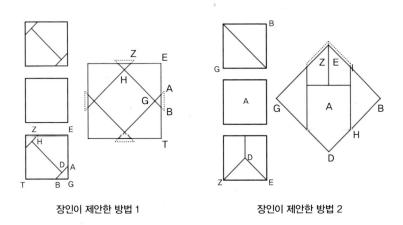

장인이 제안한 방법 1   장인이 제안한 방법 2

[방법 1]은 정사각형 두 개를 DH와 TG의 길이가 같도록 자르는 방법이다. 이와 같이 잘라 그림과 같이 큰 정사각형으로 맞추려면 원래 정사각형에서의 변 AD와 AG의 길이가 같아야 한다. 그러나 두 길이가 같지 않음은 명백하므로 이는 오류라고 했다.

[방법 2]는 하나는 대각선으로 두 조각으로 자르고, 또 하나는 중심 D를 지나도록 세 조각으로 자르는 방법이다. 처음 정사각형의 한 변의 길이를 10이라고 하고 변 HI의 길이를 계산해보자. 변 HI를 오른쪽 직각삼각형 BHI의 빗변으로 보면 무리수 $10\sqrt{2}$ (≈ 14.14)이고, 변 HI의 길이를 왼쪽의 정사각형과 사다리꼴에서 구하면 유리수 $10+5=15$로 서로 같지 않

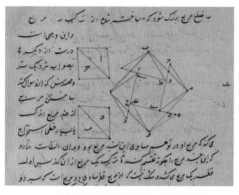

아부 알 와파 부즈자니가 제안한 방법

다. 당시에는 제곱근 기호를 사용하지 않았으므로 아부 알 와파 부즈자니는 근삿값으로 구하여 오류를 밝혔다.

이어서 아부 알 와파 부즈자니는 정사각형 세 개를 잘라 큰 정사각형 하나를 만드는 새로운 방법을 제안했다. 정사각형 두 개를 대각선으로 자른다. 네 개의 직각삼각형이 대칭을 이루면서 나머지 하나의 정사각형을 에워싸게 배치한 후, 네 개의 직각삼각형의 일부를 똑같이 잘라 뒤집어 붙이면 큰 정사각형이 생긴다. 타슈켄트에서 보았던 사각형이 회전하는 모양의 정사각형 분할이 변형된 것이다.

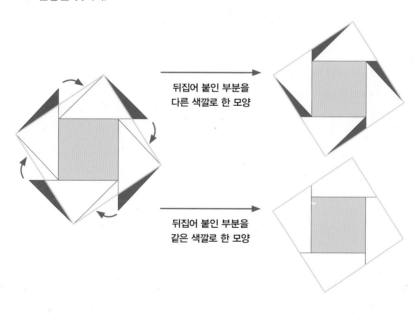

뒤집어 붙인 부분을
다른 색깔로 한 모양

뒤집어 붙인 부분을
같은 색깔로 한 모양

하렘의 북쪽 면 건물의 화려한 기하학적 무늬

부즈자니에 따르면 이런 모양의 타일 작업을 할 때 장인과 수학자들이 함께 하지 않으면 문제가 발생할 여지가 크다고 합니다.

장인들은 원하는 문양의 도면을 멋지게 그리긴 하지만 수학 지식이 부족해서 오류를 범하는 경우가 많다고 합니다. 아라베스크 무늬는 복잡한 문양이 반복되는 경우가 많아 수학적인 기반 위에서 정교하게 그려야 하기 때문입니다.

그렇다고 수학자들에게만 디자인을 맡길 수도 없습니다. 수학자들은 이론적으로 타당하게, 정확한 도형을 그려내지만 이들의 디자인을 실물로 만들려면 한고비를 더 넘어야 합니다. 이들의 디자인은 실물이 아닌 도형에 불과하기 때문입니다. 부피 없이 선만 그리곤 하기 때문이지요. 이런 이유로 아름답고 정확한 디자인을 만들기 위해 수학자와 장인들이 모여 함께 연구하고 검증하는 새로운 전통을 만들어냈던 것입니다.

하렘의 벽면을 자세히 보면 타일을 붙인 자국이 보입니다. 타일이 깨져 안쪽의 흙벽돌이 보이는 곳도 있습니다. 먼저 흙벽돌로 쌓아 올려 건물을 짓고 나중에 채색 타일을 붙였다는 것을 알 수 있습니다. 일견 복잡해 보이는 무늬도 자세히 해부하면 어떤 도형을 기반으로 만들어졌는지 파악할 수 있습니다.

칸의 이완에 이웃한 두 번째 이완을 보세요. 파란색 바탕에 하얀색 곡선과 그 사이사이에 하얀색 작은 점이 찍힌 무늬가 있습니다(이 무늬는 반대편 이층 벽면에도 있습니다). 이 무늬는 곡선으로 되어 있지만 문양을 해석하기 위해 이것을 직선으로 생각해봅시다. 문양을 해석할 때는 되도록 간단한 형태로 환원시켜보는 것이 좋습니다. 구조가 잘 드러나거든요. 점이 있는 부분의 곡선이 완만하니 이 부분을 선분으로 생각하면 오각형이 90도씩 회전하며 맞물려 평면을 채운 모양으로 볼 수 있습니다. 정삼각형과 정사각형으로 이루어진 테셀레이션을 이용한 듀얼 테셀레이션으로 해석할 수 있다는 말이지요. 따라서 이 문양은 이런 테셀레이션을 바탕으로 하여 곡선과 점으로 변주시켜 아름다운 벽면 무늬를 만들었다고 볼 수 있지요. 얼마나 둥글게 하느냐, 얼마나 여러 번 꺾느냐, 한 가지 색깔로 하느냐, 여러 가지 색깔을 섞느냐 등은 장인의 손길에 따라 달라질 수 있습니다.

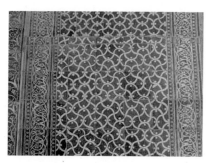

타슈 하울리 하렘의 동쪽에서 두 번째 이완의 벽면

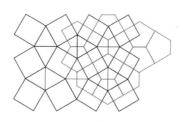

첫 번째 해석 : 정삼각형과 정사각형의 듀얼 테셀레이션을 이용한 무늬

사실 어떤 현상이든 한 가지로만 해석할 수 있는 건 아닙니다. 이 무늬를 해석하는 두 번째 방법을 생각해봅시다.

위의 그림과 같이 정사각형 안에 원을 그리고 그 안에 또 정사각형을 두 개 그립니다. 타슈켄트에서 그렸던 $\frac{8}{2}$ 각형과 같습니다. 대각선까지 그리고 점선도 그으면 이제 준비가 끝났습니다. 교점을 이용해서 굵은 선과 같이 문양을 그리면 됩니다. 이제 하나의 문양(연두색 조각)을 평행이동을 시키면서 평면을 채워나가는 것입니다. 그렇게 하면 벽면과 같은 무늬를 만들어낼 수 있습니다.

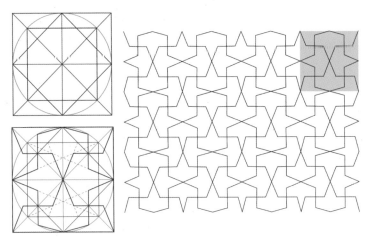

두 번째 해석 : 정사각형과 원과 대각선을 이용하여 굵은 선의 문양을 그린 후, 문양을 평행이동하면 무늬를 완성한다.

세 번째 해석은 타슈켄트에서와 같이 두 개의 정사각형을 배열하여 새로운 문양을 만드는 방법입니다. 이 무늬도 크기가 다른 두 정사각형으로 평면을 채우는 방법으로 해석할 수 있습니다. 정사각형에는 두 번째 해석에서와 같은 문양을 넣고 작은 정사각형에는 그 문양의 일부를

넣는 것입니다. 작은 정
사각형 주위에 네 개의
큰 정사각형이 있는데,
이것들은 평행이동으로
포개어질 수 없습니다.
90도씩 회전시킨 모양
입니다.

세 번째 해석 : 두 정사각형의 테셀레이션으로 만든 문양.
회전이동이 포함되어 있다.

타슈 하울리 하렘의
벽면 무늬를 세 가지 방법으로 해석해보았는데요. 하나의 문양을 정해
서 평면을 채워나가려면 첫 번째와 세 번째 방법은 회전이동을 포함합
니다. 그래서 작업하는 장인의 입장에서는 더 까다롭지요. 하나의 문양
을 평행이동만 시켜서 무늬를 만들어내는 것이 훨씬 편한 건 말할 필요
조차 없습니다. 그래서 평행이동만으로 무늬를 만들어내는 문양을 '단
위 문양'이라고 합니다. 무늬를 해석할 때는 단위 문양을 찾아내는 것이
주요한 목적이 되는 거고요. 이것이 무늬를 해석하는 포괄적이고 강력한
방법입니다.

　그러면 어떻게 단위 문양을 찾을 수 있을까요? 실크로드에서 만나는
현란한 무늬들을 보면 단위 문양을 찾기는커녕 입만 떡 벌리고 일시 정
지 상태가 되기 쉽습니다. 꼬불꼬불하게 반복되는 무늬 앞에서 단위 문
양을 찾는 건 생각보다 어렵습니다. 그래서 기본 모티브에서 출발합니다.
기본 모티브는 반복되는 가장 작은 모양이라고 생각하면 됩니다. 이제
이 벽면의 무늬에서 기본 모티브를 찾고 거기서 단위 문양을 찾아봅시
다. 한 번 제대로 연습하면 다른 곳에 가서 복잡해 보이는 무늬를 만나

도 천천히 음미하며 기본 모티브, 단위 문양을 찾아 무늬를 해석할 수 있게 될 겁니다.

아래 그림에서 기본 모티브를 찾으면 빨간색 정사각형입니다. 기본 모티브를 90도 회전대칭시켜 네 개를 묶으면 주황색 정사각형이 됩니다. 주황색 정사각형을 평행이동시켜서는 벽면의 무늬를 만들지 못합니다. 이것을 다시 선대칭시켜 네 개를 묶은 노란색 정사각형이 단위 문양입니다.

아래 그림에서 노란색 정사각형 단위 문양을 사방으로 평행이동시키면 벽면의 무늬가 만들어짐을 확인할 수 있습니다. 기본 모티브는 물질의 원자처럼 가장 기본적인 단위이지만 이것을 평행이동만 시켜서는 무늬가 만들어지지 않습니다. 기본 모티브를 회전대칭, 선대칭 등 여러 가지 방법으로 대칭시켜 단위 문양을 만들어내는 거지요.

장인과 수학자들이 한 일이 바로 이겁니다. 장인들이 아름다움의 관점으로 단위 문양을, 전체적인 무늬를 디자인한다면 수학자들은 단위 문양과 기본 모티브의 관계를 이론적으로 분석합니다. 그렇게 검증된 단위 문양을 평행이동시켜 전체 무늬를 그리면 아무리 여러 번 반복되

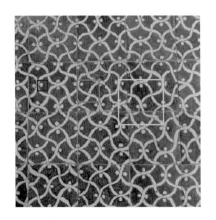

타슈 하울리 하렘의 동쪽에서 두 번째 이완의 벽면 문양. 기본 모티브는 빨간색 정사각형이다. 빨간색 정사각형을 네 개 묶은 주황색 정사각형을 다시 네 개 묶은 노란색 정사각형이 단위 문양이다. 단위 문양을 사방으로 평행이동시키면 벽면의 무늬가 만들어진다.

타슈 하울리 하렘의 동쪽에서 세 번째 이완 정면 무늬. 사각형이 얽혀 있는 것처럼 보이지만 단위 문양은 정육각형 격자 모양이다.

어도 틈도 없고 모양이 어그러지는 경우도 안 생기지요. 우리가 무늬를 볼 때 기본 모티브와 단위 문양을 찾아보는 이유도 바로 이것입니다. 그들이 이 무늬를 어떻게 그렸는지 이해하려면 우리도 예술가와 수학자의 눈을 모두 갖춰야겠지요.

이번에는 동쪽에서 세 번째 이완 정면 무늬도 분석해볼까요? 언뜻 보기에 이 무늬는 사각형이 얼기설기 얽혀 있는 것처럼 보입니다. 그러나 이 무늬는 자세히 분석하면, 기본 모티브는 ⚒ 입니다. 이것을 60도씩 회전대칭시키면 단위 문양이 만들어집니다. 단위 문양은 정육각형 안에 꼭 맞습니다. 정육각형 격자를 평행이동시키면 이와 같은 문양으로 평면을 채워나갈 수 있습니다. 벽면의 무늬를 기본 모티브, 단위 문양으로 분석하면 보이는 것이 전부가 아님을 다시 한번 깨닫게 됩니다.

타슈 하울리 하렘의 동쪽에서 두 번째 이완의 단위 문양은 90도 회전을 사용한 정사각형 격자 문양이고 세 번째 이완의 단위 문양은 60도 회전을 사용한 정육각형 격자 문양입니다. 하렘을 한 바퀴 휘 돌아보니 문양 분석만 해도 오늘 이곳을 떠나기는 어렵겠다는 생각이 듭니다. 몇백

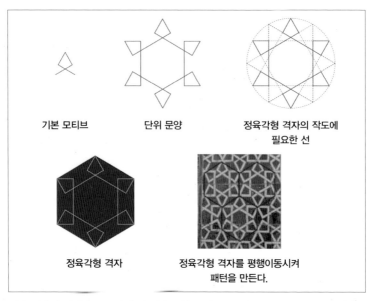

기본 모티브　　단위 문양　　정육각형 격자의 작도에
필요한 선

정육각형 격자　　정육각형 격자를 평행이동시켜
패턴을 만든다.

타슈 하울리 하렘의 동쪽에서 세 번째 이완의 정면 무늬 분석. 단위 문양을 품은 정육
각형 격자를 평행이동시켜 면을 채운 무늬이다.

년 전에 수학자와 장인들이 모여 머리를 맞대고 문양을 구성하고 실제
도면을 그리면 기술자들이 타일을 굽고 벽면에 붙였을 텐데, 군데군데 깨
져나간 채색 타일은 세월의 흔적을 보여주는 듯합니다.

　한 가지 다각형으로 평면을 빈틈없이 채울 수 있는 도형은 삼각형, 사
각형, 육각형뿐입니다. 물론 사각형은 정사각형이냐 직사각형이냐 마름
모냐로 더 세분될 수 있습니다. 평면 무늬는 이런 구조를 바탕에 깔고,
선대칭을 사용하느냐 안 하느냐, 회전대칭은 몇 도를 하느냐에 따라 더
나뉠 수 있습니다. 이 모든 것을 고려했을 때, 평면에 그려지는 구조는
오직 17가지로 분류됨이 알려져 있습니다. 벽면 가득한 가지각색 무늬
의 단위 문양은 17가지 구조 중의 하나라는 말이지요.

이 세상의 모든 벽에 바른 벽지의 무늬가 17종류라는 말이냐고요? 네, 맞습니다. 믿어지지 않나요? 수학으로는 그렇게 보이지 않는 구조를 봅니다. 바로 수학의 힘이지요. 요즘엔 벽지에 무늬가 없는 것이 많지만, 예전에는 꽃무늬나 기하학적인 무늬 등 대부분 무늬가 있었지요. 물론 반복되는 무늬였고요.

어렸을 적 심심할 때, 눈으로 벽지 무늬를 따라가면서 어디서부터 똑같은 문양이 반복되는지 살피곤 했던 기억이 있어요. 어렸을 때 본 것은 겉으로 보이는 무늬뿐이었지만 지금은 그것을 만드는 수학적인 구조를 볼 수 있게 되었지요. 수학자의 눈에는 타슈 하울리 하렘의 동쪽에서 두 번째 이완 벽면의 문양과 네 마리의 물고기가 입 맞추던 타슈켄트 보도블록의 문양은 구조가 같습니다. 둘 다 정사각형 기본 모티브를 90도 회전대칭시켜 단위 문양을 만든 구조이기 때문입니다. 색깔을 무시하고 보면 물고기 밑에 안 보이게 깔린 구조가 바로 정사각형입니다. 정사각형 한 개가 기본 모티브이고 이것을 90도 회전대칭시켜 네 개를 묶은 것이 단위

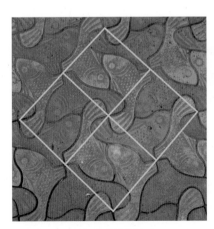

타슈켄트 보도블록의 단위 문양

M.C. 에스허르의 「물고기」의 단위 문양, 1938년

문양이지요. 단위 문양을 평행이동시키면 전체 그림이 만들어집니다.

이렇게 수학적으로 구조를 해석할 수 있는 그림을 가장 많이 그린 화가는 M.C. 에스허르일 겁니다. 에스허르는 네덜란드 화가입니다. 대칭, 극한 등 수학 이론을 적용한 작품을 많이 남겼습니다. 이슬람의 기하학적인 문양에서 영감을 받았다고 하지요. 그의 작품 「물고기」는 타슈 하울리 하렘의 두 번째 이완의 벽면 문양, 그리고 타슈켄트의 보도블록과 수학적으로 구조가 같습니다.

그의 작품을 보면 새, 말, 도마뱀, 악마, 천사 등 다양한 소재가 등장하지만 눈에 보이는 소재 밑에 깔린 구조를 보면 그의 작품에 등장하는 평면 무늬는 17가지 이하로 분류됩니다. 눈에 안 보이더라도 패턴을 찾는 것! 그것이 수학이 하는 일입니다.

언제 에스허르의 작품을 보며 이야기 나누고 싶습니다. 그의 작품에 담긴 아이디어를 찬찬히 읽어내다 보면 인간의 사고가 얼마나 아름다울 수 있는지 경탄하게 될 테니까요.

무늬 해석하기

타슈 하울리 하렘의 동쪽에서 두 번째 이완의 벽면과 비슷한 아래 문양을 보자. 문양에서 반복되는 가장 작은 단위를 '기본 모티브'라고 하는데, 아래 문양에서는 정사각형 안에 활꼴을 품고 있는 모양이다. 이것을 90도씩 회전이동시킨 네 개의 묶음을 생각해보자.

기본 모티브　　　　기본 모티브를 90도씩
　　　　　　　　　회전이동시킴.

기본 모티브를 4개 묶은 것(주황색)을 평행이동시켜서는 아래의 문양을 만들 수 없다. 그림과 같이 선대칭을 시켜 다시 4개, 즉 기본 모티브 16개를 묶어야 평행이동시켜 무늬를 만들 수 있다. 이와 같이 평행이동으로 무늬를 만들 수 있는 것을 '단위 문양'이라고 한다.

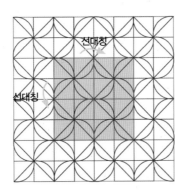

별다각형을 천장을 이고 선 하렘

이완의 화려함은 벽면의 타일이 만드는 무늬에서 그치지 않습니다. 이완의 천장도 무척 공들여 설계했다는 느낌을 받기에 충분합니다. 칸의 이완 천장 중앙은 십각형, 왕비들의 이완 네 곳은 모두 팔각형을 기반으로 한 도형으로 디자인되어 있습니다. 하렘 이완의 천장에 $\frac{8}{3}$각형이 보이고 그 안쪽에 파인 부분이 $\frac{8}{2}$각형입니다. $\frac{8}{3}$각형 바깥쪽에는 로제트도 있습니다. 아까 동문 앞 하수구에서 본 별팔각형 바깥으로 꽃잎이 8개 펼쳐져 있는 모양입니다. 별이 반짝이는 것 같기도 하고 꽃이 활짝 핀 듯도 합니다. 결국 왕비들의 이완의 천장은 팔각형을 기반으로 한 별팔각형 두 종류와 8겹 로제트로 디자인되어 있고, 여기에 아름다운 그림을 그려 넣은 모양입니다.

이제 칸의 이완을 볼까요. 별십각형과 10겹 로제트가 있습니다. 왕비의 이완에서 팔각형을 기반으로 한 것과 같은 원리입니다. 왕비의 이완과 다른 점은 로제트의 너비가 일정하지 않고 바깥쪽으로 갈수록 좁아진다는 점입니다. 약간의 변화를 주면 그릴 수 있어요. 이와는 반대로 바깥쪽으로 갈수록 폭이 넓어지는 로제트로 그리지 않아 다행이라는 생각이 듭니다. 그런 모양의 로제트는 경박해 보이기 십상이거든요.

하렘의 이완마다 목각 기둥이 하나씩 배치되어 있습니다. 칸의 이완에 있는 목각 기둥은 다른 기둥보다 더 두꺼워 보입니다. 칸의 권위를 나타내나 봅니다. 어김없이 이곳 목각 기둥에도 섬세한 문양이 반복되면서 새겨져 있습니다. 그런데 주마 모스크와는 달리 주춧돌에도 조각이 새겨져 있습니다. 주춧돌의 정육면체처럼 생긴 아래쪽 네 면은 물론 원뿔처럼 줄

타슈 하울리 하렘의 왕비(왼쪽)와 칸(오른쪽)의 이완 천장 문양

어드는 중간 부분과 위쪽 원기둥 부분에까지 섬세하게 조각이 새겨져 있습니다. 돌에 이런 무늬를 새기자면 얼마나 깎고 다듬어야 했을까요.

칸의 이완에 이웃한 두 번째 이완의 주춧돌에는 卍자를 형상화한 문양이 새겨져 있습니다. 이 문양은 불교의 卍자와 나치의 상징으로 널리 알려져 있는데, 그보다 먼저 조로아스터교의 상징이었습니다. 조로아스터교에서는 삶은 영원불멸로 순환한다고 합니다. 자연의 물, 불, 공기, 흙도 순환하며 이 순환을 나타낸 상징이 바로 卍자, 또는 십자 모양이라고 합니다.

조로아스터교의 흔적은 주춧돌의 문양뿐만 아니라 벽면의 흙빛 벽돌에도 남아 있습니다. 궁전 전체 벽면에 붙여놓은 초록색 리본 모양 벽돌은 조로아스터교에서 평안을 상징하는 문양이랍니다. 십자 모양이 변형된 것으로 볼 수 있을까요? 리본 모양, 나비 모양이 조로아스터교의 상징이라는 자료는 찾을 수 있었으나 그 기원은 알 길이 없습니다.

사실 이 문양은 서문 들어오자마자 서 있던 무함마드 아민칸 마드라사의 굴다스타에도 있었습니다. 굴다스타 아래쪽에도 규칙적으로 붙어 있었습니다. 이 문양은 카라한 칸국(840~1212년)에서 처음 시작된 것으로 보입니다. 카라한 칸국은 999년에 사만 왕조를 멸망시키고 부하라를 점령하게 되지요. 그때 부하라에 지은 여러 건축물에 이 문양이 있습니다. 그들은 왜 이런 문양을 벽에 붙였을까, 하는 의문을 부하라에서는 풀 수 있겠지요?

앞에서 말했듯이, 이슬람의 건축물에는 코란의 구절이나 알라를 찬양하는 경구가 새겨져 있습니다. 여기 하렘은 캘리그라피는 없고 온통 아라베스크 무늬뿐인가? 궁금증을 갖고 둘러봐도 글자를 찾긴 쉽지 않습니다. 글자와 문양을 구별할 능력이 없는 탓입니다. 하렘의 다섯 개의 목각 기둥 주춧돌에 잠언이 새겨져 있다는 사실을 알고 있다 하더라도 말이지요.

칸의 이완의 주춧돌에는 당시 유행했던 나스탈리크체로 "알라와 함께하여, 그의 보호 아래서 축복을 받으라."라는 말이 새겨져 있다고 합니다. 주춧돌의 가장 위쪽에 아라베스크 무늬와 겹쳐지게 새겨져 있습니다.

동쪽에서 두 번째인 왕비를 위한 이완. 주춧돌에는 조로아스터교의 卍자 문양이 있다. 하렘 벽면에 조로아스터교의 평안을 상징하는 문양이 가득하다.

그레이트 게임 – 북상하는 영국, 남하하는 러시아

하렘을 나와서 남동쪽에 있는 또 다른 궁정, 리셉션 홀이자 연회장이었던 궁정으로 들어갑니다. 칸이라면 하렘에서 비밀 통로 같은 긴 복도를 지나오겠지만 우리 일행은 하렘을 나와서 다른 문을 통해 들어왔습니다.

거대한 이완 하나가 있고 나머지 삼면은 이층으로 된 건물로 둘러싸인 직사각형 궁정이 나타납니다. 벽돌을 쌓아 바닥보다 조금 높인 넓은 원형 기단은 유르트를 설치하기 위한 곳입니다. 겨울에는 칸 자신이 머물기도 하고 외교 사절단에게 숙소로 제공했다고 하니, 유목민들은 실내보다는 유르트를 선호했나 봅니다.

근대 들어 이곳에 찾아온 외교 사절단 중에는 투르크멘이나 카자흐 부족과 같이 중앙아시아 사람이 아닌 경우도 생겨났습니다. 영국 군인들도 와서 칸을 접견했지요.

인도를 점령한 영국과 남진 정책을 펴던 러시아는 중앙아시아에서 치열한 각축전을 벌이게 됩니다. '그레이트 게임'이라고 하는 그것이지요. 이 말은 영국 소설가 러디어드 키플링의 소설 『킴』에 등장하여 널리 퍼지게 되었답니다. 제1차 세계대전이 일어날 때까지 거의 100년에 걸쳐 중앙아시아에서 영국과 러시아가 벌인 제국주의 팽창 정책의 충돌 말입니다. 그 과정에서 힘이 약한 나라의 인민들이나 약소 민족들이 처절하게 희생되었는데, 어떻게 그걸 게임이라고 이름 붙일 수 있을까요? 중앙아시아인 입장에서는 명백한 침략이지요.

그레이트 게임이라는 용어를 처음 사용한 영국인들에겐 침략이 오직 땅따먹기 게임으로만 보였을까요? 영국은 1839년 아프가니스탄을 침공했습니다. 러시아는 히바로 원정대를 보냈지요. 영국의 영향력이 중앙아시아로 뻗어 오는 것을 막기 위해서였지만, 러시아는 러시아 노예 석방을 전쟁의 명분으로 삼았습니다.

표트르 대제 때의 실패를 거듭하지 않기 위해 이번에는 초겨울에 출발했지요. 그러나 폭설이 내리고 그 때문에 많은 병사들이 동상에 걸리자 철수하고 말았습니다. 이 사실을 뒤늦게 알게 된 히바는 큰 혼란에 빠졌지요. 이번엔 위기를 모면했지만, 나날이 강해지고 있는 러시아가 정예 부대를 중앙아시아로 돌린다면 히바 칸국의 운명은 장담할 수 없게 될 처지였으니까요.

러시아와 힘겨루기를 하던 영국은 1840년 영국 장교 제임스 애벗을 포함한 사절단을 히바 칸국에 보냈습니다. 사절단은 여기 타슈 하울리 리셉션 홀에 와서 알라쿨리칸을 만나 러시아가 침공할 구실을 없애기 위해 러시아 노예를 석방할 것을 제안했습니다.

알라쿨리칸은 이완에 탁자를 놓고 앉아 있었을까요? 저기 유르트에 앉아 있었을까요? 러시아를 두려워한 칸은 히바와 러시아 사이를 중재할 권한을 영국에게 부여하는 조약에 동의했습니다. 애벗은 러시아 황제를 만나겠다고 떠났지요. 3월의 일입니다.

나중에 알려졌지만, 애벗은 카자흐족의 공격과 납치 등 우여곡절 끝에 상트페테르부르크에 도착했으나 중재안은 거부당했습니다. 한편, 애벗 대위로부터 소식이 없자 헤라트(현재 아프가니스탄 도시)에 있던 영국군은 5월에 또 다른 장교 리치먼드 셰익스피어를 추가로 파견했습니다. 셰익스피어도 이곳 타슈 하울리의 리셉션 홀에서 알라쿨리칸을 만났습니다.

셰익스피어는 러시아인 노예 416명을 국경 도시로 데리고 가서 러시아 정부에 넘겨주었습니다. 러시아 측에서도 그곳에 억류되어 있던 히바 사람들을 풀어주었지요. 이렇게 성립된 중재로 히바 칸국에 대한 러시아 침공은 또다시 수십 년 미루어지게 됩니다.

타슈 하울리의 리셉션 홀 벽면은 푸른빛 타일을 붙여 구성한 규칙적인 무늬로 채워져 있습니다. 그 무늬 위에는 히바의 시인 아가키(Muhammad Reza Agachi, 1809~1874년)의 글이 나스탈리크체로 띠 벽지처럼 삼면을 두르고 있습니다.

역사가이자 시인이자 번역가(고대 페르시아 문헌을 당시 지배적인 언어였던 차가타이어로 번역했습니다. 당시에는 차가타이어와 페르시아어가 공용어였습니다)이기도 했던 그는 알라쿨리칸에 의해 히바 칸국의 관료로 임명되고 군사 원정에도 동행했습니다. 은퇴 후에는 문학가로 살았는데, 무함마드 라힘 II세에게 「충고의 시」라는 시를 헌정하기도 했지요. "통치자는 많은 훌륭한 미덕을 특징으로 하고, 순수한 마음을 가지고, 교육받고, 가난한 사람들을 배려하고, 결정적으로 정당한 규정을 적용해야 한다."와 같은 그의 신념을 근거로 하여 쓴 시였다고 합니다. 삼면을 두른 그의 글을 읽을 수는 없지만, 그 내용을 되새겨봅니다.

이곳 이완에도 목각 기둥은 한 개만 서 있습니다. 어김없이 섬세한 문양이 조각되어 있습니다. 주춧돌에도 흐릿하게 문양이 남아 있습니다. 알아보기 어렵지만 이 주춧돌의 아래쪽에 문양만이 아니라 기원문도 새겨져 있습니다.

주춧돌의 네 면에 새겨진 기원문의 대강의 뜻은 이렇다고 합니다. "오,

알라여, 거울처럼 보는 이의 모습이 비치는 이 광이 나는 원기둥 모양의 돌이 굳건히 자리 잡은 이 상태에서 안정적이고 영원하게 하십시오. 이 돌을 1248년까지 품위와 술탄의 지위, 명예, 용기, 위엄으로 치장하게 하십시오."

주춧돌에 새겨진 기원문을 보니 우리의 상량문이 떠올랐습니다. 우리의 상량문은 건물의 뼈대가 거의 완성된 단계에서, 보통은 마룻도리 즉 집 안쪽에서 보았을 때 천장에 옆으로 길게 가로지른 가장 높은 도리에 쓰지요. 가옥의 방향, 터를 닦기 시작한 날짜, 상량 날짜 등 건축 과정과 관련된 사실을 적고 공사에 관계한 사람들 이름도 적어 넣습니다. 가옥 주인의 소원도 적어 넣습니다. 상량문이 길 때는 종이에 써서 넣기도 합니다.

몇 년 전에 지인이 지은 목조 집에 갔을 때, 천장 높은 곳을 가로지르는 도리에 쓰인 상량문을 보았지요. "꽃과 새와 바람 더불어 숲 맑은 길을 품고." 그때, 언젠가 저도 집을 지으면 우리 집에도 상량문을 새겨 넣고 싶다는 생각을 했습니다. 뭐라고 쓸지 정하는 건 참 어렵습니다만, 마음을 비울 수 있는 글귀였으면 합니다.

우리가 상량문을 쓰고 상량제를 지내듯 히바 칸국의 사람들도 대리석 주춧돌에 기원문을 썼나 봅니다. 공사가 무사히 끝나기를, 주춧돌이 건물을 영원히 받쳐주기를. 주춧돌의 기원문에서 1248년은 이슬람력을 말합니다.

중동 지역 사람들은 달을 기반으로 하는 태음력을 사용하고 있었지요. 달의 한 달 주기는 29.53일 정도로 주기가 12번을 지나면 약 354일로 태양의 주기보다 11일 정도 짧아 2~3년에 한 번씩 윤달을 끼워 넣어 달과 태양의 주기를 맞추며 살고 있습니다. 이슬람력의 기원은 무함마드가 메카에서 메디나로 이주한, '헤지라'라고 하는 일이 벌어진 622년 7월 16일입니다. 이날을 이슬람력 원년 1월 1일로 선포했지요.

이슬람력 1248년은 우리 달력으로는 몇 년일까요? 1248에 622를 더하면 지금 우리가 사용하는 그레고리력 연도가 될까요? 그렇지는 않습니다. 당시 정치적·종교적 필요에 따라 윤달이 남발되고 있던 상황에서 무함마드는 윤달을 넣지 않는 순수 태음력을 쓰기로 결정했기 때문입니다. 결국 이슬람력의 1년은 해마다 그레고리력보다 11일 짧습니다. 이를 고려하여 계산하면 이 주춧돌은 1832년에 놓였음을 알 수 있습니다.

상량문은 이와 같이 사료가 되기도 합니다. 뒤늦게 상량문이 발견되면서 역사적 사실이 수정되기도 하지요. 우리나라에서 현존하는 가장 오래된 목조 건물은 고려 말에 지어진 부석사 무량수전으로 알려져 있었습니다. 그런데 1972년에 안동의 봉정사 극락전을 해체·수리할 때 상량문이 발견되었지요. 1625년에 중수하면서 쓴 상량문인데, 1363년 공민왕 12년에 지붕을 중수했다는 내용이 적혀 있었습니다. 그러니 적어도 이보다 100년 이상 앞선 시기에 지어졌음에 틀림없겠지요. 이 발견으로 현존하는 가장 오래된 목조 건물이 부석사 무량수전에서 봉정사 극락전으로 바뀌는 일이 일어났지요.

흙벽돌 그늘에 앉았습니다. 오아시스 도시의 그늘이 시원합니다. 햇볕이 내리쬐는 곳은 땀이 날 정도로 더워도 그늘에만 들어가면 가을처럼 시원합니다. 주변이 사막이라는 걸 잊어버릴 정도입니다. 여름이면 습도 높은 찜통에서 살다가 건조한 지역으로 오니 좋은 점이 또 있습니다. 장마철마다 습기 먹어 부스스하던 반곱슬 머리카락이 여기에서는 하루 종일 반질반질합니다.

엉덩이를 털고 일어나 타슈 하울리를 나왔습니다. 근처에 있는 카페에 들어갔습니다. 우즈베키스탄의 과일은 매우 달고 맛있다는 말은 숱하게 들었지요. 멜론이 럭비공만 한데, 무척 달다고. 카페에서 수박 주스, 멜론 주스를 주문했습니다. 달고 시원한 맛을 어떻게 표현할 길이 없네요.

이슬람력 1248년은 우리 달력으로는 몇 년?

그레고리력 622년이 이슬람력의 0년으로 선포되었으므로 그레고리력에서 622를 빼면 이슬람력의 연도가 된다. 그레고리력과 이슬람력의 1년의 날짜가 같다면 말이다. 그런데 태양력인 그레고리력의 1년은 365일, 태음력인 이슬람력의 1년은 354일이다. 태양력 기준으로 33년이 지나면 363일이 차이나 거의 1년이 벌어진다.

따라서 이슬람력의 연도를 구하기 위해 그레고리력의 연도에서 622를 빼는 것만으로는 부족하고 이를 보정해주어야 한다. 그 방법은 그레고리력이 32년이 지나는 동안 이슬람력은 33년이 지난다고 보는 것이다. 즉,

$$(그레고리력\ 연도 - 622) : (이슬람력\ 연도) = 32 : 33$$

정리하면 다음과 같다.

$$(그레고리력\ 연도) = \frac{32}{33} \times (이슬람력\ 연도) + 622$$

주춧돌에 있는 이슬람력의 1248년은 위의 식으로 계산하면 그레고리력으로 1832년이다. 그러나 이슬람력의 연도는 몇 월달인지 함께 표기하지 않으면 그레고리력으로 환산한 연도가 다를 수도 있다. 622년 7월 16일이 이슬람력으로 원년 1월 1일로 선포되었으므로 622년은 두 해에 걸치게 된다. 실제로 2023년은 이슬람력으로 1444년과 1445년에 걸쳐 있다. 따라서 위의 방법은 대략의 연도를 계산하는 방법으로만 사용할 수 있다.

낙타가 되어 가리라

◖　　　이찬 칼라에서 복구해놓은 공공건물들은 동문과 서문 사이의 대로 주변에 무리 지어 있습니다. 서문에서 출발해서 동문까지 왔으니 이제 국자 모양으로 남쪽으로 좀 내려갔다가 올라오려고 합니다.

어느덧 주마 모스크 옆 골목으로 들어섰습니다. 저 앞에 이슬람 호자 미나렛이 보이니 남쪽으로 가고 있는 것이 맞네요. 미나렛의 곡선이 아름답습니다. 위로 갈수록 살며시 좁아지는 곡선이 편안해 보입니다. 왼쪽으로는 카페와 호텔입니다. 아직 뜨거운 낮이어서 그런지 손님이 보이지 않지만, 밤이 되면 호텔 마당이 떠들썩할 것입니다. 탁자마다 음식을 나누며 고대 도시에서 보낸 하루가 어땠는지 나누는 담소가 시원한 바람을 타고 둥실 떠가겠지요.

모든 건물을 흙벽돌로 지어 색깔도 같은 데다 모양까지 비슷해서 어디가 어딘지 구분하기 쉽지 않습니다. 이 흙 담장이 모스크인지 마드라사인지, 들어갔던 곳인지 처음 온 곳인지 구분하기가 참 어렵습니다.

길거리의 쉼터. 건조한 지역이라 카펫이 깔려 있다.

그래서 건물마다 들어가기 전에 입구에서 현판을 꼭 찍습니다. 어디 들어갔는지는 기억하고 싶어서이지요. 현판은 보통 서너 개가 붙어 있습니다. 현지어와 영어로 건물 이름이 쓰여 있고, 다시 현지어와 영어로 부수적인 소개가 쓰여 있습니다. 이슬람 호자 마드라사의 경우, 문 오른쪽에는 이슬람 호자 마드라사라는 영어 현판이, 왼쪽에는 응용예술 박물관이라는 영어 현판과 우즈베크어 현판이 붙어 있습니다.

이슬람 호자 마드라사 앞에는 상인들이 카펫과 수놓은 소품들을 즐비하게 깔아놓았습니다. 이불보다 큰 것부터 쿠션 커버로 사용하면 좋을 만한 작은 것까지 다채롭습니다.

우뚝 솟아오른 듯한 이슬람 호자 미나렛의 무늬도 카펫만큼이나 화려합니다. 가장 아래쪽에는 칼타 미나렛의 그 십자 문양이 한 바퀴 감고 있습니다. 한 칸 한 칸 올라가면서 문양이 달라집니다. 고개를 한껏 젖히고 올려다봅니다. 칼타 미나렛이 완공되었다면 이것보다 훨씬 높았겠지요?

이슬람 호자 미나렛에서 상상해본 칼타 미나렛의 높이

미나렛의 모양이 모두 똑같지는 않지만 주마 모스크 미나렛이나 이슬람 호자 미나렛은 비슷하다. 원기둥 모양이긴 하지만 위로 올라갈수록 좁아진다. 칼타 미나렛도 위로 올라갈수록 점점 좁아지는 이 모양을 그대로 따라서 지을 예정이었다고 가정하면 칼타 미나렛이 완공되었을 때의 높이를 추정할 수 있다.

이슬람 호자 미나렛의 기단 지름은 9.5m, 꼭대기까지의 높이는 56.5m이다. 칼타 미나렛의 기단 지름은 14.2m이니 다음과 같이 식을 세울 수 있다.

$$9.5 : 56.5 = 14.2 : (칼타\ 미나렛\ 완공\ 높이)$$

위 식에서 칼타 미나렛의 완공 높이를 구하면 84.5m이다. 아무리 적게 잡아도 20층 건물 이상의 높이이다. 당시 기술로 이렇게 높은 탑을 지을 수 있었을까? 참 궁금한 일이다.

푸른 돔을 이고 선 파흘라반 마흐무트 영묘

주마 모스크 뒤로는 히바에 하나밖에 없는 푸른 돔이 보입니다. 수피 성지 순례 장소이자 많은 사람들이 결혼 서약의 장소로 찾는다는 곳입니다. 제목은 파흘라반 마흐무트 영묘. 파흘라반 마흐무트는 13세기 히바의 존경받는 시인이자 철학자이자 레슬러였습니다. 무함마드 라힘칸은 파흘라반 마흐무트를 히바 칸국의 수호성인으로 정하기도 했지요. 아마도 육체적인 힘과 지적인 능력까지 닮고 싶었나 봅니다. 무함마드 라힘칸은 무덤 주위를 아름답게 꾸미고 자신도 여기에 묻혔다고 합니다. 이후 아들인 알라쿨리칸과 마지막 칸이라고 할 수 있는 이스판디야로프칸도 여기 묻혔지요.

가장 큰 푸른 돔은 성도들의 모임 장소이고 그곳의 동쪽 돔이 알라쿨

이슬람 호자 마드라사 앞에서 카펫과 옷과 독서대를 파는 상인들

리칸의 묘, 북쪽 돔이 무함마드 라힘칸의 묘입니다. 돔 주변에 흙벽돌로 만든 작은 돔과 직육면체 위에 봉긋이 아치형 지붕이 있는 구조물은 모두 왕족들의 묘입니다. 아치형 지붕이 있는 무덤은 조로아스터교에서 유래된 것입니다. 조로아스터교에서는 독수리들이 살을 뜯어 먹고 뼈만 남기면 그것을 도자기에 담아 마치 납골당처럼 매장했지요. 소그디아나에서는 납골당의 모양이 석관 형태의 직육면체 도자기에 둥근 지붕이 있는 모양으로 바뀌었지요. 이슬람이 중앙아시아의 지배적인 종교가 된지 오래되었지만, 풍습은 쉽게 바뀌지 않나 봅니다. 크고 작고, 높고 낮은 묘들이 모두 흙빛으로 고요합니다.

다시 서문과 동문을 잇는 대로로 나왔습니다. 이 길의 이름은 팔반코리 길입니다. 길 한쪽에 늘어선 노점 뒤로 나무들이 작은 공원을 만들고 있습니다. 벤치도 있습니다. 그 뒤의 거대한 벽은 굴다스타와 피슈타크로 보아 마드라사입니다. 러시아의 보호국으로 전락하기 전 독립 히

파흘라반 마흐무트 영묘. 파흘라반 마흐무트와 무함마드 라힘칸, 알라쿨리칸, 이스판디야로프 칸도 묻혀 있다.

바 칸국의 마지막 칸인 무함마드 라힘 II세가 지은 무함마드 라힘칸 마드라사입니다. 그리로 가는 길에 좀 색다르게 생긴 카페가 있습니다. 네모난 모서리를 깎아놓은 듯한 모양인데 그 위에 돔이 얹혀 있습니다. 온통 흙벽돌로 지어져 소박한 모양입니다. '하나의 돔이 있는 찻집'이라는 뜻인 비르 굼바즈 카페인데, 원래는 셰이크 무흐타르 아타 모스크입니다. 19세기 초에 지은 건물을 복원한 것이지요. 동네 모스크는 모양이 모두 소박합니다.

셰이크 무흐타르 아타 모스크와 무함마드 라힘칸 마드라사 사이로 들어서면 모스크의 북쪽 면에 두 개의 이완이 보입니다. 이완의 목각 기둥이 유난히 낡아 보입니다. 옆에 있는 단층 건물은 팔반 코리 교역센터입니다. 1905년에 히바의 상인 팔반 코리가 지었습니다. 러시아 박람회에서 가져온 직물, 향수 등 다양한 물품을 취급했다고 합니다. 지금은 여행안내 센터와 전시장, 기념품 가게가 들어서 있습니다. 센터를 지나자 ㄷ자 트인 광장이 나타납니다. ㅁ자로 막힌 공간이 아닌 탁 트인 광장은 처음 만났습니다. 아무래도 쿠냐 아르크 성곽 앞이라 넓은 광장을 만들어두었나 봅니다.

쿠냐 아르크 앞 감옥과 처형의 광장

쿠냐 아르크는 17세기 후반 아랑칸 통치 시절에 지은 요새입니다. 이찬 칼라 안에 또다시 높은 성벽으로 둘러싸인 성곽 속의 성곽입니다. 서문으로 들어올 때 왼쪽에 있었던 높은 성벽이 바로 쿠냐 아르크의 성벽입니다. 18세기에 페르시아의 침략으로 크게 파괴되어 19세기 초, 온기라트 왕조 시조인 일투자르칸이 다시 지었다고 합니다. 그의 아들 무함마드 라힘칸이, 또 그의 아들 알라쿨리칸이 증축했고요. 40년에 걸친 이때가 히바 칸국이 누린 마지막 전성기였답니다. 쿠냐 아르크라는 이름도 그때 붙여진 것으로 보입니다. '오래된 성'이라는 뜻인데, 알라쿨리칸이 타슈 하울리를 지으면서 이곳도 호화로운 궁전으로 변신했습니다. 화려하고 '오래된' 궁전으로.

높은 성벽과 더 높은 두 개의 굴다스타로 위엄을 드높인 문 왼쪽에 네모난 작은 건물이 보입니다. 가까이 가니 '카지카나 인테리오르 (KAZIKHANA INTERIOR)'라는 이름이 붙어 있습니다. kazi는 '판사'라는 뜻입니다. 이곳은 재판 전에 죄인들을 가두어놓고 재판이 끝나면 처벌을 했던, '진단'이라고 부르는 감옥입니다. 히바 칸국이 러시아의 보호국이 된 이후인 1910년에 러시아가 지었습니다.

안에는 쇠사슬과 수갑 등 사람을 묶는 도구들이 진열되어 있고 끔찍

쿠냐 아르크 성문 앞. 성문 왼쪽 직육면체 건물이 진단이다.

한 사진과 그림들이 걸려 있습니다. 재판관인 듯 의자에 앉은 사람과 등을 보이고 바닥에 꿇어앉은 세 사람이 있는 재판 광경 사진이 걸려 있습니다. '여자 처벌'이라는 제목의 그림에서는 여자가 야생 고양이가 가득 찬 포대 자루 안에 갇혀 공포에 질려 있는데 그 옆에 칼을 찬 남자가 몽둥이를 들고 있고 저 멀리에는 낙타를 탄 사람이 무심히 지나갑니다. 그 다음 그림은 미나렛에서 던져버리는 처형을 당하는 그림입니다. 미나렛 아래 아이를 끌어안고 절망하는 여인과 팔을 내지르며 절규하는 여인, 그리고 그냥 바라보는 남자들이 있습니다. 미나렛에 또 다른 용도가 있었네요. 쿠냐 아르크 앞 넓은 광장에 성난 사람들로 둘러싸여 교수형을 당하는 남자와 반쯤 묻힌 채 돌을 맞고 있는 여자를 그린 그림의 제목은 '돌팔매 처형'입니다. 그림만 봐도 여자와 남자가 처형당하는 이유가 짐작이 갑니다. 바닥에 사람 허리춤까지 오는 날카로운 막대가 박혀 있는 그림을 보니 결박당한 사람이 끌려와서 곧 당할 일이 끔찍합니다. 발바닥만 보이는, 생매장당하는 그림도 있습니다.

근대 이전의 처벌은 신체형이었지요. 동서양을 막론하고 막강한 권력의 힘이 죄인의 몸을 공격하는 것이 처벌이었지요. 여기 걸린 그림처럼. 장소는 꼭 사람들이 많이 모이는 공개적인 장소여야 했을 겁니다. 그래서 이들 그림의 장소도 쿠냐 아르크 앞 광장입니다. 이제야 쿠냐 아르크 앞에 그렇게 넓은 광장이 있었던 이유를 알겠네요.

성곽 안의 성곽으로 들어섰습니다. 오른편의 좁은 길로 들어서니 여름 사원 이완이 높고 화려합니다. 그동안 보았던 이완들은 목각 기둥이 한 개만 서 있는 규모였는데, 여기는 6개나 있을 정도로 큽니다. 주춧돌도 어린아이 키 정도로 높습니다. 그런데 나무 기둥에 조각이 없습

Sirqqa o'tqazish.
Сажание на кол.
Impaling.

Sirqqa o'tqazish.
Сажание на кол.
Impaling.

쿠냐 아르크의 감옥인 진단에 걸린 그림. 여러 가지 방법의 처형 장면들이 그려져 있다.

니다. 나무를 그냥 깎아 세웠나 봅니다. 기둥 아래 주춧돌에도 조각은 없습니다. 화려한 세공에 눈이 익숙해진 탓일까요? 밋밋해서 심심합니다. 알라쿨리칸이 다시 화려하게 수리할 때 기둥과 주춧돌은 손대기 어려웠나 봅니다. 히바에는 목공예를 가르치는 곳이 많은데, 나무를 눕혀놓고 조각하더군요. 이렇게 이미 세워져 있는 기둥에 조각을 하기는 어려웠겠지요.

알라쿨리칸의 지시로 타일을 붙이는 과정이 기록으로 남아 있습니다. 유약 바른 파란색, 흰색, 청록색 등 채색 타일을 여러 군데의 가마에서 구웠습니다. 가져올 때는 정사각형 타일마다 숫자를 써 오도록 했습니다. 숫자를 보고 퍼즐처럼 조립해서 벽면에 붙이는데, 타일 가운데 작은 구멍이 있어 못을 박아 더욱 튼튼하게 고정했습니다. 벽면의 타일을 자세히 보면 못대가리도 보입니다. 흰색 줄에 검은색 숫자도 보이고요.

여름 사원 벽면 타일. 정사각형 타일마다 못 자국이 있고 흰색 줄에 검은색 숫자가 쓰여 있다.

여름 사원의 이완 벽면 가운데 움푹 파인 벽감은 '미흐라브'라고 합니다. 미흐라브는 성지인 메카 방향을 표시하는 구조물이지요. 어느 사원에나 있고 생김새도 똑같습니다. 마드라사에서 프랙털로 반복되던 그 모양, 바로 직사각형과 아치 곡선이 어우러져 만들어내던 그 모양입니다. 미흐라브 옆에는 민바르가 있습니다. '민바르'는 몇 개의 계단으로 된, 이슬람교의 종교 지도자인 이맘이 올라서서 설교하는 설교단입니다.

무슬림들은 미흐라브를 향해 절하고 예배합니다. 미흐라브는 메카 방향에 지어졌으니까요. 지구 어디에 있든지 모든 무슬림은 메카를 향해 하루 다섯 번 절을 합니다. 메카 방향은 정확히는 메카의 카바 신전이 있는 방향을 말하는 것으로 북위 21도 25분 24초, 동경 39도 49분 34초입니다. 이 기도의 방향을 특별히 '키블라'라고 합니다. 처음에는 키블라가 어느 쪽인지가 쉽게 찾을 수 있었을 겁니다. 그러나 이슬람교가 창시된 지 100여 년 만에 아랍인들이 엄청난 속도로 아프리카, 아시아, 유럽 대륙을 점령해나가자 키블라 찾기는 문제가 될 수밖에 없었겠지요. 미흐라브를 만들어놓지 않았다면 지금 당장 이 여름 사원 안에서 메카

쿠냐 아르크의 여름 사원 이완. 미흐라브와 민바르가 보인다.

방향이 어느 쪽인지 어떻게 알 수 있겠어요? 여기서 1도 어긋나면 약
3,000km 떨어진 메카에서는 얼마나 어긋나게 될까요?

반지름이 히바에서 메카까지의 직선거리인 3,000km이고 중심각이
1도인 부채꼴을 생각해보아요. 호의 길이는 얼마나 될까요? 원주($2\pi r$)는
2×3×3,000(원주율은 3으로 간단히 어림셈하지요)이니 360으로 나누면
50km이지요. 여기 히바에서 1도 차이 나면 메카에서는 50km가 차이
난다는 뜻입니다. 50km면 걸어서 10시간, 차로 한 시간 가까이 달려야
하는 먼 거리입니다. 바로 이런 이유로 이슬람 문명에서는 수학과 더불
어 지리학, 천문학이 고도로 발달하게 되었지요.

알 비루니, 아메리카 대륙을 예언하다

서문 밖 동상의 주인공인 알 콰리즈미도 지리학에 관한 업적을 남겼습니다. 프톨레마이오스의 『지리학』을 수정하여 『지구의 모습에 대한 설명』이라는 책을 남겼습니다. 이 책은 도시의 좌표들과 지리적 특징을 담은 책입니다. 아랍어 사본과 라틴어 번역본 모두 전해지지요. 알 콰리즈미의 '수정'은 단순한 수정은 아니었습니다. 프톨레마이오스는 대서양과 인도양을 대륙으로 둘러싸인 닫힌 바다로 그렸는데, 알 콰리즈미는 열린 바다로 바로잡았습니다. 지중해의 폭을 경도 63도 정도로 과대평가한 프톨레마이오스의 오류도 바로잡았습니다. 알 콰리즈미는 지중해보다 훨씬 넓게, 아프리카 서북쪽 카나리 제도부터 계산하여 경도의 폭이 50도임을 계산해냈지요. 알 콰리즈미는 이후에 이슬람에서 기준으로 통용될 본초 자오선도 정했습니다. 바그다드와 알렉산드리아 사이 지중해 동쪽 해안에 본초 자오선을 새로 정하여, ~2,402개 도시의 좌표를 수록하였습니다. 위도와 경도 목록은 기후대, 즉 위도대 안에서 경도의 순서로 실려 있어 문헌의 훼손된 부분의 위도와 경도도 추론할 수 있습니다.

사실 경도는 위도와 성격이 다르지요. 위도에는 적도라는 명백한 출발선이 있습니다. 적도의 위도가 0도이지요. 그러나 남극과 북극을 지나는 대원인 자오선은 어느 경선을 출발선으로 삼든 상관없습니다. 고대부터 근대에 이르기까지 수많은 본초 자오선이 등장한 이유가 바로 그것이지요. 『지리학』과 『알마게스트』의 저자인 프톨레마이오스는 『지리학』에서는 카나리 제도를 지나는 경선을 본초 자오선으로 삼았고, 『알마게스트』에서는 알렉산드리아를 지나는 경선을 본초 자오선으로 삼았습니다. 고대 인도에서는 우자인을 지나는 경선을 본초 자오선으로 삼았습니다. 수십 개의 본초 자오선이 사용되다가 지금과 같이 그리니치 자오선으로 정해진 것은 1884년 국제 자오선 회의에서입니다. 뉴턴 시절부터 영국에서 사용하던 그리니치 자오선이 전 지구적 본초 자오선으로 정해졌지요.

아랍 세계에서 지도 제작에 중요한 발전을 이룬 때는 이 무렵, 즉 9세기 초 아바스 왕조의 7대 칼리프인 알 마문 통치기입니다. 알 마문이 설립한 것으로 알려진 '지혜의 전당'은 도서관이자 학문의 중심지였지요. 이곳을 중심으로 페르시아, 인도, 그리스 등 이전 시기의 문헌들의 번역을 장려하고 학자들을 후원했어요. 무슬림은 물론 기독교인, 유대교인 등 종교적 문제나 전쟁으로 갈 곳 없는 학자들에게 국적을 불문하고 연구 공간을 제공해주고 후원해주었습니다. 알 마문은 자오선 1도에 해당하는 지구의 거리를 다시 측정하라고도 했지요. 위도 1도 사이의 거리는 지구 어디에서나 같지만 경도 1도 사이의 거리는 위도에 따라 다르기 때문이지요. 적도 부근에서는 길고 북극으로 갈수록 점점 짧아지는데, 이 거리를 측정하고 계산하는 과정에서 지구 둘레의 길이도 계산하게 되지요.

지리학의 또 다른 발전은 호라즘이 낳은 학자 알 비루니가 이루었습니다. 앞에서 알 비루니가 『도시들의 좌표 결정』이라는 책에서 도시들의 경도와 위도를 계산했다고 말씀드렸지요. 그보다 4년 후엔 1029년 『점성술의 요소에 관한 교과서』에서는 처음으로 도시와 도시 사이의 거리가 실제와 같은 지도를 만드는 방법도 다루었습니다. 둥근 지구 표면 위의 도시들을 평면에 정확하게 나타내는 일에도 관심이 많았거든요.

귤껍질을 벗겨 평면에 대고 펴보세요. 아무리 살살 펴도 껍질이 갈라집니다. 둥근 지구를 평면에 펴도 마찬가지이지요. 지구는 실제로 펴는 게 아니니까 갈라지지는 못하고 실제 모양과 달라지는 점이 다를 뿐입니다.

지금 대부분의 교과서에 실려 있는 지도는 16세기에 만들어진 메르카토르 도법으로 그린 직사각형 모양입니다. 귤로 치자면 위쪽과 아래쪽에 심하게 갈라지는 껍질을 얇게 펴서 직사각형 모양으로 만든 셈이지요. 다시 말하면, 적도에서 멀어질수록 넓이가 점점 커지게 됩니다. 아이슬란드는 실제보다 훨씬 커 보이고 인도네시아는 훨씬 작아 보이는 식이지요. 북극은 표시할 수도 없는데, 굳이 말하자면 한 점이 아니라 지도의 위쪽 변 자체가 되어버렸기 때문입니다.

이것은 지리학자들만의 고민은 아닙니다. 자전거 여행을 떠나기 전에도 늘 부딪히던 문제였지요. 여행을 떠나기 전에는 늘 지도를 띄워놓고 자전거로 갈 길을 로드뷰로 미리 보기도 하고 거리를 재면서 계획을 세우곤 했어요. 자전거 여행은 다른 탈 것을 이용할 때와는 달리 몸으로 하는 여행이라 하루 달리는 거리를 적절히 끊지 않으면 곤란한 상황이 닥칠 수 있거든요. 적절한 거리에 먹을 곳도 있어야 하고 잘 곳도 있어야 하니까요. 화면에서 거리를 재면서 그 거리가 자전거 바퀴가 굴러가는 땅을 따라가는, 즉 지구 표면의 굴곡을 따라가는 거리인지 고도를 고려하지 않고 지구를 매끈하게 보고 측정한 거리인지 궁금해했던 적이 있지요. 해발 1,573m인 함백산을 갈 때는 더욱 중요했지요. 고도를 고려하지 않은 거리라면 실제 거리가 늘어나서 엄청나게 고생할 테니까요.

알 비루니도 지도는 편평한데 둥근 지구를 어떻게 펼치면 도시와 도시 사이의 거리를 정확하게 나타낼 수 있을까 하고 고민했습니다. 그가 생각해낸 방법은 이런 것입니다. 예를 들어, 북극을 기준으로 생각해봅시다. 북극 위에서 지구를 내려다본다면 경선은 방사형 직선이 될 겁니다. 북극을 중심으로 동심원을 그렸을 때 같은 동심원 위에 있는 도시들은 북극에서부터 직선거리가 같게 되지요. 동심원 사이의 간격을 조정하면 도시와 도시 사이의 거리를 정확하게 나타내는 지도를 그릴 수 있습니다. 물론 거리를 보존하기 위해서 넓이나 각도 등은 포기해야 하지요. 이 방법으로 그린 지도는 의외로 흔하게 볼 수 있는데요, 유엔 마크가 바로 이 방법으로 남위 60도까지 그린 것입니다.

거리를 보존하는 이 방법을 기록한 가장 오래된 책은 알 비루니의 것입니다. 그는 이 방법으로 도시와 도시 사이의 거리를 정확하게 나타냈습니다. 이후 여러 가지 지도 투영법이 만들어졌습니다. 거리를 보존할 것인지 각도를 보존할 것인지 넓이를 보존할 것인지, 지도를 만드는 목적에 따라 여러 가지 투영법이 개발되었습니다.

알 비루니의 또 하나의 놀랄 만한 업적은 당시 아시아인들과 유럽인들에게는 알려지지 않았던 아메리카 대륙의 존재를 이론적으로 밝힌 것입니다. 콜럼버스가 '발견'하기 전에도 그곳에 원주민들이 살고 있었지만, 육로로 연결된 유라시아와는 달리 서로의 존재를 모르고 있었지요. 1037년에 『(천문학에 관한) 마수드 정전』이라는 책에 남긴 알 비루니의 생각을 대략 설명하면 다음과 같습니다.

알 비루니는 먼저 지구의 둘레를 구했습니다. 알 비루니는 당시 가즈니 왕조가 인도를 정복하러 가는 거점이었던, 파키스탄 북부의 난다나에서 이 작업을 수행했습니다. 편자브주 난다나에 알 비루니 이름이 붙은 산이 있습니다. 구글 지도에서도 확인할 수 있지요. 알 비루니는 산의 높이와 산 위에서 지평선을 내려다본 각도로부터 지구 반지름 r를

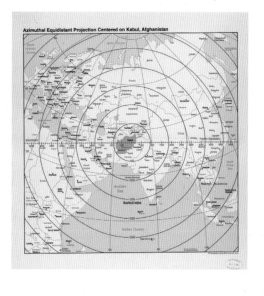

거리를 보존하는 지도 제작법 설명. 알 비루니의 『점성술의 요소에 관한 교과서』 70쪽(왼쪽)과 가즈니(지금의 아프가니스탄)을 중심으로 거리를 보존하는 지도(오른쪽)

계산할 수 있는 식을 만들어냈습니다. 이로부터 그가 구한 지구 반지름은, 당시 거리 단위를 미터법으로 환산하는 데 약간 이견이 있지만, 약 6,340km로 봅니다. 지금 우리가 알고 있는 지구의 짧은 반지름 6,357km, 긴 반지름 6,378km와 거의 차이 나지 않는 매우 정확한 값이지요. 이렇게 지구 반지름을 구한 알 비루니는 이로부터 지구의 둘레를 계산했습니다.

알 비루니가 지구의 반지름을 구하는 원리는 중학교에서 삼각비를 배울 때 어김없이 등장하는 문제입니다. 그렇지만 어느 중학교 교과서에서도 이것이 알 비루니의 방법이라는 사실은 소개하지 않습니다. 고대 그리스의 에라토스테네스가 하지 때 태양의 남중 고도를 이용하여 지구 둘레를 구하는 방법은 이 교과서 저 교과서에 등장하지만. 우리는 중앙아시아 학자의 방법에는 참 무심합니다.

지구의 둘레까지 계산한 알 비루니는 아프리카 서북단에서부터 중국까지의 거리가 지구 둘레의 $\frac{2}{5}$에 불과하다는 것을 깨달았습니다. 나머지 지구의 $\frac{3}{5}$은 바다로만 채워지기에는 너무 넓지 않은가, 알 비루니는 고민했습니다. 그러곤 아주 오래전에 유라시아를 바다보다 높게 솟아오르게 한 지질학적인 과정이 그곳에도 벌어졌으리라 추론했습니다. 또다른 대륙이 존재해야 한다는 결론에 이르게 된 것이지요. 또한 이 알려지지 않은 육지의 일부는 인간이 거주할 수 있는 위도 내에 있어 사람이 살고 있으리라 추론했습니다. 아직 아메리카 대륙과 오스트레일리아 대륙의 존재를 모르던 시절에 이루어진 논리적인 통찰입니다. 어떻게 이런 생각을 할 수 있었는지, 그의 책을 직접 읽을 수 없는 것이 안타까울 뿐입니다.

여름 사원을 빠져나오면 박물관이 있습니다. 고대 호라즘 박물관입니다. 네 개의 목각 기둥이 정사각형으로 늘어서 두 개의 대들보를 지탱하고 있고 가운데에는 커다란 지구본이 놓여 있습니다. 알 비루니가 만들었다는 지름 4.8m의 지구본을 기념하는 걸까요? 그 지구본은 비록 호라즘 내전 중에 파

쿠냐 아르크 안에 있는 고대 호라즘 박물관에 커다란 지구본이 놓여 있다.

괴되었지만 2세기 후에 자말 앗 딘 부하리(Jamal ad-Din Bukhari, 13세기)에게 이어집니다. 쿠빌라이칸의 초청으로 북경 천문대 설립의 책임자가 된 자말 앗 딘 부하리는 1267년에 지구본을 포함하여 7가지 천문 관측기구를 중국으로 가져갔지요. 그가 가져간 지구본도 전해지지는 않지만, 기록은 전해집니다. 바다는 일곱 부분으로 나뉘어 녹색으로 칠해져 있었고 땅은 세 부분으로 나뉘어 흰색으로 칠해져 있었는데, 강과 호수는 물론 바다와 강과 호수를 연결하는 수맥도 그려져 있었다고 합니다. 또, 나라마다의 길이와 넓이, 도시 사이의 거리를 알 수 있게 격자 사각형들도 그려져 있었다고 하니 상당히 정교하게 만들어졌음에 틀림없습니다.

벽면을 따라 줄줄이 놓여 있는 유리장 안에는 유약을 발라 구운 도자기와 토기 등 호라즘에서 발굴된 것들이 가득합니다. 토프라크 칼라를 처음 발견한 톨스토프가 사막 탐험에서 사용한 노트와 물병도 있습니다. 사방 벽마다 양피지 같은 느낌의 두루마리에 네 명의 얼굴이 그려져 걸려 있습니다. 얼굴 아래 쓰여 있는 글자는 읽을 수 없지만 그중 두 명은 알 콰리즈미와 알 비루니임에 틀림없습니다. 터번에 화려한 장식을 단 사람은 울루그 베그일테지요. 울루그 베그는 티무르 제국의 네 번째 술탄이자 학자였습니다. 사마르칸트에 그의 업적이 짙게 남아 있습니다.

알 비루니의 지구의 둘레 구하기

알 비루니가 지구의 둘레를 구한 첫 번째 단계는 산의 높이를 구하는 것이다. 아래 그림에서와 같이 두 지점에서 산을 바라보는 각도를 측정하여 그 각도를 θ_1, θ_2라고 하면

$$\tan \theta_1 = \frac{h}{(d+a)}, \quad \tan \theta_2 = \frac{h}{a}$$

에서 산의 높이는 $h = \dfrac{d \tan\theta_1 \tan\theta_2}{\tan\theta_2 - \tan\theta_1}$가 된다.

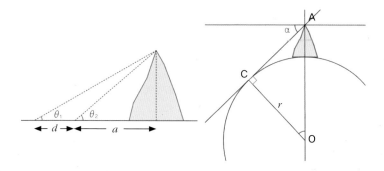

두 번째 단계로는 산 위에 올라 지평선의 각도 α를 측정한다. 이 각 α는 지구의 중심에서 산과 지평선 끝이 이루는 각 AOC와 같다. 이제 산의 높이를 h, 지구의 반지름을 r라고 하면

$$\cos \alpha = \cos(\angle AOC) = \frac{\overline{OC}}{\overline{OA}} = \frac{r}{r+h}$$

이다. 이 식을 정리하면 $r = \dfrac{h \cos \alpha}{1 - \cos \alpha}$가 된다.

줄 타는 아이

쿠냐 아르크의 리셉션 홀은 의외로 화려하지 않았습니다. 유르트를 설치하기 위한 원형 기단을 둘러싼 삼면의 건물은 화려한 타일 없이 흙 벽돌로 마감되어 있습니다. 목각 기둥 두 개가 서 있는 이완만 타일로 꾸며져 있고요. 기록에 따르면, 사이드 무함마드칸은 억압받는 사람들의 정의와 지지에 대해 말하는 시를 쓰라고 아가키에게 명령했다고 합니다. 히바의 유명한 장인이 그것을 대리석에 새겼고 그 대리석으로 여기 리셉션 홀의 왼쪽 기둥의 주춧돌을 삼았다지요. 칸은 항상 진실을 따르고 억압받는 사람들을 지원할 필요를 상기하기 위해 그렇게 했다는데, 타슈 하울리와 마찬가지로 쿠냐 아르크에도 아가키의 시와 잠언들이 여기저기 새겨져 있다고 합니다.

쿠냐 아르크에 들어서면 나무 마루를 깐 넓은 마당이 있다. 오른쪽 하얀 스크린 앞에는 전통 공연을 위한 무대도 따로 마련되어 있다. 담장 너머로 칼타 미나렛과 무함마드 아민칸 마드라사가 보인다.

2층으로 올라가면 왕의 의자가 놓인 방이 있습니다. 거기서 다시 망루로 올라갈 수 있습니다. 악 셰이크 보보는 성벽 위에 세워진, 성안으로 열린 2층의 이완이 있는 요새입니다. 10~11세기에는 견고한 성벽이 있는 요새였다고 하는데, 토프라크 칼라처럼 다 허물어져버렸습니다. 지금 남은 것은 이 망루뿐입니다. 서쪽 성벽의 돌출부에 세워진 이 망루에 오르면 한 바퀴 돌며 히바를 내려다볼 수 있지요. 성 밖에 나지막한 흙빛 집들이 늘어선 풍경과 성안의 똑같은 풍경, 그러나 화려한 미나렛과 푸른 돔이 보이는 오래된 도시의 풍경을.

리셉션 홀을 나오면 나무 마루를 깐 넓은 마당이 있습니다. 성문으로 들어올 때는 여름 사원으로 가느라 바삐 지나친 곳이지요. 마치 우리나라 궁궐의 월대처럼 지면보다 조금 높게 설치되어 있습니다. 높은 담장 너머로 칼타 미나렛이 보입니다. 저 담장이 처음 서문으로 이찬 칼라에 들어올 때 보았던 담장이지요. 칼타 미나렛을 $\frac{1}{3}$ 정도 가리는 것을 보니 높이가 10m 조금 안 될 듯싶습니다. 그러면 3층 정도 건물의 높이인가요? 그래도 밖에서 볼 때보다는 위압감이 조금 덜합니다. 아마도 여기 마당이 넓어서 그런가 봅니다. 마당 이쪽 편으로는 무대가 설치되어 있습니다. 하얀색으로 서 있는 저것은 스크린인가 봅니다. 야외무대에서 히바의 전통 공연을 볼 기회가 있다면 무척 흥이 날 듯싶습니다. 저 무대에서만이 아니라 이 넓은 나무 마루도 공연 장소가 아닐까요? 원래는 다른 지면처럼 벽돌만 깔려 있었겠지요. 수십 년 전에 히바를 복원하여 관광객들을 불러들일 때 나무 마루를 깔았겠지요. 이제 히바 칸국의 전사들이 군사 훈련을 했던 흔적은 찾을 길이 없습니다.

그렇게 쿠냐 아르크를 나와 넓은 광장에 섰는데, 멀리서 아잔 소리가 들립니다. 기도 시간을 알리는 소리입니다. 노래를 부르는 듯 리듬을 타는 소리가 귀에 감깁니다. 아랍어는 구절마다 고유한 운율이 있어 연설이나 낭송도 마치 노래처럼 들린다고 하더니, 약간은 단조롭고 애잔한 읊조림. 창을 하는 소리와 비슷한데, 높낮이가 별로 없어 더 절제된 느낌입니다. 아랍어는 우리에게는 생소한 언어이지만, 매우 많은 사람들이 사용하는 언어이지요. 아라비아반도는 물론 아프리카, 중앙아시아에서도 많이 사용합니다. 전 세계 인구의 $\frac{1}{7}$ 정도가 아랍어를 사용하고, 아랍어를 모국어로 사용하는 나라도 스무 나라가 넘는다고 합니다.

　아잔 소리는 길지 않았습니다. 주변엔 관광객뿐인지 특별한 변화는 보이지 않습니다. 요즘은 무슬림이라고 하더라도 하루 다섯 번 기도를 드리지 않는 사람도 많다던데 그 탓일 수도 있겠지요.

　광장 건너편은 무함마드 라힘칸 마드라사입니다. 이 마드라사를 지은 무함마드 라힘 II세는 1873년 사방에서 러시아가 공격하자 전투 없이 항복했다지요. '피루츠'라는 필명으로 활동한 시인이자 철학자이기도 했던 무함마드 라힘 II세는 계몽 군주였다고 합니다. 그의 통치 기간에 많은 개혁이 이루어졌다고 하는데, 이 마드라사는 히바 칸국이 러시아의 보호국이 된 지 3년 후인 1876년에 완공되었습니다. 그래서인지 이 마드라사의 교육 과정은 전통적인 교육을 하는 다른 마드라사와는 달랐다고 합니다. 이슬람 신학만이 아니라 수학, 천문학, 지리학과 같은 세속적인 학문도 가르쳤다고 하지요. 1910년 사망할 때까지 무려 46년간 재위하면서 다시 히바 칸국의 영광을 꿈꾸었을까요?

　무함마드 라힘칸 마드라사 마당에 들어서자 지하로 내려가는 동굴의

《일러스트레이티드 런던 뉴스》에 실린 러시아의 히바 침략 그림. 1873년 11월 22일

1873년경 아무다리야강을 건너는 러시아 군인들. 니콜라이 카라진, 1889년 캔버스에 오일

입구인 듯한 석조물이 있습니다. '사르도바'라고 하는 물 저장소입니다. 사막이나 초원의 저지대에 지어 비, 녹은 눈, 지하로 흐르는 물을 저장합니다. 커다란 반구 모양에 번듯한 출입구까지 갖춘 사르도바는 사막을 지나는 대상들의 숙소를 겸하기도 했지요. 여기 마당에 있는 것처럼 입을 벌린 커다란 자벌레 모양의 사르도바는 궁전이나 마드라사 안에 설치했습니다. 큰 사르도바에서는 지하에 물이 저장된 곳까지 걸어서 들어간 반면, 이렇게 작은 건 수압을 이용했다고 합니다. 펌프처럼 끌어올렸을까요, 나선 모양으로 생긴 스크루를 사용했을까요?

신기하게 생긴 사르도바를 기웃거리는 사이에, 전통 공연 준비가 거의 다 되었나 봅니다. 여기 마당에서 줄타기 공연이 펼쳐질 예정입니다. 하얀 철제 기둥이 높게 세워져 있고 기둥 양쪽에 줄이 두 단계로 걸려 있습니다. 아래쪽엔 한 줄, 위쪽엔 두 줄. 그 줄은 땅에 박힐 때까지 오색찬란한 삼각형 깃발을 달고 있습니다. 삼각형 깃발 아래 네 명의 공연단이 제각기 악기를 들고 연주합니다. 한 악사가 수르나이를 붑니다. 파란색 고깔모자를 쓴 너댓살 먹은 남자아이가 북을 칩니다. 아라비안나이트에서 금방 튀어나온 것같이 검은색 바지에 황금색 허리띠를 한 남자도 북을 칩니다. 똑같은 복장을 한 또 한 명의 남자가 자기 키보다 긴 카르나이를 붑니다. 한껏 분위기가 달아오릅니다.

이윽고 아라비안나이트의 두 남자가 하얀 철제 기둥을 타고 올라갑니다. 한 명은 긴 장대를 들고 줄을 건너갑니다. 장대를 보니 우리나라에도 이런 놀이가 있다는 생각이 떠올랐습니다. 줄타기를 주특기로 하는 광대가 있었지요. 언젠가 전통 연희가 벌어진 판에서 한 번 본 적이 있습니다. 흰색 한복을 입고 줄 위에서 온갖 묘기를 부리는데 얼마나 조마조마했는지……

수르나이를 불고, 북을 두드리고, 카르나이를 불며 한껏 흥을 내고 있다(왼쪽). 줄타기 공연 중, 아래로 사르도바가 보인다(오른쪽).

마드라사 마당에서의 줄타기 공연의 절정은 꼬마 아이가 줄 타는 남자의 어깨 위에 올라섰을 때입니다. 모두가 놀라 탄성을 질렀습니다. 정작 꼬마 아이는 무심한 표정이었지만요.

꼬마 아이의 순진무구한 표정에서 니체 생각이 났습니다. 니체는 『자라투스트라는 이렇게 말했다』에서 인간 정신을 세 단계로 낙타, 사자, 아이에 비유하여 말했지요. 무거운 짐을 진 낙타, 기존의 세계 질서 속에서 누구보다 강한 존재인 낙타. 기존의 가치에 대항하는 정신을 가진 사자. 놀이하듯 새로운 가치를 창조하는 아이. 저 아이야말로 춤추듯이 또는 유희하듯이 살아가는, 니체의 위버멘쉬 아닌가요? 자라투스트라의 입을 빌려 니체는 "인간은 짐승과 위버멘쉬 사이에 놓인 밧줄이다."라고 말합니다. 인간 자체가 목적이 아니라, 위버멘쉬를 향해 가는 다리로서 인간이 위대하다는 것이지요. 기억하시나요? 자라투스트라가 처음으로 길동무로 삼은 사람도, 사람들이 웃음거리로 삼고 그 죽음조차 멸시하는 줄타기 광대였지요. 줄타기 공연을 보면서 니체의 글을 다시 생각합니다. 우리는 밧줄 위에서 어디쯤 와 있는 걸까요?

낙타가 되어 가리라

히바의 여름은 해가 늦게 집니다. 저녁을 먹고 후줄근해진 기운을 쇄신할 겸 새 옷으로 갈아입고 숙소를 나섰습니다. 밤의 이찬 칼라를 보기 위해서입니다. 서문에는 불이 켜져 황금빛 야경을 만들어내고 있습니다. 성벽 위에도 전구를 달아서 대바늘 뜨개질의 코가 풀린 듯한 동글동글한 곡선이 수평으로 뻗어 있습니다. 밤의 히바에 대한 기대가 더욱 커졌습니다.

서문으로 들어가서 낮에 걸었던 길을 다시 걸었습니다. 칼타 미나렛을 지나고 주마 모스크를 지났습니다. 밤의 히바에서는 어둠 속에 잠기지 않은 것만이 눈에 들어왔습니다. 전구 불빛을 받는 미나렛, 띄엄띄엄 걸린 불빛을 받는 성벽. 낮엔 미처 보지 못한 보도블록의 무늬도 아름다웠습니다. 팔각형과 사각형이 반복되는 무늬, 넓적한 연 모양과 좁은 연 모양이 어우러져 사각형을 반복하는 무늬.

성벽에 걸린 전구에서 나오는 불빛은 사방으로 흩어지지 못하고 성벽에 부딪혀 벽면에 그림자를 만듭니다. 그 윤곽은 원뿔곡선입니다. 언젠가 어두운 길을 갈 때, 랜턴을 바닥에 비추며 놀이를 한 적이 있지요. 갓을 쓴 전구를 바닥에 수직으로 비추면 불빛은 원 모양이 됩니다. 전구를 바닥에 평행하게 하면 쌍곡선이 만들어집니다. 수직도 아니고 평행도 아닌, 그 사이에서 어슷하게 놓으면 각도에 따라 타원, 포물선이 만들어집니다. 빛의 마술로 네 종류의 원뿔곡선을 모두 만들어낼 수 있지요. 땅을 향해 걸린 전구에서 나오는 빛은 이찬 칼라 성벽에 쌍곡선을 드리웁니다.

성벽으로 올라가는 길은 북문 옆에 있습니다. 성벽 쪽으로 난 길을 따라 북문으로 갑니다. 가끔 불이 켜진 집이 있습니다. 집 안에서 말소리가 들리기도 합니다. 슬리퍼를 신고 집 앞에서 뭔가 정리하는 사람도 있습니다. 이찬 칼라에 사는 건 어떤 기분일까요?

낮에 히바를 다닐 때는 히바의 풍경이 눈으로 들어왔습니다. 밤에 히바를 걸으니 히바의 기운이 몸에 스며듭니다. 내 몸을 스치는 청량한 바람에 수백 년 전 히바 사람의 숨이 희미하게 남아 있는 듯합니다.

북문에 다다르자 성벽 위로 올라갈 수 있는 길이 보입니다. 폭이 꽤 넓어 마치 언덕길처럼 보입니다. 성벽 높이만큼 올라가자 평탄한 길이 깔려 있습니다. 폭은 좁아졌다 넓어졌다 합니다. 성벽 위에 낮에 보던 것처럼 규칙적으로 둥글게 돌출부가 있습니다. 옹성입니다. 세 번째 옹성에서 멈췄습니다. 성벽에 기대앉아 성안을 바라봅니다. 밤하늘에 별이 없습니다. 기대와 달리 별이 없으니 토프라크 칼라의 유르트에서 하룻밤 자지 못한

불이 켜진 서문. 밤의 이찬 칼라를 즐기러 나온 사람들이 많다.

것이 너무 아쉽습니다. 사막에서 별이 쏟아지는 밤, 은하수가 저를 덮칠 것 같은 밤을 보냈어야 하는데. 다시 올 수 있을까요?

얇은 겉옷이라도 가져왔으면 성벽에 기대앉은 이대로 하룻밤을 지낼 수 있을 것 같은 기분이 듭니다. 저 멀리 보이는 미나렛에 예전에는 횃불을 피워놓았을까요? 사막을 가로질러 오는 대상들을 위해 등대 역할도 했다니 지금처럼 미나렛 온몸으로 불빛을 내비치지는 못해도 가

주마 모스크 미나렛으로 가는 길의 성벽에 걸린 전구의 불빛이 벽면에 쌍곡선을 만들어냈다.

장 높은 창이 있는 곳까지 올라가서 밤새 꺼지지 않을 불을 피워놓았겠지요. 낙타를 타고 오는 대상들이 멀리서도 볼 수 있도록.

낙타를 타고 가리라, 저승길은

별과 달과 해와

모래밖에 본 일이 없는 낙타를 타고.

세상사 물으면 짐짓, 아무것도 못 본 체

손 저어 대답하면서,

슬픔도 아픔도 까맣게 잊었다는 듯.

누군가 있어 다시 세상에 나가란다면

낙타가 되어 가겠다 대답하리라.

별과 달과 해와

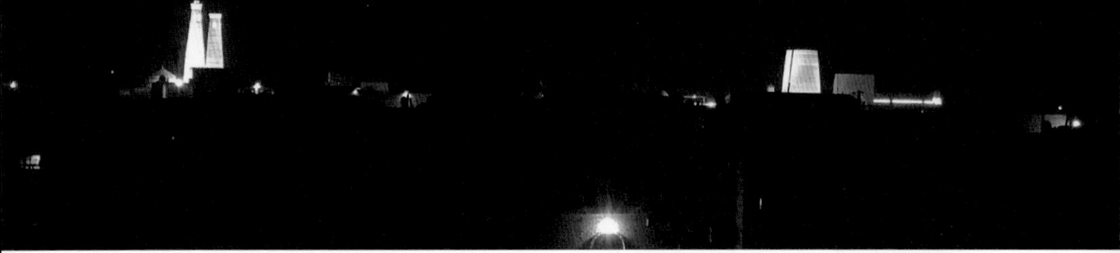

북쪽 성벽 위에서 바라본 야경. 오른쪽에 칼타 미나렛. 왼쪽에 주마 모스크 미나렛과 이슬람 호자 미나렛이 보인다.

모래만 보고 살다가,

돌아올 때는 세상에서 가장

어리석은 사람 하나 등에 업고 오겠노라고.

무슨 재미로 세상을 살았는지도 모르는

가장 가엾은 사람 하나 골라

길동무 되어서.

신경림 시인의 「낙타」라는 시를 미나렛의 횃불을 상상하며 낭독했습니다. 서울에서 읽을 때와는 사뭇 느낌이 다릅니다. 세상에서 가장 어리석은 사람이 되어도 괜찮을 것 같은 밤입니다.

밤이 깊었습니다. 아쉬움은 성벽 위에 남겨두고 떨어지지 않는 발걸음을 떼어 터덜터덜 내려갑니다. 숙소로 돌아가기 위해 다시 서문으로 걸어갑니다. 서문 밖 정면으로 뻗은 도로에 뭔가 줄줄이 걸려 있는 것들이

이찬 칼라 서문 밖 도로에 걸린 알 비루니(왼쪽)와 알 콰리즈미(오른쪽). 10여 명의 학자들의 초상화가 도로를 따라 걸려 있었다.

펄럭입니다. 궁금증이 일어 도로를 건너가 보았습니다. 아, 알 콰리즈미입니다. 그다음은 알 비루니이고요. 이름을 잘 모르는 사람도 있었는데, 학자임에는 틀림없으리라는 생각이 듭니다. 글자는 읽을 수 없어도 우즈베크 사람들의 자부심은 느껴지는 이상한 밤입니다.

택시를 타려고 다시 서문 앞으로 오는데, 서문 바로 바깥에 몇몇 사람들이 옹기종기 서 있습니다. 우리 일행이 나누는 말을 들었는지 한국말로 말을 걸어옵니다. 한 남자가 대구에서 일한 적이 있다고 말합니다. 한국말이 유창합니다.

제 아들이 중학교 1학년 여름 방학을 맞았을 때, 시골로 보낸 적이 있습니다. 낯선 곳에 일주일 머물며 자립심을 키우게 할 요량이었지요. 소개받은 곳은 파프리카 농장이었습니다. 파프리카는 줄기가 약해서 천장에서 내린 줄에 집게로 집어 잡아주어야 한답니다. 파프리카를 따는 일이나 집게를 집는 일은 숙련된 사람들이 하고요. 아들은 파프리카를 집어 놓은 집게를 푸는 일을 했다고 합니다. 그곳에 몽골 청년들이 네 명인가 일하고 있었다고 합니다. 파프리카 재배 기술을 배우는 중이었다고. 이젠 몽골 사람만이 아니라 우즈베키스탄에서 온 사람들을 쉽게 만날 수 있습니다. 그들도 고향으로 돌아간 뒤에 서문 앞에서 만난 사람들처럼 한국을 기억하겠지요?

다행히 서문 밖, 한국말이 유창한 나이 든 남자는 한국에 가서 몇 년 일한 덕분에 형편이 피었다고 말합니다. 그래서 더 친절한 듯합니다. 택시를 잡아주겠다며 옆에 있던 사람들에게 말을 건넵니다. 알고 보니 옹기종기 모여 있던 우즈베크 남자들은 야경을 즐기는 관광객들을 태우려는 사람들이었습니다. 택시는 정말 쏜살같았습니다. 예전 우리나라의 총알택시는 저리 가라입니다. 직선 도로는 물론 ㄱ자로 꺾인 길에서도 속도를 줄이지 않습니다. 몇 분 걸리지 않는 거리이건만 얼마나 긴장했던지 숙소에 도착했을 때는 온몸이 뻣뻣했습니다.

잠들어 있는 이찬 칼라

오늘 아침에는 히바를 떠납니다. 새벽 히바를 보기 위해 아직 깜깜한 5시에 길을 나섰습니다. 숙소 프런트에 택시를 불러달라고 했습니다. 몇 군데 전화를 걸어보더니 올 수 있는 택시가 없다고 합니다. 이찬 칼라 안에 숙소를 잡지 않은 걸 후회했지요. 그래도 이런 경우를 예상해서 구글 지도를 내려받아 놓았습니다. 이찬 칼라까지의 거리는 2km 남짓, 30분이면 걸어갈 수 있는 거리입니다. 휴대폰의 GPS를 켭니다.

낯선 도시에서, 더구나 어스름 새벽에 길을 걷는 건 뭔가 가슴 뿌듯한 일입니다. 남들보다 더 풍부한 인생을 사는 느낌이랄까. 몇 년 전에 가로등도 없는 베네치아의 밤거리를 휴대폰 GPS의 세모꼴 표시에 의지해서 걷던 때가 생각납니다. 몇 번 길을 잘못 들어 운하로 끊긴 길에서 되돌아 나오기도 하고, 이게 길인가 싶을 정도로 좁은 골목길까지 지나면서 결국 버스를 탈 수 있는 곳까지 나오긴 했지요. 그때는 낯선 경험에 약간 흥분되면서도 언제 도착할까 초조한 마음이 깔려 있었는데, 오늘은 영 다릅니다. 저무는 밤과 시작하는 새벽의 차이일까요? 서양과 아시아의 차이일까요? 거리 풍경이 어릴 적 주택가 골목길 풍경과 별로 다르지 않습니다.

남문에 도착하는 동안 희뿌옇게 날이 밝아오고 있습니다. 남문 앞에는 한적한 시골이 펼쳐져 있습니다. 남문 밖 성벽 위에 봉긋봉긋 아치 모양으로 올라온, 저 벽돌로 만든 둥근 것은 무덤입니다. 파흘라반 마흐무트 영묘에서 본 것처럼 이곳 사람들은 무덤을 흙벽돌 봉긋한 구조물,

남문 밖 완만한 성벽 위에 무덤들이 있다.

원을 여러 개 사용하여 그린 아치 모양으로 만듭니다. 완만한 성벽 위에 죽은 자들이 군데군데 누워 있습니다.

성안으로 들어갑니다. 남쪽 지역은 주민들의 거주 지역입니다. 동문과 서문을 잇는 대로변에 복원된 유명 관광지들이 몰려 있다면 남쪽과 북쪽에는 마드라사와 모스크도 있지만 대체로 거주 지역이지요.

조금 걷다 보니 호텔로 쓰이는 집인 듯한데 마치 주마 모스크처럼 현관 지붕을 목각 기둥 하나가 받치고 있습니다. 주춧돌에 해당하는 부분까지 나무로 되어 있고 마당 아래쪽에 주춧돌이 놓여 있습니다. 그러고 보니 여기저기 문화재라고 보호받을 만한 것들이 마구 뒹굴고 있습니다.

조각이 아름다운 목각 기둥이 있는 호텔. 앞에는 주춧돌도 있다.

남쪽 주민 주거 지역의 평범한 집. 뒤로 파흘라반 무함마드 영묘의 푸른 돔이 보인다.

아직 이찬 칼라는 잠에서 깨지 않았습니다. 살며시 골목을 걷는데, 밖에 놓인 침상에서 자는 가족이 보입니다. 정해진 길도 없이 걷다 보니 주민들이 사는 집과 호텔로 개조된 집들이 섞여 있습니다. 창문을 광목 같은 천으로 가린 집도 있고 빨랫줄에 옷가지를 널어놓은 집도 있습니다. 주민들이 사는 집은 문을 들어서면 바로 방인 듯, 열어놓은 문 안쪽으로 누운 사람도 보입니다. 조금 더 가니 바닥에 두툼한 침구를 깔고 하늘을 덮고 자는 사람들도 있습니다. 혹시라도 방해될까 싶어 까치발로 지나갑니다.

화려한 마드라사와 소박하지만 정갈한 모스크만 보다가 주민들이 사는 지역을 보니 어릴 적 생각이 납니다. 저 사람들처럼 길거리에서도 방에 누운 사람이 보이는 집도 있었습니다. 어쩌다 눈이 마주치면 민망해서 걸음을 서둘렀던 기억이 아직도 남아 있습니다. 이곳은 건조한 곳이

이슬람 호자 미나렛 남쪽의 주민 주거 지역. 방문을 열어놓고 자는 주민의 집 뒤로 이슬람 호자 미나렛이 보인다(왼쪽). 아치 벽 저쪽은 이찬 칼라의 주민 주거 지역이다(오른쪽).

라 전혀 찜통이 아닌데도 밖에서 자나 봅니다. 그런데 곰곰이 생각해보니 집 밖에서 자는 풍경이 낯설지 않습니다.

어렸을 적 여름에는 툇마루로 나와서 자곤 했습니다. 찌는 듯한 삼복더위를 못 견디고 마루로 나왔던 것 같은데, 자다 보면 서늘한 기운에 이불을 어깨까지 끌어 올리던 기억이 있습니다. 그러면서도 집 안 툇마루가 아니라 동네에서 가장 큰, 몇백 살은 되어 보이는 아름드리 나무 아래 평상에서 자던 동네 어른들이 부러웠습니다. 이젠 집 밖에서 잠을 못 자게 할 어른은 없지만 그렇다고 길거리에 눕긴 쉽지 않습니다. 자전거를 타면서 가슴이 탁 트이는 자유를 느꼈던 것은 바람을 가르는 속도 때문만은 아니었어요. 대지 위에 몸을 누인 기억도 큰 몫을 차지하지요. 북한강변 운길산이었을 거예요. 자전거를 타고 오르막을 오르다 지친 우리 일행은 조금 널찍한 풀밭이 나오자 자전거와 함께 모두 쓰러져버렸지요. 널브러진 자전거들, 하늘을 바라보며 누운 우리. 자전거를 타다

남문 옆 아직 복구하지 않은 무너진 성벽. 흙벽돌 잔해가 보인다.

힘들면 그렇게 아무 데서나 누워버렸지요.

슬며시 날은 밝아오는데 아직 잠에 빠진 주민들은 일어날 줄을 모릅니다. 이곳에 다시 올 수 있다면 바닥에 얇은 담요 하나 깔고 이곳 주민들처럼 눕고 싶습니다.

이리저리 새벽길을 헤매는데, 허름한 집 뒤로 이슬람 호자 미나렛이 가까이 보였습니다. 이제 남쪽 주거 지역이 거의 끝났나 봅니다. 돌바닥에 푹신한 침구를 깔고 아직 잠에 빠진 사람들 곁을 조심스럽게 지나 아치문을 지나가자 어제 돌아보던 이찬 칼라의 화려한 길거리입니다.

빈 거리에서 노점상이 물건을 판매대 위에 꺼내 놓고 있습니다. 어린 아이도 거듭니다. 주마 모스크 미나렛 앞의 반원형 벤치에 앉아봅니다. 어젯밤에 쌍곡선을 그리던, 성벽 위에 달린 전구가 보입니다. 전구 불빛이 꺼지니 쌍곡선은 어디에도 없습니다.

남문 안쪽에는 소를 기르는 집도 있다. 그 집의 어린 딸은 엽서를 팔았다.

날이 완전히 밝았습니다. 남문으로 가는 길에 있는 흙벽돌 집들의 색깔이 모래 색깔에 가깝습니다. 어제 본 대로변의 화려한 마드라사나 궁전의 흙빛보다 훨씬 밝습니다. 사막의 한가운데라는 느낌이 짙게 풍깁니다. 남문 양옆으로는 꽤 큰 나무들이 몇 그루 서 있습니다. 바로 오른쪽으로 성벽이 무너진 곳이 눈에 띕니다. 아니, 아직 복구하지 않은 성벽이라고 해야겠지요. 그 무너진 성벽 앞쪽에, 몇 그루의 나무와 풀들이 우거진 사이로 소가 한 마리 보입니다. 갈색 소. 우리나라 외양간에 데려다 놓아도 멀리서 데려온 티가 전혀 나지 않을 것같이 생긴 소입니다.

어딘가에서 대여섯 살 먹은 여자아이가 나타났습니다. 관광지에서 흔히 볼 수 있는 엽서를 내밉니다. 이찬 칼라의 유적들이 찍힌 엽서가 여러 장 들어 있네요. 너희 집 소니? 소를 가리키며 묻자 고개를 끄덕입니다. 엽서를 팔기 위해서라면 그쯤은 대답해줄 수 있다는 여유가 보입니다. 사진도 같이 찍어주었습니다. 엽서는 꽤 여러 장 들어 있었지만, 끝이 해진 것도 있습니다.

어렸을 적 우리 집도 한양 도성 성벽 아래 있었습니다. 마당 한쪽 벽이 성벽이었지요. 성벽은 내 책가방보다 몇 배는 큰 돌덩어리들을 쌓아 올린 것이었습니다. 수직으로 가파른 성벽 돌 틈에서 앵두나무도 자랐습니다. 돌 틈에 발을 끼워 넣으며 벽을 타고 조금 올라가서 앵두를 따 먹곤 했습니다. 그 집은 무허가 집이었습니다. 성벽을 따라 늘어선 마을 집들이 모두 강제 철거되던 날, 엄마도, 동네 어른들도 울며불며 매달렸습니다.

이찬 칼라 남문 성벽 앞에서 만난, 달러로 거스름돈까지 들고 나타난 아이는 성북동 성벽 밑에 살던 그 아이 또래의 저를 떠올리게 합니다. 엽서를 샀습니다.

PART 4

햇빛과 흙빛이 어우러진
부하라

성스러운 도시, 부하라

히바에서 부하라는 꽤 먼 거리입니다. 비행기가 뜨고 잠시 후, 창밖으로 사막이 펼쳐집니다. 사막을 가로질러 흐르는 아무다리야강. 보이는 것이라곤 파란 하늘과 하얀 모래밭, 그리고 흙빛 강줄기뿐입니다. 낯설고 신비로운 풍경에 탄성이 절로 나옵니다.

아무다리야강은 파미르고원에서 시작합니다. 지구의 지붕이라는, 히말라야 산맥의 북서쪽이자 중앙아시아의 남동쪽에 있는 파미르고원부터 장장 2,540km를 흐릅니다. 한반도의 남북 길이가 1,000km가 안 되니 두 배를 훌

히바에서 부하라로 가는 비행기에서 내려다본, 키질쿰 사막을 흐르는 아무다리야강과 주변 오아시스

쩍 넘는 거리를 흐르는 동안, 아무다리야강으로는 흘러 들어오는 지류는 하나도 없습니다. 사막 지대를 거치면서 증발하여 오히려 수량이 줄어들 뿐입니다. 아무다리야강은 그렇게 아무런 도움 없이, 오히려 자신을 나눠 주면서 흐르다가 아랄해에 모든 것을 넘기면서 사라집니다.

부하라에 도착해서 가장 먼저 간 곳은 이스마일 사마니 영묘입니다. 부하라시의 남동쪽에 있는 공항에서 시의 서쪽에 있는 이스마일 사마니 영묘까지는 버스로 20분이 채 안 걸립니다. 부하라는 동서로 가장 긴 거리가 13km 정도 되는 별로 크지 않은 도시입니다. 더구나 유적은 대부분 도심에 몰려 있어 걸어 다녀도 충분합니다. 가장 서쪽에 있는 이스마일 사마니 영묘에서 가장 동쪽에 있는 초이르 미나렛까지 걸어서 30분 정도 거리입니다. 그 사이에 유적이 대부분 몰려 있으니, 쉬며 걸으며 하루 종일 천천히 고대 도시를 음미해야겠습니다.

사만 왕조를 일으킨 이스마일 사마니의 영묘

이스마일 사마니의 영묘는 작은 숲으로 둘러싸여 있습니다. 깔끔하게 정리된 주변과 흙빛으로 고고하게 서 있는 벽돌 건물이 눈에 들어옵니다. 정사각형 보도블록이 깔린 정갈한 마당에 팔각형 모양의 연못과 네모난 잔디밭, 잔디밭마다 동그랗게 잘 관리된 나무가 심어져 있습니다. 계단을 다섯 개 내려가 그 정갈함 속으로 들어섭니다. 멀찌감치 서서 영묘를 바라봅니다.

이스마일 사마니가 그의 아버지를 위해 892년부터 무려 51년에 걸쳐 지었다는 사만 왕조(819~999년)의 영묘입니다. 이스마일 사마니는 사만 왕조의 두 번째 왕입니다.

이슬람 우마이야 왕조가 부하라를 정복한 후, 부하라는 호라산 총독부 관할이 되고 페르시아 귀족이었던 사만 가문의 통치는 그대로 유지됩니다. 외세가 침략한 후에 현지의 통치 세력을 그대로 유지하는 일은 매우 흔합니다. 굴복한 적은 이미 적이 아니라 효율적인 통치 수단일 뿐이기 때문이지요. 사만 가문도 마찬가지였습니다. 후손들은 페르시아의 국교였던 조로아스터교에서 이슬람교로 개종했습니다. 이슬람교는 침략자들의 종교였지만 이제는 현실이 되었으니까요. 사만 가문은 819년에는 이슬람 아바스 왕조로부터 중앙아시아 일대의 영토를 나누어 하사받았는데, 이때를 사만 왕조의 시작으로 봅니다.

형에 이어 왕위에 오른 이스마일 사마니는 여러 차례 정복 전쟁을 치렀습니다. 북쪽으로는 튀르크족 영토로 원정하여 많은 튀르크인들을 이슬람으로 개종시켰고, 남쪽으로는 페르시아계 이슬람 왕조인 사파르 왕조를 격파하며 영토를 넓혔습니다. 지금의 이란에서 카자흐스탄에 이르는 넓은 지역을 통치하는 강력한 왕조로 만들었지요.

사만 왕조는 페르시아 사산 왕조의 마지막 황제가 651년 아랍 무슬림군에게 살해당한 후, 처음 등장한 페르시아계 왕조였습니다(873년 사만 왕조에 정복당한 타히르 왕조를 첫 번째 페르시아계 왕조로 여기기도 합니다. 다만, 타히르 왕조를 아바스 왕조로부터 독립된 왕조로 보지 않는 견해도 있습니다). 이후 아랍계인 아바스 왕조의 힘이 약해진 틈을 타서 9세기부터 11세기 초까지 여기저기서 다시 토착 페르시아계 왕조들이 나타났다 사라졌습니다. 그 왕조들은 짧게는 40년, 길게는 100년이 넘게 유지되었습니다. 그중 가장 길게 180년 동안 유지된 나라가 사만 왕조입니다.

이스마일 사마니는 짧게 부침을 반복한 다른 페르시아계 왕들과는 좀

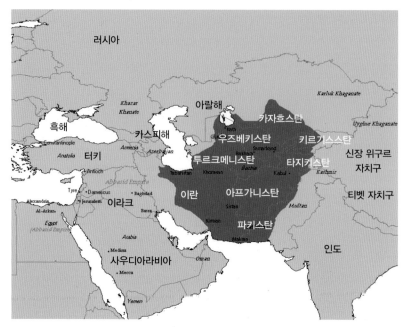

사만 왕조 전성기의 영토(진한 색). 오늘날의 이란, 아프가니스탄, 투르크메니스탄, 우즈베키스
탄, 타지키스탄을 거의 포괄하며, 파키스탄, 키르기스스탄, 카자흐스탄까지 걸쳐 있다.

다릅니다. 200년 가까이 잊혔던 페르시아 문화를 부활시키기 위해 노력
했기 때문입니다. 코란을 페르시아어로 최초로 번역했습니다. 코란은 번
역하지 않고 아랍어로 읽는 것이 원칙인데, 페르시아어로 번역했다는 것
은 당시 대단히 용기 있는 일이었을 겁니다. 또, 시인과 문학가와 지식인
들을 적극적으로 후원했습니다. 거대한 도서관도 지었습니다. 경제적으
로도 발달하여 주변 이슬람 국가는 물론 러시아의 공국들과도 무역을
활발히 했습니다. 오늘날 러시아에서 발견되는 사만 왕조의 동전들이 그
증거입니다. 문화적·경제적으로 발달해나간 부하라는 그렇게 아랍 문화
와 페르시아 문화가 공존하는 도시가 되어갔습니다. 아바스 왕조의 수

도 바그다드 못지않은 대도시로 번창했던 거지요.

이스마일 사마니 영묘는 정육면체 건물 위에 돔을 얹은 모양입니다. 정육면체는 땅을 상징하고 돔은 우주를 상징합니다. 흙을 낙타 젖으로 반죽하면 수천 년이 가는 벽돌이 만들어진답니다. 그 벽돌로만 쌓아 올린 건물인데, 벽돌 쌓는 방법을 조금씩 다르게 하여 변화를 만들어냈습니다. 벽돌 쌓는 방법에 변화를 주는 것만으로도 대나무 바구니와 비슷한 느낌의, 저렇게 오묘한 아름다움을 만들어낼 수 있다니 얼마나 신기한 일입니까.

영묘의 가장 아래쪽에는 불교 형식으로 기단이 있습니다. 이슬람교가 주된 종교로 자리 잡았다고 하더라도 몇백 년, 몇천 년을 이어져 내려온 그 지역의 문화가 모두 사라질 수는 없는 법이니까요. 이 건축물에도 이슬람 이전 중앙아시아의 흔적이 남아 있습니다.

불교가 인도에서 북방 경로를 통해 중앙아시아에 전해진 것은 기원전의 일입니다. 그러니까 이 지역에서는 이슬람 이전에 1,000년 이상 불교가 성했지요. 서역을 거쳐 중국과 우리나라에 전해진 대승 불교가 발달한 곳이 바로 중앙아시아의 박트리아입니다. 특히, 그곳의 쿠샨 왕조는 헬레니즘과 불교문화가 융합된 간다라 미술을 발달시켰습니다. 2세기 무렵 쿠샨 왕조의 통치자였던 카니슈카 1세는 불교를 대대적으로 장려했습니다. 불교와 고대 그리스 종교와 조로아스터교까지 아우르는 융합 정책을 폈지요. 불교 승려들의 공동체가 곳곳에 생겼고 그들이 수행을 하는 곳을 뜻하는 산스크리트어가 '뷔하리'라고 합니다. 정수일의 『실크로드 문명 기행』에 따르면 뷔하리에서 '부하라'라는 이름이 유래했다고 하지요. 성스러운 종교의 도시입니다.

이스마일 사마니 영묘. 9세기 말에 지은, 현존하는 중앙아시아에서 가장 오래된 건축물이다.
돔은 우주를, 정육면체는 땅을 상징한다.

영묘의 벽면 모양은 아치 곡선을 기준으로 위아래로 구분됩니다. 벽
돌을 쌓아 올린 기법이 다르기 때문입니다. 아치 곡선 아래쪽은 벽돌을
한 번은 면이 보이게 쌓고 또 한 번은 모서리 부분이 보이게 번갈아 쌓
았습니다. 아치 곡선 위쪽으로는 수평과 수직으로 번갈아 쌓았습니다.
그렇게 반복해서 쌓아 올려 독특한 무늬를 만들어냈습니다. 덕분에 햇
살은 벽돌의 요철에 부딪혀 반사되기도 하고 그림자를 만들기도 합니다.
햇살 강한 오늘은 벽돌색이 강한 대비를 이루어 건물 전체가 강건해 보
입니다. 아마도 흐린 날에는 밝고 어두운 대비 없이 흙빛으로만 고즈넉
이 지나간 역사를 증언하리라 추측해봅니다. 벽돌이 앉고 서고 돌아선
채 전하는 역사의 증언.

아치 곡선을 둘러싸는 ㄷ자 테두리는 벽돌로 만든 원형 고리 모양으로 채워졌습니다. 원형 고리는 태양을, 신을 뜻할 겁니다. 조로아스터교의 영향이지요. 9세기, 10세기에는 조로아스터교인들이 이슬람으로 개종하던 시기였으니 태양과 불로 상징되는 조로아스터교 예술의 흔적이 당연히 남아 있습니다. '연주문'이라고 하는, 구슬을 꿴 듯한 원형의 무늬도 그중 하나입니다. 불교와 함께 서역과 중국을 통해 우리나라에도 전해졌으니까요. 신라 토기에서, 귀걸이와 같은 장신구에서, 도자기에서, 종이나 쇠북 같은 불교 공예에서, 박물관에 가기만 하면 보이는 것들이지요.

연주문은 주로 중심이 되는 주제 무늬를 둘러쌉니다. 이스마일 사마니 영묘에서도 연주문 덕분에 그 안에 자리 잡은 아치 곡선과, 히바의 주마 모스크에서 보았던 중심이 같은 정사각형의 품격이 한층 돋보입니다. 정사각형 안을 자세히 보면, 새 네 마리가 한 귀퉁이씩 차지하여 정사각형 안을 만든 모습이 보입니다. 고대 페르시아인들이 상서롭게 여긴 길조입니다. 두 다리를 모으고 긴 날개를 퍼덕이며 길조가 날아갑니다. 이 문양은 아치 곡선 꼭대기의 삼각형 안에도 있습니다. 10세기에 지어진

연주문 안의 중심이 같은 정사각형 안에 새 문양이 있다. 이스마일 사마니 영묘

조로아스터교의 유일신인 아후라 마즈다. 빛과 지혜를 뜻한다. 날개 달린 원형 고리는 고대 아시아의 종교와 문화에서 신을 상징해왔다.

히바의 주마 모스크의 중심이 같은 정사각형에는 없었던 것입니다. 9세기에 지어진 이 벽돌 건물에는 아직 조로아스터교의 영향력이 남아 있음을 보여줍니다.

영묘의 안쪽에도 벽돌의 변주는 끝이 없습니다. 벽돌을 쌓는 방법만이 아니라 벽돌로 만든 모양 자체에도 변주는 이어집니다. 납작한 벽돌을 다섯 개 붙여 만든 큰 정사각형을 한 칸 건너씩 놓았습니다. 그 사이사이에는 그보다 작고 납작한 벽돌을 네 개 붙여 만든 정사각형을 90도 회전시켜 놓았습니다. 큰 정사각형 모서리 가운데에 작은 정사각형이 살짝 닿습니다. 그렇게 만들어진 모양이 중심이 같은 정사각형을 만듭니다.

밖에서 보면 앙증맞게 작은 이완들이 옆으로 늘어서서 돔을 받치고 있습니다. 안쪽에서는 그 부분부터 돔이 시작되지요. 아치들은 벽면을 빙 둘러 배치되어 사각형 벽면을 둥근 돔으로 이어주는데, 아치를 채운 벽돌 무늬가 아치마다 달라 얼마나 세심하게 공을 들여 지었는지 감탄

이스마일 사마니 영묘의 안쪽. 벽돌을 쌓은 방법뿐만 아니라 삼각형, 사각형, 원형 등 벽돌로 만든 모양도 다양하다. 중심이 같은 정사각형 모양도 보인다.

하게 됩니다. 돔 천장은 얇은 직사각형 벽돌들이 가운데 구멍을 중심으로 동심원처럼 배열되어 있습니다. 마치 별들이 일주 운동을 하듯, 돔 천장이 빙글빙글 돌고 있습니다. 사만 왕조의 왕족들이 아치와 도형들의 잔치 속에서 영면에 빠져 있습니다. 벽돌 틈 사이로 쏟아져 들어온 햇빛이 바닥에 네모나게 비칩니다. 정육각형 돌로 빈틈없이 채워진 바닥에 네모난 햇빛들이 가득합니다.

영묘 안쪽에 있는, 벽돌로 만든 가묘를 손으로 쓸어봅니다. 비록 가묘이지만, 저 아래 땅속에 묻힌 자들의 기운을 느껴봅니다. 가묘의 모양은 히바에서 많이 본 모양입니다.

밖으로 나오려는데, 누군가 관광 지도를 내밉니다. 나이가 지긋한 우즈베크 여인입니다. 아마도 오십 줄에 들어서지는 않았을 텐데, 강한 햇볕에 피부도 빨리 노화되어 나이 들어 보이나 봅니다. 이것저것 들춰보다가 히바 지도를 샀습니다. 히바를 떠나온 아쉬움에 저도 모르게 집어들었나 봅니다.

밖으로 나와 영묘를 한 바퀴 돕니다. 문양이 조금씩 다르긴 하지만 네 면의 모양은 거의 똑같습니다. 중앙에는 아치 아래 나무 문이 있고 벽면은 벽돌을 엇갈려 쌓았고 그 위로는 아주 작게 이완 모양을 띤 창문이 있는 모습. 나무 문은 발굴되고 나서 짜 넣은 것이랍니다. 지금은 서쪽 문만 출입구로 사용하고 있지만, 옛날에는 어떻게 사용했는지 알 수 없습니다. 그 위로 반구 모양으로 얹혀 있는 돔에는 납작한 벽돌이 모서리를 삐죽 내밀면서 두 줄로 빙 둘러 박혀 있습니다.

조금 떨어져서 바라보니 아까 들어올 때는 보이지 않았던 것도 보입니다. 메카의 카바 신전을 닮은 정육면체 건물의 네 모서리에 굴다스타처럼 생긴 원형의 기둥이 배치되어 있습니다. 기둥 위 돔 옆에는 작은 돔도 있습니다. 자세히 보면 볼수록 이슬람교가 확장되던 초기 건물의 특징이 드러납니다.

불교, 조로아스터교, 이슬람교의 영향력이 모두 깃든 이 성스러운 묘당이 지금까지 전해질 수 있었던 것은 오히려 중간에 사라졌기 때문입니다. 어느 날, 이 묘당은 모래 속에 파묻혀버렸습니다. 칭기즈칸의 군대는 물론 그 후 여러 차례의 침략자들도 발밑에 무엇이 있는지 모른 채, 돔 위로 덮인 모래만 밟고 지나갔지요. 이 영묘가 다시 인간의 역사 위로 떠오른 것은 1925년입니다. 소련의 고고학자들에 의해 발굴되었지요.

이스마일 사마니 영묘를 등지고 돌아서자 대관람차가 보입니다. 이 지역 전체가 사마니 공원이라더니 놀이동산도 있나 봅니다. 우리나라에서 타본 대관람차는 케이블카처럼 창으로 막혀 있었는데, 여긴 아닙니다.

이스마일 사마니 영묘 옆으로 대관람차가 있는 놀이 시설이 있다.

원형의 관람차 좌석 위에 녹색 파라솔만 있습니다. 점점 높이 올라가면 막아주는 창이 없어 무섭진 않을까요?

관람차에 올라타면 처음에는 천천히 올라가는 느낌을 받습니다. 관람차는 일정한 속도로 돌지만, 사람의 높이는 일정하게 변하지 않기 때문입니다. 예를 들어, 관람차가 30도 회전했을 때와 다시 30도를 더 회전해서 60도 회전했을 때를 비교해볼게요. 각도는 두 배가 되지만 사람의 높이는 두 배가 안 됩니다. 그 높이를 말해주는 것이 사인입니다. 사인은 삼각비 중의 하나입니다. 히바의 쿠냐 아르크에서 지구 반지름을 계산할 때도 삼각비 중의 하나인 탄젠트를 사용했지요.

누군가가 이 관람차에 타고 있다면 그 사람의 높이는 회전한 각도에 대한 삼각비로 알 수 있습니다. 계산을 편하게 하기 위해 시계의 3시 방향을 지날 때의 움직임을 생각해봅시다. 관람차에 타고 있는 사람의 높이는 회전한 각도에 대한 사인값이 됩니다. 사인은 직각삼각형의 한 각에 대해서 빗변의 길이에 대한 그 각과 마주 보는 변의 길이(높이)의 비를 말합니다. 사인 함수의 그래프를 보면 각도와 사인값이 비례하지 않습니다. 관람차에서 회전한 각도와 그 사람의 높이가 비례하지 않는다는 말이지요. 0도 근처에서는 사인값, 즉 높이가 급격히 증가하지만 60도 이후에는 높이가 천천히 증가합니다. 관람차는 보통 시계 반대 방향으로 회전하지요. 천천히 올라가다가 3시 방향 근처에서는 급격히 빨리 올라가게 됩니다. 이때가 환호성을 지르며 즐거워할 때이지요. 2시 방향을 지나면서 높이는 아주 천천히 올라갑니다. 12시를 지나면 그만큼 천천히 내려오기 시작합니다. 그러니 꼭대기 부근에서 별로 무섭지 않을 거라고 짐작할 수 있어요. 사인 함수가 그리는 곡선이 완만할 때는 무서움을 타지 않을 테니까요. 사람들은 천천히 변하는 것에는 금방 익숙해지니까요.

사마니 공원의 사인 함수

사인은 직각삼각형의 한 각에 대해서 빗변의 길이에 대한 그 각과 마주 보는 변의 길이(높이)의 비를 말한다. 30도에 대한 사인값은 빗변의 길이에 대한 30도와 마주 보는 변의 길이의 비, 60도에 대한 사인값은 빗변의 길이에 대한 60도와 마주 보는 변의 길이의 비이다. 정의에 따르면, 사인 0도의 값은 0, 사인 90도의 값은 1이다. 주의할 것은 각도와 그 각도에 대한 사인값은 비례하지 않는다는 점이다.

30도와 60도에 대한 사인값을 그림으로 비교해보자. 아래 그림과 같이 반지름의 길이가 1인 원 안에 직각삼각형을 그리면 빗변의 길이는 1로 고정된다. 분모가 1이 되었으니, 이제 사인 30도의 값은 30도와 마주 보는 변의 길이 0.5이고, 사인 60도의 값은 60도와 마주 보는 변의 길이 0.7이다. 각도는 두 배이지만 사인값은 두 배가 아니다. 약 1.4배 정도이다.

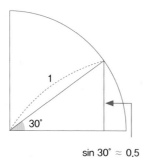

sin 30° ≈ 0.5

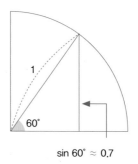

sin 60° ≈ 0.7

샘물이 터져 나온 곳, 욥의 샘

이스마일 사마니 영묘 뒤쪽으로 난 길로 100여 미터 가면 조금은 다르게 생긴 흙벽돌 건물이 보입니다. 차슈마 아유브 영묘입니다. 차슈마는 '샘물', 아유브는 '욥'을 말합니다. 기독교와 유대교와 이슬람교는 예수 이전의 기록을 같이 사용하니, 욥은 기독교의 구약 성서와 이슬람교의 코란에 모두 등장하지요. 욥은, 신으로부터 엄청난 시련을 당한 바로 그 욥입니다. 욥의 샘이 처음 지어진 때가 이슬람력 605년(1208~1209년)이라고 아랍 술루스체로 쓰여 있습니다. 지붕 위에는 원뿔 모양의 돔이 올려져 있습니다. 연필 깎는 기계로 깎은 예쁜 연필 같습니다. 1380년경 아미르 티무르 시대에 증축하면서 올렸답니다. 부하라에서는 보기 어려운 호라즘 스타일입니다.

입구로 들어서면 가장 먼저 물 박물관입니다. 중앙에는 '사르도바'라고 하는 물 저장소 모형이 있습니다. 벽면에는 부하라 지역의 물 저장 체

욥의 샘(차슈마 아유브). 욥이 지팡이로 땅을 내려쳐 샘이 터져 나왔다는 이야기가 전해진다.

계와 관개에 대한 설명들이 가득합니다.

흔히 욥의 샘에 대해 전하는 말은 다음과 같습니다.

> 부하라 사람들은 사막의 바람과 가뭄에 시달리다가 신에게 기도했다. 신
> 은 이들의 요청에 귀를 기울여 욥을 보냈다. 부하라를 여행하고 있던 선지
> 자 욥이 지팡이로 땅을 내려치자 샘물이 터져 나왔다. 욥의 영묘는 이 사건
> 을 기념하여 지은 것이다.

그런데 욥의 샘 내부에 있는 설명문의 내용은 좀 달랐습니다. 설명문
은 위쪽에는 저를 눈뜬장님으로 만드는 키릴 문자로 쓰여 있고 아래쪽
에는 영어로 쓰여 있습니다. 영어로 쓰여 있는 설명을 간추리자면 다음
과 같습니다.

욥의 샘 안의 전시물. 위쪽부터 물 저장소인 사르도바, 옛 목욕 장면, 목욕 시설(왼쪽) 욥의 샘
내부. 샘물 앞에 수도꼭지가 설치되어 있다. 샘물 뒤로는 영묘, 옆에는 설명문이 있다(오른쪽).

욥은 사탄에 의해 자식과 재산도 모두 잃고 견딜 수 없는 고통스러운 피부병에 걸리는 시련 속에서도 신에 대한 믿음을 잃지 않았다. 많은 기도와 호소 끝에 신은 대천사 가브리엘을 보내 욥에게 땅에 발을 디디라고 명령했다. 그 자리에서 샘물이 터져 나왔다. 몸의 염증을 치료하는 샘물! 이 샘물의 정확한 위치에 대한 정보는 없다. 시리아, 팔레스타인, 이집트, 카자흐스탄, 우즈베키스탄에 욥의 이름과 관련된 장소가 있다.

욥의 샘을 나오면 정면에 특이한 모양의 현대식 건물이 눈길을 끕니다. 2001년에 문을 연 이맘 알 부하리 기념박물관입니다. 부하라에서 태어난 알 부하리(al Bukhari, 810~870)의 본명은 무하마드 이븐 이스마일 알 부하리입니다. 알 부하리는 '부하라 출신'이라는 뜻으로, '호라즘 출신'이라는 뜻의 알 호라즈미(알 콰리즈미)와 같이 후대 사람들은 본명보다 출신지로 부르는 경우가 종종 있습니다.

알 부하리는 하디스 연구의 권위자입니다. 하디스는 이슬람에서 코란 다음으로 중요한 책이지요. 무함마드가 말하고 행동한 것이 기록되어 있습니다. 무슬림은 알라의 말씀인 코란과 더불어, 하디스에 기록된 무함마드의 언행을 삶의 기준으로 삼습니다. 그런데 하디스는 코란과 달리 구전되었기 때문에 분파에 따라 서로 다른 하디스를 만들어내기도 했고 유대교나 기독교 또는 그리스 철학에서 유래된 잠언까지도 무함마드의 말로 둔갑하기도 했지요. 결국 서기 8~9세기에 하디스를 수집하고 검증하는 연구가 일어나며 하나의 학문 체계로 발전하게 됩니다.

알 부하리는 16세에 메카로 떠나 메디나, 예루살렘, 다마스쿠스, 바그다드 등 여러 도시에서 학자들을 만나 하디스를 수집하고 기록했습니다. 알 부하리는 16년간 1,000여 명의 학자로부터 60만 조항의 언행을

이맘 알 부하리 기념박물관의 정면과 측면. 정면에서 책등이 보이게 펼친 책을 이슬람의 상징인 초승달이 에워싼 모양이다.

수집하고 부하라로 돌아왔습니다. 몇 년에 걸쳐 무함마드의 제자가 누구에게, 또 그 제자의 제자가 누구에게 말했다는 식으로, 전승된 증거가 확실한 7,275조항의 하디스를 장별로 구분하여 기록했습니다. 846년경 그렇게 완성된 『사힛 알 부하리』라는 하디스 모음집은 수니파의 6종류의 표준 하디스 모음집 중 가장 권위 있는 것이 되었답니다.

그래서인지 이맘 알 부하리 기념박물관은 책등이 보이게 펼쳐진 책을 초승달이 에워싼 모양입니다. 이슬람의 상징인 초승달이 하디스 모음집을 감싸고 있다고 할까요.

초승달 모양의 기념관은 원기둥을 어슷하게 잘라 가운데를 파낸 모양입니다. 이런 단면은 흔히 볼 수 있습니다. 음료수병은 원기둥 모양이니 탁자에 세워놓았을 때 음료수가 보여주는 원기둥의 단면은 원입니다. 쉽게 상상할 수 있지요. 그렇다면 음료수병을 기울여 마실 때 길게 누운 음료수 모양은 어떤 모양일까요? 어떤 입체의 단면은 요리할 때 흔히 볼 수 있습니다. 원기둥의 단면은 오이나 가래떡을 어슷하게 썰면 나오는 모양이기도 합니다. 바로 타원이지요. 예전에는 설날 전에 방앗간에서 받아 온 가래떡이 적절하게 굳기를 기다렸다가 썰곤 했습니다. 그래서 집집마다 타원의 길쭉한 정도가 달랐지요.

원기둥을 어슷하게 자르면 타원이 된다는 사실을 사람들이 처음 알게 된 건 언제일까요? 기록에 따르면 기원전 4세기에 살았던 고대 그리스의 메나이크모스와, 그로부터 100여 년 후에 살았던 아폴로니오스가 밝혔다고 합니다. 이들이 원뿔곡선(원, 타원, 포물선, 쌍곡선)을 연구하기 시작했습니다. 별로 쓸모없는 곡선이었다가 17세기에 갈릴레오가 물체는 포물선을 그리며 날아간다는 사실을 알아내고, 케플러가 행성의 궤도가 타원임을 밝히면서 인간의 역사 안으로 쑥 들어온 곡선입니다.

원기둥을 어슷하게 잘라 달의 궤도인 타원을 만들고 가운데를 파내어 초승달을 상징하는 건물을 설계하다니, 책과 타원과 초승달의 조화가 발길을 붙잡습니다.

이맘 알 부하리 기념박물관의 조화에 탄복하고 있는 사이에 일행들은 벌써 저만치 가버렸습니다. 일행을 따라가는 길이 몹시 정갈합니다. 보도블록이 깔끔하게 깔린 넓은 광장에 나무가 띄엄띄엄 한 그루씩 심겨 있습니다. 거의 구형에 가깝게 다듬은 나무 둘레에는 정팔각형으로 벽돌을 둘러놓았습니다. 둥그런 나무 하나에 정팔각형 하나씩, 적막함이 풍깁니다.

원기둥과 원뿔의 단면

입체도형을 평면으로 자르면 그 단면의 모양이 어떤 도형인지 알아보자. 먼저 원기둥을 평면으로 자르면 아래 그림과 같이 원, 직사각형, 타원 세 종류가 가능하다. 단면이 밑면에 평행한 경우는 원, 수직인 경우는 직사각형, 어슷한 경우는 타원이 된다.

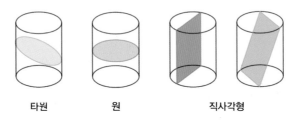

타원   원   직사각형

원뿔의 경우, 단면이 밑면에 평행한 경우는 원, 수직이면서 꼭짓점을 지나면 삼각형, 모선과 평행하면 포물선이 된다. 원뿔을 어슷하게 자르는 경우 그 각도에 따라 타원이나 쌍곡선이 된다.

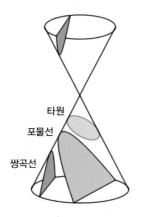

타원
포물선
쌍곡선

원뿔을 잘랐을 때 생기는 곡선을 '원뿔곡선'이라고 하는데, 식으로 다루지 못했던 고대 그리스에서 원뿔을 잘라 표현하여 붙은 이름이다. 원뿔곡선이 식으로 표현된 것은 근대 이후이다. 원뿔곡선은 모두 이차식으로 표현되어 '이차곡선'이라고도 한다.

높고 웅장한 아르크 성

이맘 알 부하리 기념박물관에서 동쪽으로 얼마 떨어지지 않은 곳에 있는 아르크 성으로 가는 길입니다. 그 길 중간에 볼로 하우즈 모스크가 있습니다. 지금까지 본 모스크 중에 가장 화려합니다. 여름 사원으로 사용하는 곳이지요. 정면은 길쭉한 직사각형 모양의 피슈타크입니다. 목각 기둥 20개가 지붕을 받치고 서 있습니다. 목각 기둥은 기단도 나무이고 꼭대기 부분은 마치 우리 궁궐이나 사찰의 공포처럼 화려하게 조각되어 있습니다. 이런 장식을 '무하르나스'라고 합니다. 언뜻 보기에는 그리스, 로마에서 가장 화려했던 코린트식 기둥과 비슷하게 보이기도 하지만 완전히 다른 방식으로 디자인한 것입니다(무하르나스의 기하학적인 원리에 대해서는 이것을 가장 화려하게 사용한 사마르칸트에서 살펴보겠습니다). 여름 사원의 문 뒤로는 겨울 사원으로 사용하는 실내입니다. 커다란 돔을 하나 이고 있습니다.

볼로 하우즈 모스크는 1712년에 지은, 부하라의 칸이 예배드리던 모스크라고 하는데, 원래는 이 모습은 아니었답니다. 1917년에 목각 기둥이 추가되었고 마당의 작은 미나렛도 세워졌다고 합니다. 부하라 칸국이 러시아 보호국이 된 것은 히바 칸국과 같은 1873년이니 그다음의 일이지요. 아, 그리고 하나 더. 볼로 하우즈 모스크 옆에 연못이 하나 보입니다. 하우즈(حوض)는 페르시아어로 '연못'이라는 뜻입니다.

넓은 공원이 펼쳐진 길 건너 저쪽에 아르크 성이 보입니다. 아르크가 '성'이라는 뜻이니 그냥 아르크라고 하는 것이 맞겠네요. 하지만 보통 아르크 성이라고 하니, 이 책에서도 그렇게 하겠습니다. 아르크 성이 지어

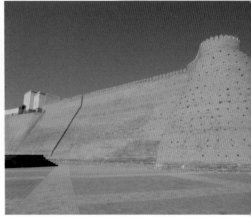

부하라 아르크 성 입구와 오른쪽 성벽. 500년경부터 성곽 안에 사람들이 살았다. 성벽 위에 보이는 흰색 건물은 궁전의 일부라고 추측한다. 아랍, 몽골, 러시아 등의 침략으로 여러 번 개축했다. 지금은 성의 입구 쪽 일부만 남아 있다.

진 시기는 정확히는 알 수 없지만 500년경에는 이미 사람들이 살고 있었답니다. 궁전과 조로아스터교 불의 사원, 행정 구역, 군인들의 구역이 있었고, 마을의 주요 기능도 모두 성곽 안에 들어와 있었다고 하지요.

성의 정문은 두 개의 흙빛 굴다스타 사이에 있는, 2층으로 된 흰색 아치문입니다. 별로 길지 않은 오르막길을 따라 올라가 아치문을 지나니 양쪽으로 몇 개의 방이 보이는데, 예전엔 죄수를 가두어놓았던 곳이 지하까지 이어져 있었답니다.

입구를 지나자 너른 광장과 함께 건물들이 펼쳐집니다. 정면에 보이는 건물은 환영실이고 왼쪽은 주마 모스크, 오른쪽은 대관식도 열렸던 넓은 연회실입니다. 주마 모스크로 먼저 갔습니다. 나무 기둥들이 받치고 선 이완이 소박합니다. 나무 기둥에는 화려한 조각이 없습니다. 위쪽에만 채색 없이 나무 색깔의 무하르나스가 조각되어 있어 흰색 벽면과 어울려 정갈한 소박함만 은은히 풍깁니다. 이완 그늘에는 어김없이 상인들이 앉

아 있습니다. 아름다운
문양의 접시와 같은 그
릇과 수를 놓은 장식용
직물들, 상인이 없는 유
적지는 없습니다.

모스크 안은 코란 박
물관입니다. 네 개의 목
각 기둥이 높은 천장을
받치고 섰고 주위를 한

주마 모스크. 나무 기둥과 흰색 벽면의 모스크가 소박하
고 정갈하다.

바퀴 돌며 놓여 있는 유리장 안에는 코란이 있습니다. 미흐라브의 8겹
로제트를 둘러싼 캘리그라피가 멋스럽습니다. 코발트색 바탕에 흰색 글자
가 시원합니다. 한쪽에는 민바르가 놓여 있습니다.

주마 모스크 옆으로 돌아가니 마당이 펼쳐집니다. 흰색 벽이 마당을
둘러싸고 있어 그 너머를 볼 수 없습니다만, 성 북쪽에는 무너진 성벽이
복구되지 않은 채 있고 동쪽으로는 발굴되지 않은 황무지로 넓게 남아
있습니다.

옆에 있는 구(舊)총리 관저로 갑니다. 예전에는 '쿠슈베기'라고 했던 총
리와 많은 관리들이 일하는 공간이었습니다. 지금은 자연 박물관으로 사
용되고 있습니다. 여러 전시물 사이에서 재미있는 그림을 발견했습니다.
다른 사진들은 우즈베크어, 러시아어, 영어로 세 번 설명된 것과 달리 이
그림만 우즈베크어, 러시아어 두 가지로 설명되어 있습니다. 그렇지만 그
림과 22라는 수만 봐도 딱 짐작이 되는 그림입니다. 구글 번역기에 입력
해보니 예상한 대로입니다. 하지인 6월 22일과 동지인 12월 22일에 태양
의 고도를 설명한 그림입니다. 한옥의 처마 길이가 동지에는 햇빛이 방

안 깊숙이 들어오게, 하지에는 툇마루까지만 들어오게 설계된 것처럼 천문학이 발달했던 이들도 이완의 지붕 길이를 계산했음이 틀림없습니다.

환영실은 아치 통로로 되어 있습니다. 중요한 외교 사절들이 오면 티무르나 러시아 대사가 여기까지 마중 나왔다고 합니다. 회반죽을 칠한 흰색 아치 통로를 지나 대관식이 열렸던 연회실로 왔습니다. 이곳에서 열렸던 마지막 대관식은 알림칸의 대관식이었다고 합니다. 러시아 보호국이 된 이후인 1910년에 열렸으니 1897년에 환구단에서 열렸던 고종의 황제 즉위식만큼이나 비장하지 않았을까 합니다.

연회실 피슈타크를 통과하자 키보다 조금 높은 흰색 벽이 가로막습니다. 이 벽 앞에서 방문객들은 데리고 온 노예나 신하들을 두고 들어와야 한다는 표식입니다. 입구 오른편에서는 이슬람인들이 쓰는 모자인 쿠피를 쓴 남자가 색색의 목걸이와 노리개 같은 장신구를 팔고 있습니다. 깊게 팬 주름살, 초록색 쿠피와 흰 머리와 흰 수염, 그리고 노란색, 초록색 장신구 색깔이 잘 어울립니다.

안에는 넓은 마당과, 나무 기둥 회랑이 마당의 삼면을 둘러싼 풍경이 펼쳐집니다. 히바의 나무 기둥은 모두 몸통 전체에 화려한 목각 무늬를 입고 있었는데, 부하라의 기둥은 몸통은 나무를 깎은 그대로이고 윗부분의 무하르나스만 조각되어 있습니다. 더구나 정면 이외의 옆쪽으로 늘어선 나무 기둥에는 무하르나스도 없습니다. 부하라에 온 지 얼마 안 됐지만, 확실히 히바와는 다릅니다. 목각보다는 여기 피슈타크의 안쪽처럼 채색 타일의 아라베스크 무늬와 캘리그라피가 더 많이 등장할 것 같습니다.

피슈타크의 안쪽에 아름다운 문양이 있는 이유는 당연히 칸이 옥좌에 앉으면 바라보는 정면이기 때문일 겁니다. 저기 있는 옥좌는 당연히 복제품이지요. 진품은 이곳의 박물관 유리장 안에 있습니다.

대관식이 열렸던 연회실. 안쪽에서 보는 피슈타크에는 아라베스크 무늬와 캘리그라피의 채색 타일이 화려하다.

피슈타크의 아치에는 식물 문양이 화려하고 그 위로는 술루스체로 보이는 캘리그라피가 두 줄 새겨 있습니다. 쿠파체 캘리그라피와 별팔각형 문양이 휘장처럼 이 모든 것을 ㄷ자로 둘러싸고 있습니다. 자세히 보면, 피슈타크에 있는 5개의 별팔각형은 쿠파체 캘리그라피로 채워져 있습니다. 여행이 중반에 이른 지금, 다른 글자는 못 읽어도 알라, 즉 신이라는 글자는 읽을 수 있습니다. 저기 별팔각형을 이루는 정사각형 안에 새겨진 쿠파체 캘리그라피에도 알라라는 글자가 보입니다.

알라의 아랍어 글자. 쿠파체와 그 변형

오른쪽 뒤편은 하렘이 있던 곳입니다. 성문 밖에서 올려다보이는 곳이지요. 지금은 일부만 남아 박물관으로 사용되고 있어요. 칸의 옥좌와 옷들이 걸려 있는 복식 박물관에는 러시아 사진작가가 찍은 알림칸과 고위 관리의 사진도 걸려 있습니다. 옷을 잘 차려입었지만 쇠락해가는 나라의 통치자인 것을 드러내듯 분위기가 밝지 않습니다. 도자기 박물관에는 여러 종류의 도자기가 있습니다. 러시아에서 찻물을 끓일 때 사용한다는 거대한 주전자 사모바르도 유리장에 비친 제 키와 비슷한 크기로 위엄 있게 서 있습니다.

아르크 성을 돌아보는 데 걸린 시간은 너무 짧았습니다. 허무하게 느껴질 정도였어요. '지붕 없는 박물관'이라고 할 정도로 보존이 잘된 이찬 칼라의 기억이 너무 생생한 탓이겠지요. 아르크 성은 부하라에서 가장 오래된 건축물입니다. 부하라의 통치자들이 1,000년 넘게 살았던 곳이지요. 현재의 모습을 갖춘 것은 16세기입니다. 둘레가 약 790m, 넓이는 4만m² 정도 되는 크기로 칸의 집무실이나 하렘은 물론 조로아스터교의 불의 사원도 있었고, 고급 관리들의 집무 공간과 목욕탕, 모스크까지 수십 개의 건물이 있었다고 합니다. 아르크 성은 7세기 이슬람의 침략, 13세기 몽골의 침략 등 주변의 침략으로 여러 차례 개축되었지만, 지금과 같이 80% 정도 파괴된 것은 1920년 러시아와의 전쟁 때문입니다. 러시아의 포격만이 아니라 부하라의 아미르도 불을 질러 성채를 파괴하며 퇴각했던 탓이지요.

그래서 아르크 성을 돌아보는 데는 미처 다리가 아플 새가 없습니다. 밖에서 보았던 성벽의 위용과는 사뭇 다른 규모니까요. 성안에 황무지로 남아 있는 공간은 볼 수 없습니다. 건물로 막히고 흰 벽으로 시야를 막아놓았습니다. 막힌 벽 앞에서 생각합니다. 이븐 시나가 감탄했던 도서관은 어디쯤 있었을까요?

사만 왕조에서 시작된 부하라의 전성기인 서기 1,000년을 전후하여 알 파라비, 이븐 시나, 오마르 하이얌 등 위대한 학자들이 앞서거니 뒤서거니 하면서 이 성곽 안에서 학문의 꽃을 피웠습니다. 이곳에 있던 거대한 도서관에 대해 이븐 시나는 다음과 같은 기록을 남겼습니다.

나는 이 도서관에서 전에는 알지 못했던, 내 인생에서 한 번도 본 적이 없는 그런 책들을 발견했다. 나는 그것들을 읽었고 그 학자들과 학문에 대해서 알게 되었다. 내 앞에는 상상도 하지 못한, 지식의 깊은 곳으로 들어가는 영감의 문이 놓여 있었다.

이븐 시나가 왕궁 도서관에 출입할 수 있게 된 것은 16세 때의 일입니다. 사만 왕자의 병을 낫게 해준 덕분이었지요. 이븐 시나는 이미 의사를 가르치는 의사였습니다. 철학, 신학, 법학, 자연학, 의학 등 여러 분

부하라를 대표하는 의사이자 철학자인 이븐 시나가 환자를 진료하고 있다.

이븐 시나. 타지키스탄의 20소모니 지폐

야에서 스승을 넘어선 천재로 명성도 자자한 터였지요. 이븐 시나는 20세가 넘은 이후에는 글을 쓰기 시작했습니다. 지금 전해지는 책은 242권이라고 합니다.

젊은 시절은 부하라와 호라즘에서 보냈지요. 알 비루니와 함께 마문 아카데미에서 찬란한 시절을 보내기도 했고요. 그러나 그의 생애는 평탄하지 않았습니다. 사만 왕조의 멸망과 함께 가문은 몰락하고 정착할 곳을 찾아 떠돌았습니다. 여러 곳을 떠돌다가 부와이 왕조가 통치하는, 지금의 이란 중서부 하마단에 정착했다가 부와이 왕조가 멸망하자 다시 후원자를 찾아 중앙아시아와 페르시아를 떠돌았습니다. 이븐 시나는 신의 율법을 이성적으로 논증하는 철학자였습니다. 이성과 신앙, 그리스 철학과 코란을 조화시킨 사상가였지요. 그러나 능동적인 지성만이 신을 제대로 인식할 수 있다고 한 그의 논리는 비판받았습니다. 이성으로 이슬람 신앙을 위협한다고 비난받기도 했습니다. 이븐 시나는 때로는 옥에 갇히기도 하고 죽음의 문턱까지 가기도 했습니다. 그러다 왕실의 귀빈이 되기도 했지요. 의술 덕분이었습니다. 그래서 지금은 우즈베키스탄만이 아니라 그가 머물렀던 이란, 타지키스탄에서도 이븐 시나를 자국의 위인으로 여깁니다. 크고 작은 왕조들의 잦은 명멸 속에서 연구 환경을 확보하기 위한 학자들의 고된 자구책의 흔적이라고나 할까요. 그나마 학문의 언어가 아랍어로 통일되어 있었던 것이 나라 잃은 학자의 수고를 조금이나마 덜어주었을까요?

이븐 시나의 대표작은 『치유의 서』와 『의학 정전』입니다. 부와이 왕조의 호의로 안정을 찾은 하마단에서 두 책의 저술을 시작했지요. 『치유의 서』는 철학 백과사전과 같은 책입니다. 『의학 정전』은 12세기에 라틴어로 번역되어 18세기까지 유럽의 의과 대학에서 교과서로 사용되었습니다. 지금의 분류법에 따르면 생리학, 위생학, 병리학, 치료학, 약물학을 다룬 의학 백과사전으로 동서양 의학에 가장 큰 영향력을 끼친 책으로 평가받습니다. 이슬람 의학은 불교의 전파 경로를 따라 중국에 전해져 많은 영향을 미쳤고 13세기에 몽골이 세운 원나라 때는 대량으로 이슬람 의학이 들어왔습니다.

이븐 시나가 위대한 사람이었다는 말보다 더 솔깃할 만한 이야기가 있습니다. 우리나라의 국민 술이라고 하는 소주의 기원을 거슬러 올라가는 이야기입니다. 발효주만 마시던 우리나라에 소주가 들어온 때는 고려 말이지요. 중앙아시아까지 정복했던 몽골이 세운 원나라에서 수입되었습니다. 그 소주는 혼합물을 연구하던 이븐 시나가 처음으로 발명한 알코올 증류법을 원나라에서 응용하여 만든 것입니다. 이븐 시나는 최초로 알코올을 소독제로 사용한 의사이기도 합니다. 그러니 소주의 쓴맛을 즐기는 사람은 이븐 시나가 폭풍같이 지식을 흡입한 부하라의 도서관을 찾아 그를 기리고 싶지 않을까요?

칼란 미나렛이 서 있는 광장

성문 밖으로 나오면 길 건너에 전망대로 사용되는 철제 탑이 있습니다. 이 탑을 세운 러시아의 엔지니어이자 건축가인 블라디미르 슈호프의 이름을 따서 '슈호프 탑'이라고 합니다. 슈호프 탑은 1927년부터 3년 동안 지은 급수탑입니다. 이 급수탑은 1979년에 불에 탔는데, 철거당하지 않고 전망대로 거듭났다고 합니다. 이 급수탑의 윤곽은 쌍곡선입니다. 지금은 흔하게 볼 수 있는 쌍곡선 건축물의 시작입니다. 철제 버팀대를 수평 수직이 아닌 어슷한 방향으로 세워 쌍곡선을 만들었지요. 옆에

아르크 성 앞 슈호프 탑. 철골을 어슷하게 이은 쌍곡면 모양으로 전망대 사용되고 있다.

키가 더 큰 사각 구조물은 엘리베이터입니다.

급수탑은 증기 기관차 때문에 등장했습니다. 물을 끓일 때 발생하는 증기로 움직이는 증기 기관차가 달리기 시작하자 기차역에는 급수탑이 설치되기 시작했지요. 중간중간 물을 공급해주기 위해서입니다. 영화나 책에서 달리는 기차에서 치익치익 수증기가 뿜어져 나오는 광경을 본 일이 있지요? 열차의 보일러실에서 몇몇 사람이 얼굴에 검댕을 묻힌 채 석탄을 계속 퍼 넣고 있는 장면도요. 증기 기관차는 그렇게 석탄을 계속 퍼붓고 물을 끓여야 달릴 수 있습니다. 그러니 이번 기차역에서 물을 충분히 공급받을 수 있도록 급수탑이 설치되어 있는 거지요.

지금 우리나라에 철도 문화재로 지정되어 있는 급수탑은 콘크리트로 지은 원통형이 많습니다. 벽돌로 지은 것도 몇 개 있습니다. 급수탑 아래쪽에는 우물이 있습니다. '급수정'이라고 하는, 멀리서 끌어온 물을 가둬 두는 곳이지요. 급수탑이라는 말이 낯설면 물탱크를 생각하면 되지요. 우물 대신 상수도를 설치해서 사는 요즘은 곳곳에서 물탱크를 볼 수 있으니까요. 건물 옥상에 파란색으로 칠해놓은 둥근 통.

아르크 성을 끼고 걷습니다. 아르크 성의 위용은 역시 밖에서 볼 때가 제격입니다. 거대하게 높은 성벽이 극히 일부만 복원된 성안의 초라한 모습을 감춰줍니다. 왼쪽으로 돌아서자 부하라 시를 동서로 관통하는 길입니다. 저 앞에 칼란 미나렛이 보입니다.

칼란 모스크를 지나 광장으로 들어섭니다. 칼란 미나렛은 칼란 모스크와 미르 아랍 마드라사 사이의 광장에 있습니다. 넓지 않은 광장 끄트머리에 온몸을 흙빛 벽돌로 감싼 칼란 미나렛이 보입니다. 히바의 미나렛이 채색 타일로 화려했다면 이 미나렛은 오로지 벽돌로만 만들어낸 문양이 다채롭습니다. 멀리서 볼 때는 그저 흙빛 미나렛의 선이 아름답구나, 생각했는데 가까이 다가가니 무늬를 바꿔가면서 올라갑니다. 탑은 14층이라는데, 원형 띠의 모양을 하나씩 세다가 어디까지 셌는지 놓쳐버립니다. 벽돌이 만드는 문양에 취했나 봅니다.

꼭대기에 있는 창의 위쪽으로 무하르나스도 기품 있게 화려합니다. 마치 우리나라 사찰에서 볼 수 있는, 채색 없이 섬세한 조각으로만 화려하기 그지없는 공포를 보는 듯합니다. 칼란 미나렛으로 이어진 칼란 모스크의 담장도 마찬가지입니다. 벽돌로 아치 문양을 만들고 벽 하나하나마다 벽돌 쌓는 방법에 변화를 주어 색다른 문양을 새겨 넣었습니다. 이스마일 사마니 영묘에서부터 그랬지요. 부하라는 오로지 흙빛 벽돌 하나만으로도 감탄을 터뜨리게 합니다.

서쪽으로는 칼란 모스크, 동쪽으로는 미르 아랍 마드라사가 있는 광장 끝에 칼란 미나렛이 있다.

소박하게 아름다운 칼란 미나렛에서는 하루 다섯 번의 예배 시간을 알리는 아잔 소리가 어김없이 울려 퍼졌을 겁니다. 밤이면 꼭대기에 있는 16개의 창에 사막을 오가는 대상들에게 길을 안내해주는 등대 역할을 하는 불을 밝혔을 테고요. 그리고 미나렛의 또 하나의 기능, 사형수들을 자루에 넣어 탑 아래로 집어 던지는 곳이기도 했습니다. 벽돌이 깨끗하게 깔린 적막한 광장이 품고 있는 이야기입니다.

칼란 미나렛은 중앙아시아에서 이슬람을 받아들인 최초의 튀르크계인 카라한 왕조(840~1212년)가 1127년에 지은 것입니다. 중앙아시아에 있는 수십 개의 미나렛 중 대부분이 카라한 시대에 지어졌다고 할 만큼 건축에 열성적인 왕조였다고 합니다. 타슈켄트에서 언급한 바와 같이 지금의 중앙아시아의 모태가 된 나라이기도 하고요. 칼란 미나렛에는 재미있는 이야기도 전해집니다. 칭기즈칸이 이 지역을 점령했을 때 닥치는 대로 건물을 파괴했으나 이 탑만은 파괴하지 않았다고 합니다. 칭기즈칸을 '머리 숙이게 한 멋진 탑'이기 때문이랍니다. 칭기즈칸이 탑을 올려다보느라 떨어진 모자를 줍기 위해 머리를 숙이게 되었다고. 사실인지 알 수 없는 이야기이나 칭기즈칸이 보존하라고 명령할 만큼 깊은 인상을 받은 것만은 사실이겠지요.

칼란 모스크 안으로 들어섭니다. 건물로 둘러싸인 ㅁ자 모양의 넓은 안뜰이 우리를 맞아줍니다. 1만 명이 넘는 신자들이 한꺼번에 예배를 볼 수 있는 크기라고 합니다. 건물은 막힌 공간이 아닙니다. 안뜰을 향해 열려 있는 회랑 형식입니다. 건물 안쪽으로 들어가면 하얀 회벽에 기둥이 쭉 이어집니다. 햇빛 아래 있을 때보다 훨씬 시원합니다.

안뜰에는 모스크에 비해서 작은 나무가 한 그루 있습니다. 가까이 가니 나뭇잎에 손이 닿지 않을 정도로 큽니다. 500살은 가뿐히 넘겼을 이 뽕나무가 없었다면 안뜰의 풍경이 얼마나 심심했을까 싶습니다. 기단에 걸터앉아 그늘을 즐깁니다.

뽕나무 반대편으로 푸른 돔이 있습니다. 돔은 아랍어로 '꿉바'라고 하는데, 평화를 상징합니다. 칼란 모스크는 칭기즈칸에게 점령당하기 전에는 목조 사원이었다고 합니다. 지금의 모습은 부하라 칸국의 샤이반 왕조 때인 1514년에 갖춰졌다지요. 샤이반 왕조는 푸른 돔과 채색 타일을 사용하기 시작한 티무르 제국을 멸망시키고 부하라에 가장 화려한 건축물을 남긴 왕조입니다. 돔 앞에는 팔각 탑이 있습니다. 탑이라기보다는 작은 건물처럼 보입니다. 칭기즈칸이 침략했을 때 희생된 아이들을 기리는 추모탑이랍니다. 멀리서 볼 때는 벽돌만으로 지은 탑인가 했는데, 가까이 가서 보니 한 면은 채색 타일로 장식되어 있습니다. 아, 저 글자는 알아보겠어요. 아치 위에 쿠파체로 쓰인 글자 중에 알라, 무함마드가 눈에 보입니다.

모스크를 나와 다시 칼란 미나렛이 있는 광장으로 나왔습니다. 정면에 파란 하늘 아래 푸른빛 돔을 두 개 거느리고 있는 미르 아랍 마드라사의 피슈타크가 웅장합니다. 건물 양 끝의 굴다스타에는 다른 곳과는 달리 돔이 없습니다. 나중에 보니 부하라의 굴다스타에는 대체로 돔이 얹혀 있지 않았습니다. 아마도 언젠가 무너져 내렸겠지만, 이대로도 절

칼란 모스크의 내부는 아치문으로 뚫려 있는 긴 회랑이다.

제된 아름다움으로 보입니다. 이곳은 소련 시절에 유일하게 운영된 신학교로 중앙아시아 곳곳에서 많은 이들이 배움의 길을 찾아왔다고 합니다. 지금도 신학교로 사용되고 있어 틈새로만 기웃거려봅니다.

미르 아랍 마드라사도 샤이반 왕조가 군림한 1536년에 완공되었기 때문인지 다른 건물보다 화려합니다. 미르 아랍 마드라사의 회랑을 마감한 벽돌이 고귀한 화려함을 이끕니다. 짙은 갈색과 밝은 황색의 벽돌을 섞어 돔의 중앙을 향해 꺾인 곡선처럼 올라갑니다. 벽면의 중간부터 솟아난 흰색 선들이 사각 벽이 어느 틈에 둥근 돔 모양으로 바뀌었는지 알아차리기 힘들게 돔 중앙으로 시선을 잡아끕니다.

이슬람 건축물은 아치를 빼놓고는 이야기할 수가 없습니다. 건물은 프랙털처럼 크고 작은 이완을 조합하여 만들어놓은 모양이고 그 이완은 아치 곡선으로 완성됩니다. 미르 아랍 마드라사에서도 마찬가지입니다. 피슈타크의 커다란 아치 안에는 작은 아치를 품은 이완이 6개 들어가

칼란 모스크의 팔각 추모탑. 칭기즈칸에게 희생된 아이들을 기리는 탑으로 한 면만 채색 타일로 장식되어 있고 캘리그라피 안에는 알라와 무함마드라는 글자가 보인다.

있습니다. 옆으로 늘어선 이완에도 이완 하나마다 아치가 있고 그 아래 마슈라비야와 나무로 된 문이 있습니다. '마슈라비야'는 나무로 짠, 바람이 통하는 창을 말합니다. 나무를 촘촘히 배치하여 짰기 때문에 간격을 조정하여 구멍을 작게 할 수도, 크게 할 수도 있지요. 내부와 외부를 적당히 차단하면서, 구멍 덕분에 창문을 열지 않고도 밖을 살필 수 있고 바람도 통하고 빛도 들어오는 창입니다. 우리나라 옛날 곳간에도 이와 같은 형태의 창이 있었지요.

이슬람 건축물에 있는 아치는 서양의 것과는 생김새가 다릅니다. 서양의 것은 둥글게 보이는데, 이곳의 아치는 둥글다가 뾰족합니다. 이런 아치는 어떻게 그리는지 궁금하지 않은가요?

아치는 절반으로 나누면 서로 대칭입니다. 그러니 곡선의 모양의 절반만 자세히 보지요. 꼭대기에서 가장자리로 흘러내리는 곡선은 거의 직선에 가까울 정도이고 곡선 부분이 끝나는 쪽에 오면 급하게 둥글려집니다. 이런 곡선을 그리기 위해서는 크기가 다른 원이 필요합니다. 건물의 모든 아치 모양이 똑같지는 않겠지만, 기본적으로는 원리는 같습니다.

이완의 전형적인 모양. 아치 아래 마슈라비야와 나무 문이 있다.

미르 아랍 마드라사 서쪽 문. 이슬람 건물에는 아치가 무척 많다. 아치 바로 아래 마슈라비야와 출입문이 있다.

이슬람 건축물의 아치 그리기

먼저 아래 그림에서 파란색 점을 중심으로 하는 파란색 원을 점선으로 크게 그린다. 이 원의 반지름 위에 중심이 있고 반지름의 끝을 지나도록 빨간색 원을 작게 그린다. 그중 실선 부분만 택하면 아치의 절반이다. 이 것을 축에 대칭시키면 아치 곡선 전체가 된다.

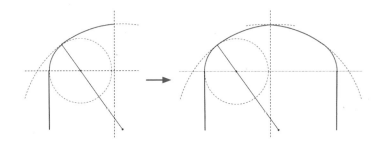

아치 곡선의 둥글기를 조정하려면 파란색 원의 중심의 위치를 바꾸면 된다. 아래 그림과 같이 이 중심이 축에 가까이 오면 아치 곡선이 납작해 지고 축에서 멀리 떨어지면 뾰족해진다.

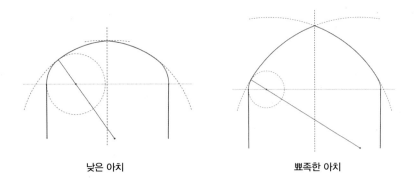

낮은 아치   뾰족한 아치

삶의 교차로, 타키

미르 아랍 마드라사를 지나면 바로 타키 자르가론이 보입니다.
타키는 '지붕'이라는 뜻의 타지크어인데, 둥근 지붕으로 된 시장을 말합
니다. 타지크어는 페르시아어의 한 분파입니다. 벽돌로 만들어진 둥근
돔은 하나가 아닙니다. 크고 작은 돔들이 이어진 커다란 덩어리가 시장
입니다. 그 안에 넓은 공간도 있고 길이 갈라지면서 사방으로 열려 있어
교차로의 역할도 하지요.

시장은 부하라의 역사입니다. 부하라의 시장은 지붕이 높아 실크로드
를 지나는 대상들은 낙타를 탄 채 시장으로 들어왔다고 합니다. 중앙아
시아의 낙타는 중동 지역과는 다르게 쌍봉낙타가 주를 이뤘는데요, 단
봉낙타보다 추위에 강하고 산골짜기에서도 잘 걷기 때문이라고 하지요.
낙타 한 마리에 250kg 정도의 짐까지 실었다니 낙타 수백 마리로 이루
어진 중간 규모의 대상단은 항구에 쌓여 있는 컨테이너 여러 개에 실을
정도의 짐을 운송할 수 있었다는 말입니다. 지도를 보면 부하라는 톈산

타키는 둥근 돔이 여러 개 이어져 있는 모양이다. 돔 중앙에는 통풍 겸 채광을 위해 구멍이 뚫려 있다.

산맥을 중심으로 톈산 북로와 톈산 남로가 만나는 지점에 있습니다. 낙타를 수백 마리, 수천 마리 이끌고 수개월을 걸어온 대상들. 뜨거운 사막을 지나왔으니 지칠 대로 지친 낙타에게도 그늘이 필요했을 테지요. 아니, 그보다는 낙타에 실은 짐을 부리기 위해 낙타를 시장 안으로 데리고 들어와야 했을까요? 어쨌든 높은 지붕을 갖춘 시장은 부하라의 상징이 되었습니다.

욥의 샘에 걸려 있는 목욕탕 지도. 19세기에 20개의 목욕탕이 있었다.

부하라는 칭기즈칸에게 약탈당한 후, 13세기 후반까지도 다시 회복하지 못했습니다. 그러나 티무르 제국 아래서, 우즈베크 유목민 부족인 샤이반이 왕국의 수도로 삼으면서 점차 옛 명성을 회복해나갔습니다. 대상들의 교역장, 시장들이 늘어섰으며, 대상들의 숙소인 카라반 사라이는 수십 개가 되었고, 공중목욕탕도 길거리마다 즐비했다고 합니다.

낙타를 탄 채 들어가는 시장, 타키

지금 남아 있는 타키는 세 곳입니다. 타키 자르가론에서 남쪽으로 내려가면 타키 텔파크 푸루숀이 있고 더 남쪽으로 내려가면 타키 사라폰이 있습니다. 세 곳의 현판에 쓰인 문장에는 모두 XVI이라는 숫자가 보입니다. 구글 번역기를 돌려보니 '16세기부터 국가의 보호를 받았다'고 번역해주네요. 샤이반 왕조 때 세워졌나 봅니다.

타키마다 취급하는 주요 품목이 달랐습니다. 우리나라에서도 큰 규모의 재래시장마다 주요 품목이 달랐지요. 한약 약재를 사려면 경동

새 모양의 가위는 부하라의 특산물이다. 길게 뻗은 새 부리가 얇은 철판을 자를 정도로 상당히 잘 든다.

시장으로, 제빵 관련 물품을 사려면 방산 시장으로, 건어물이나 한복을 사려면 광장 시장으로 가는 식이었어요. 이곳에서는 타키 자르가론은 금은 보석, 타키 텔파크 푸루숀은 모자나 모피, 타키 사라폰은 환전을 위한 교역소였습니다. 지금은 실크, 카펫, 접시 등 관광객을 대상으로 한 기념품 판매가 그 특징을 삼켜버렸지만요.

가장 먼저 타키 자르가론으로 들어갑니다. 건물 바깥부터 기념품들이 즐비합니다. 입구 위쪽에는 캔버스 천에 아라베스크 무늬를 수놓은 화려한 천과 가방, 직물 공예품을 줄줄이 걸어 놓았습니다. 행거와 가판대 위에도 겹겹이 놓여 있어요. 조금 높게 설치한 행거에는 실크로 만든 긴 원피스가 우아함을 뿜내고 있습니다. 실크의 고장답습니다. 탁자 위에, 땅바닥에 부하라의 건축물을 새긴 크고 작은 장식 접시가 깔려 있습니다.

부하라의 특산물은 가위입니다. 매우 날렵한 모양을 한 새 모양의 가위입니다. 상인이 가위로 얇은 철판을 자르는 시범을 보일 정도로 매우

타키 자르가론에서 악기를 파는 상인. 상인이 직접 시연해주는 악기의 음색이 매우 특이했다.

잘 만들어진 가위입니다. 부리를 쳐들고 있는 암수 한 쌍이 매우 이뻐 보입니다.

　기념품 중에 가끔은 다시 만나기 어려운 것도 있습니다. 여기 악기가 그랬지요. 아주 오래전부터 중앙아시아인들은 현을 활로 켜서 음악을 연주했다고 합니다. 바이올린이 중앙아시아에서 유래했다고 말하는 학자도 있으니까요. 아마 이 현악기도 부하라의 특산품이었나 봅니다. 부하라에 두 군데 정도 있었는데, 다른 도시에서는 보기 어려웠습니다. 생김새도 독특하고 한 귀에 반해버릴 정도로 음색이 좋았습니다. 살까 말까 망설이는데, 저걸 가져가면 애물단지만 되겠지라는 마음이 이겼지요. 그런데 이름도 기억하지 못하는 그 악기를 다시 보기 어려웠습니다. 유튜브를 보면서 배우면 된다며 과감하게 그 악기를 산 일행이 부러웠어요. 돌아오는 비행기에서까지 그 음색이 귓가에 맴돌 정도로 아쉬웠어요.

압둘 아지즈칸 마드라사. 벽돌이 드러나 있지만 당시의 화려함을 짐작하기엔 부족함이 없다.

타키 자르가론을 나오면 넓은 광장 동쪽으로 거대한 건물 두 개가 마주 보고 있습니다. 울루그 베그 마드라사와 압둘 아지즈칸 마드라사입니다. 울루그 베그 마드라사는 티무르 제국을 세운 티무르의 손자인 울루그 베그가 1420년에 완공한 건물입니다. 부하라를 이슬람 세계의 중심 문화 도시로 만들려는 티무르 제국의 포부를 담아 지은 건물이지요. 아쉽게도 세월의 흔적을 지우지 않은 채 방치되고 있습니다. 압둘 아지즈칸 마드라사도 마찬가지입니다. 17세기에 지어진, 당시에는 사마르칸트의 것들처럼 몹시 화려하게 지어진 흔적이 역력합니다. 비록 피슈타크의 채색 타일도 깨져나가고 벽돌이 드러나 있고, 양옆 2층으로 늘어선 이완에도 채색 타일은 흔적도 없지만요.

타키 자르가론에서 타키 텔파크 푸루숀까지는 거리가 200m 남짓, 짧습니다. 길 양편으로 상점이 늘어서 있습니다. 길은 석낭히 좁아서 좌우로 기웃거리며 양편 상점을 모두 구경할 수 있지요. 기념품 품목은

타키 자르가론과 타키 텔파크 푸루숀 사이의 상점. 정면에 보이는 돔이 타키 텔파크 푸루숀이다(왼쪽).
타키 자르가론과 타키 텔파크 푸루숀 사이 거리(오른쪽)

대체로 비슷비슷하지만 조금씩 다르기도 합니다. 장식 접시는 도시마다 약간씩 특징이 있습니다. 도시의 건물이나 풍경을 담은 탓도 있지만, 히바의 것이 투박하고 소박하다면 부하라의 것은 조금 더 세련된 느낌입니다.

카펫이나 천에 수를 놓은 직물 공예품은 가는 곳마다 엄청나게 많이 있습니다. 곳곳에 카펫 박물관, 카펫 시장이라는 현판이 붙어 있습니다. 타키 자르가론에서 타키 텔파크 푸루숀 쪽으로 몇 발자국 가면 나오는 팀 아불라칸도 카펫 시장입니다. 타키처럼 크고 작은 돔 여러 개로 만들어진 건물이지만 타키처럼 교차로에 있지 않고 마드라사처럼 길옆에 있습니다. 그래도 중앙의 가장 큰 돔 아래 공간에는 바닥은 물론 주변 벽까지 온통 카펫입니다. 기둥과 아치 모양의 벽감에까지 휘황찬란한

팀 아불라칸. 카펫과 실크 직물을 판다.

카펫들이 서 있거나 누워 있습니다. 여기에서도 타키처럼 동서남북, 네 방향으로 길이 열려 있어 아무 데로나 나갈 수 있지요.

카펫은 손바닥만 한 장식용 소품부터 큰 거실에 깔아도 충분할 만큼 큰 것까지 다양합니다. 길게 걸어 벽을 장식하기 좋은 것들도 있고, 모양도 정사각형, 직사각형, 원 등 각양각색입니다. 부하라의 카펫은 흔히 생각하는 바닥에 까는 두꺼운 것만 있지 않습니다. 실크로 짠 것도 있습니다. 실크로 짠 카펫이라니. 보이는 아무 나무나 가리키면 뽕나무일 정도로 양잠이 아주 오래전부터 발달한 지역이니 카펫도 실크로 짤 만하지 않은가요? 카펫이라기보다는 예술품입니다. 오래 걸리는 것은 몇 달에 걸쳐 짜기도 한답니다.

사실 우리나라는 카펫을 까는 문화가 아니지요. 여름엔 벽지가 뜰 정도로 습하고 겨울엔 장판 밑에서 올라오는 뜨거운 온돌을 만끽해야 하니 카펫은 어울리지 않습니다. 제가 카펫에 처음 관심을 갖게 된 것은 아라비안나이트 때문입니다. 바로 그 하늘을 나는 양탄자! 예전에는 카펫이라는 말보다는 양탄자라는 말을 더 많이 사용했지요. 양탄자에 올라타고 하늘을 날아서 순식간에 이동하는 장면에서는 어느새 제 몸도 같이 양탄자에 올라타 날아가고 있었지요.

타키에서 타키로

타키 텔파크 푸루숀에 거의 다 오면 아주 소박한 모스크가 하나 있습니다. 황금빛 현판에 16세기에 세워진 '보조리코드 모스크(Bozori Kori Mosque)'라고 쓰여 있습니다. 우즈베크어, 러시아어, 영어 그렇게 세 언어로. 나무 지붕을 목각 기둥 하나가 받치고 선 소박한 이완에는 카펫이 걸

타키 텔파크 푸루숀의 전등. 옆에서 보면 사각뿔이 거꾸로 매달린 모양이지만 밑에서 보면 정사각형이 엇갈리면서 커져 별팔각형 모양을 만든다.

려 있습니다. 모스크가 카펫 상점이 되었습니다.

모자나 모피 전문 교역소였던 타키 텔파크 푸루숀에 들어섰습니다. 높은 아치문 아래 털로 만든 모자와 하늘하늘한 실크 여름 블라우스가 함께 걸려 있습니다. 전대를 찬 아주머니가 편의점 바깥에서 흔히 볼 수 있는 파란색 플라스틱 의자에 앉아 있습니다. 무료한지 휴대 전화를 들여다보고 있습니다.

타키 텔파크 푸루숀의 천장이 특이합니다. 둥근 돔 중앙에서 늘어뜨린 전등은 사각뿔 틀에 들어 있습니다. 철로 만든 사각뿔에 몇 개의 뼈대가 더 있다고 생각했는데, 전등 바로 밑에서 쳐다보자 모양이 달라집니다. 6개의 사각형이 정확하게 90도씩 엇갈리며 별팔각형 모양을 만들어내고 있습니다. 똑같은 크기의 2개의 사각형이 별팔각형을 만듭니다. 그래서 점점 커지는 별팔각형이 3개입니다. 이곳 부하라는 기하학적 문양이 벽에만 있지 않고 허공에도 매달려 있는 곳인가 봅니다.

터만 남은 카라반 사라이와 목욕탕

타키 텔파크 푸루숀의 남쪽 출구로 나오면 도로 가운데 섬처럼 조성된 녹지가 보입니다. 건너편 낮은 담장 안쪽에 뭔가가 있는지 사방팔방으로 화살표를 단 이정표가 서 있습니다. 길을 건너 다가가자 길 아래쪽으로 몇 미터 낮게 돌로 얼기설기 구획된 터가 보입니다. 우즈베키스탄 국립고고학 아카데미의 연구자들이 발굴했다는 안내판이 서 있습니다. 땅 밑에 파묻혀 있던 터를 발굴했기에 지면보다 몇 미터 내려간 낮은 곳에서 모습을 드러낸, 사막을 오갔던 대상들의 숙소, 카라반 사라이와 목욕탕 터입니다. 이제는 터만 남아 있지만, 길거리마다 있었던 대상들의 숙소와 목욕탕에는 한때 왁자하게 활기가 넘쳤겠지요.

그 옆은 육각형 돔이 아름다운 마고키 아타리 사원입니다. 마고키 아타리 사원은 언제 지어진 것인지 정확한 기록은 없습니다. 몇 개 안 되는, 몽골 침략 이전의 유적입니다. 시간이 흐르면서 불교, 조로아스터교, 이슬람교가 모두 사원으로 사용한 흔적이 각기 다른 지층에서 발굴되었습니다. 시간에 따라 지면의 높이가 달라졌기 때문이지요. 19세기에 지진으로 묻혔다가 몇십 년 후에 발굴되었습니다. 이 사원이 벽돌 문양의 남쪽 입구를 비롯한 지금의 모습을 갖춘 것은 칼란 미나렛이 지어진 12세기 카라한 왕조 때이고 동쪽 피슈타크는 그 이후인 1546년 무렵에 증축된 것이라고 합니다. 오랜 시간 동안 부하라의 정신세계를 모두 담은 곳이라니 부서져 내린 벽돌, 퇴색한 캘리그라피가 오히려 고색창연하게 보입니다. 이곳도 지금은 카펫 박물관으로 사용되고 있습니다.

마고키 아타리 사원과 라비 하우즈는 건물 하나를 사이에 두고 있지

대상들의 숙소와 목욕탕 터. 왼쪽 사진의 돔은 바로 옆에 있는 마고키 아타리 사원이다.

만, 먼저 남쪽으로 보이는 타키 사라폰으로 방향을 잡았습니다. 라비 하우즈에서 더위도 식힐 겸 쉴 계획이라 그렇기도 하지만 오래된 도시를 보려면 지그재그로 다닌 건 어쩔 수 없지요. 직진만 하다가는 도시를 몇 바퀴를 돌게 될 수도 있을 거예요.

타키 사라폰이 환전을 위한 교역장이었던 흔적은 이제는 없습니다. 길목에는 눈이 휘둥그레지게 문양이 다양한 도자기 접시들이 바닥에 진열된 채 손님을 기다리고 있습니다. 타키 안으로 들어가자 실크 옷을

마고키 아타리 사원의 남쪽 문 오른쪽 벽면. 이스마일 사마니 영묘와 같이 벽돌로 문양을 만드는 기법으로 건축되었다.

타키 텔파크 푸루숀에서 타키 사라폰으로 가는 길. 바닥에 놓인 도자기 접시가 손님을 기다리고 있다(왼쪽). 타키 사라폰(오른쪽)

파는 가게, 카펫을 파는 가게가 차례로 있습니다. 붉은 카펫을 잔뜩 걸어놓기도 하고 쌓아놓기도 한 가게 앞 탁자에 쿠피를 쓴 아저씨가 앉아서 뭔가를 하고 있습니다. 탁자 위에는 카펫 조각과 큰 가위뿐, 아마도 카펫 수선을 하고 있나 봅니다.

우즈베키스탄에서 손을 쓰는 일은 아주 당연합니다. 카펫도 손으로 짜고 수도 손으로 놓습니다. 나무도 손으로 깎습니다. 구멍이 규칙적으로 뚫린 나무로 만든 필통은 정말 아름다웠습니다. 공업이 발달하지 않아 공산품은 비쌉니다. 플라스틱 그릇, 연필, 공책, 우리에겐 흔한 이런 것들이 우즈베키스탄에서는 매우 고가의 물품입니다. 그래서인지 우즈베키스탄 학생들은 필기를 안 한다고 합니다. 안 하는 게 아니라 필기할 공책을 마련하기 힘든 거지요. 어려서부터 쓰지 않고 보면서 공부하는 것에 익숙하다는 말입니다. 공부하려면 일단 연필부터 손에 쥐는 저로서는 상상이 안 되는 일이지만, 사실 예전의 공부는 그랬지요. 읽고 외우고 그랬지요. 책을 소리 내어 읽으면 눈으로 볼 때와는 다른 기운이 생겨나는 걸 느끼시나요?

대상들의 쉼터, 라비 하우즈

타키 사라폰을 나와 다시 지그재그로 걸어 라비 하우즈 쪽으로 갑니다. 하우즈는 '연못'이라는 뜻입니다. 라비 하우즈에서 칼란 미나렛까지는 직선거리로는 500m 정도입니다. 길을 모르더라도 지도를 손에 들고 동서남북 방향만 잡고 이리저리 걷다 보면 관광객이 가야 할 곳은 모두 쉽게 찾을 수 있지요. 부하라는 그렇게 걸어서 다닐 수 있는 도시 박물관입니다.

가장 먼저 만난 건물은 나디르 디반베기 카나카입니다. 여행하는, 세상을 떠돌아다니며 수행하는 이슬람 수피교도들을 위한 숙소였습니다. 수피즘은 중앙아시아에서 유독 발전한 이슬람 신비주의입니다. 수백 년간 유목민으로 살아오면서 불교, 조로아스터교까지 거친 이들이 받아들인 이슬람은 중동의 이슬람과는 다를 수밖에 없었겠지요.

13세기 즈음 중앙아시아에는 이미 수피즘이 광범위하게 퍼져 있었습니다. 수피즘은 아랍어를 몰라도 신과 직접 소통하여 세속적인 근심을 떨쳐버리는 신비주의, 신과의 신비한 결합을 통해서 고통과 절망으로부터 개인의 해방을 보장받는 신비주의인데, 수피즘은 낯설어도 수피 댄스는 들어본 적이 있을 겁니다. 긴 치마를 입고 제자리에서 빙글빙글 도는 단순한 춤인데, 점점 속도가 붙어 무아지경에 빠지면서 신과 영적인 교감을 한다고 하지요. 수피즘은 금욕과 고행을 중시하기 때문에 세상을 떠돌면서 수행하기도 하는데, 나디르 디반베기 카나카는 수피

나디르 디반베기 카나카. 대상들의 숙소였다. 지금은 도자기 박물관이다(왼쪽). 호수를 사이에 두고 나디르 디반베기 카나카와 마주 보고 있는 나디르 디반베기 마드라사(오른쪽)

교도들이 머물다 가는 숙소였답니다.

연못을 사이에 두고 동쪽에는 같은 이름의 마드라사가 있습니다. 두 건물은 1620년대에 이것을 지은 당시 부하라 칸인 이맘 쿨리칸(Imam Quli Khan, 1611~1642년)의 외삼촌인 나디르 디반베기의 이름을 땄다고 합니다. 두 건물 모두 숙소로 지어졌다고 보는 의견도 있답니다. 대부분의 마드라사는 네 면에 피슈타크가 있는 구조이고 입구에서는 안쪽이 보이지 않습니다. 그런데 나디르 디반베기 마드라사에는 피슈타크가 하나밖에 없고, 그 앞에 서면 안이 훤히 들여다보입니다. 이 피슈타크도 나중에 건축된 것이라고 하니 숙소보다는 마드라사가 더 필요해서 완공 즈음에 개조했다고 해석할 만합니다.

나디르 디반베기 마드라사에는 더 특이한 것도 있습니다. 사람 얼굴의 형상을 한 태양을 향해 두 마리의 새가 날아오르는 문양이 피슈타크에 새겨져 있습니다. 이슬람에서는 전통적으로 인간이나 동물의 형상을 묘사하지 않는 금기가 있는데 어찌 된 일일까요?

17세기 초 자니 왕조[또는 투카이 티무르 왕조(Tuqay-Timurids)]에서는 이 금기를 지키지 않는 풍조가 생겼나 봅니다. 칸의 권력이 신을 넘보았던 걸까요? 발톱으로 동물을 움켜쥐고 있는, 고대 이란의 신화에 등장하는 '시무르그'라는 불사조가 태양을 향해 날아오르는 대칭 구조!

나디르 디반베기 카나카와 나디르 디반베기 마드라사 두 건물을 지으면서 연못도 팠습니다. 바로 라비 하우즈입니다. 연못 주변에는 뽕나무가 많습니다. 거칠고 뒤틀어진 생김새로 보아 매우 오래된 고목임을 알 수 있는 것도 몇 그루 됩니다. 뽕나무와 물의 향연입니다.

욥의 샘에 있던 전시물 중에 호자 가우쿠산 하우즈 사진이 있었습니

나디르 디반베기 마드라사의 피슈타크. '시무르그'라는 불사조 두 마리가 사람 얼굴 형상의 태양을 향해 날아오르고 있다.

다. 19세기 말 그 연못 주변에 사람들이 있는 모습을 찍은 흐릿한 사진이었지요. 호자 가우쿠산 하우즈는 타키 사라폰에서 서쪽으로 가까운 거리에 있는데, 미나렛, 사원, 마드라사가 모두 있는 호자 가우쿠산 복합단지의 중앙에 있습니다. 라

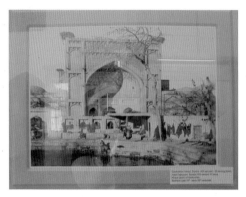

욥의 샘에 걸려 있던 호자 가우쿠산 하우즈 사진

비 하우즈에도 비슷한 광경이 펼쳐지지 않았을까요? 더러는 연못에 발을 담그기도 했을 테고, 더러는 주변 계단 뽕나무 그늘에 앉아 땀을 식히기도 했겠지요.

우리 일행도 라비 하우즈 주변을 차지한 식당에 앉았습니다. 식당 건물과 연못 사이에 차양을 친 곳에 앉았어요. 그늘진 탁자에 앉아 연못의 운치를 즐길 요량이었지요. 차양은 반투명한 플라스틱이 아니라 나무 구조물에 카펫을 얹은 모양입니다. 덕분에 실내로 들어간 듯 햇볕의 뜨거운 기운이 완전히 차단되었습니다. 차림표를 보면서 시원한 음료수를 고르고 있는데, 위에서 안개처럼 고운 물방울이 뿌옇게 흩어져 내렸습니다. 광화문 광장에서 지하도로 내려가는 경사로 난간에서 이런 경험을 한 적이 있어요. 난간에 일정한 간격으로 설치된 노즐에서 물방울이 뿜어져 나왔지요. 물방울을 맞으면 시원해서 더 맞고 싶었답니다. 여기 차양에도 비슷하게, 노즐이 아래를 향해 설치되어 있습니다. 뿌옇게 흩어지는 물방울이 얼굴에, 팔에 닿으니 시원하기 그지없습니다.

메뉴판에는 과일주스가 없었습니다. 히바에서 마신 멜론이나 수박을

라비 하우즈 전경. 주변에 뽕나무가 많다.

라비 하우즈 서쪽의 카페. 여름엔 차양에서 물이 뿌려져 시원하다.

갈아 만든 시원한 주스가 없다니. 차선으로 택한 것은 에이드였습니다. 한참을 기다린 끝에 탁자에 놓인 에이드에는 뜻밖에도 향신료로 쓰이는 잎이 들어가 있었습니다. 잘게 잘려서. 저는 음식에 넣는 향신료를 좋아하는 편입니다. 우리나라의 베트남 쌀국숫집에서는 "고수 많이 주세요." 라고 주문하곤 했습니다. 그래서 호기롭게 벌컥 마셨는데, 도저히 넘길 수 있는 향이 아니었습니다. 손톱만 한 이파리들을 건져내기 시작했습니다. 음료수에 향신료를 넣을 것이라고는 예상하지 못한 일행들도 모두 곤혹스럽게 에이드 잔만 바라보았습니다. 세상은 그렇게 참 넓습니다.

연못을 따라 한 바퀴 걷기 시작했습니다. 큰길 건너 북쪽에 있는 쿠켈다시 마드라사를 거쳐 숙소로 돌아갈 예정입니다. 연못을 향해 쓰러질 듯 잎을 드리우고 있는 뽕나무는 이곳이 실크로드임을 다시 확인시켜줍니다. 식당 건너편 쪽으로 오자 낙타 모형도 있습니다. 쌍봉낙타 세 마리가 일렬로 앉아 있습니다. 새끼 낙타를 거느린 어미 낙타도 있습니다. 비록 조형물이지만 부하라의 갈색 낙타는 순식간에 우리를 태우고 사막으로 가버립니다.

나디르 디반베기 마드라사 앞 잔디밭에는 커다란 나무들이 심어져 있습니다. 그 나무들 사이로 두 손을 치켜든, 모양새가 범상치 않은 동상이 하나 보입니다. 13세기 중동과 중앙아시아 지역에서 지혜로운 해학을 상징하는 호자 나스레딘입니다. 그도 수피교도입니다. 수피교도들을 위한 숙소 앞에 기념하기 좋은 인물이지요. 고개를 왼쪽으로 꼰, 귀가 얼굴만큼 긴 나귀는 뭔가 못마땅한 듯합니다. 나귀에 올라탄 호자 나스레딘은 웃음기 넘치는 얼굴로 오른손은 가슴에 대고 왼손은 엄지와 검지를 맞붙인 채 위로 들어 올리고 있습니다. 맨발에 반쯤 벗겨진 신발에서 자유로움이 피어납니다. 풍자 정신의 상징이라더니 동상을 보는 것만으로도 긴장이 풀리면서 마음 깊은 곳에서 대범한 기운이 스멀스멀 올라옵니다.

그는 당대 사회의 부조리를 풍자한 현자로 우리나라에도 호자 나스레딘의 일화가 담긴 책이 출판되었습니다. 워낙 넓은 지역에서 전설처럼 전해지는 인물이라 일화가 약간씩 다르지만, 아미르 티무르와 얽힌 이런 일화가 있습니다.

아미르 티무르와 호자 나스레딘이 길에서 만났을 때, 아미르 티무르가 물었답니다. "내가 이 지역을 다스리고 나서는 페스트가 생기지 않았네. 어떻게 생각하는가?" 호자 나스레딘은 대답했습니다. "신의 은총입니다. 신은 한 곳에 두 가지 불행을 동시에 보내지 않습니다." 이 이야기는 플라톤과 디오게네스의 일화를 떠올리게 합니다. 디오게네스는 대낮에 등

나디르 디반베기 마드라사 앞의 호자 나스레딘 동상

불을 들고 '참'사람을 찾아다녔다는 키니코스학파의 그 사람이지요. 어느 날, 디오게네스가 상추를 씻고 있는 것을 본 플라톤이 말했습니다. "자네가 디오니시오스 왕의 비위를 맞췄다면 이렇게 상추나 씻고 있지는 않을 텐데." 디오게네스가 대답했습니다. "당신이 나처럼 상추를 씻었더라면, 굳이 디오니시오스 왕의 비위를 맞추지 않아도 됐을 텐데."

풍자와 해학은 삶을 낯설게 보기에서 출발하지요. 관습에 얽매이지 않고 기존 질서에 주눅 들지 않을 때 가능합니다. 호자 나스레딘이 남긴 여러 가지 일화는 잘 모르지만, 저 표정은 오래도록 기억하고 싶습니다.

나디르 디반베기 마드라사에서 길을 건너면 쿠켈다시 마드라사가 있습니다. 라비 하우즈 건물들보다는 조금 이른 샤이반 왕조 1569년에 완공되었다고 합니다. 약 160개의 방이 있어 300명 정도의 학생을 수용할 수 있다니 매우 큰 규모입니다. 라비 하우즈를 바라보고 있는 남쪽 면의 방들은 역시 기념품 판매소로 사용되고 있습니다.

쿠켈다시 마드라사 안으로 들어가자 돔이 만드는 높고 널찍한 통로가 펼쳐졌습니다. 이곳의 돔은 벽돌을 쌓아 만들어 장엄하게 화려합니다. 별이 일주하듯 둥글게 중앙으로 모이는 천장도 있고, 별빛이 부서지듯 지그재그로 꺾이면서 중앙으로 모이는 천장도 있습니다. 어떤 천장이든 주변부에 갈색 테두리가 만드는 상승 곡선이 있어 우주의 밤하늘을 보는 듯한 환상을 품게 합니다. 돔이 우주를 상징한다더니, 실내에서 보는 우주입니다.

다시 길을 되짚어 칼란 미나렛 쪽에 있는 숙소로 돌아오는 길은 여유롭습니다. 오면서 보았던 유적도 더듬어 다시 보고, 길거리에 흔하게 서 있는 오래된 듯한 건물도 다시 봅니다. 부하라는 유적들을 모르고 지나치기 딱 좋습니다. 보존 상태가 안 좋은 것도 꽤 있고, 호텔 등 다른 용도로 사용되고 있는 것도 있기 때문입니다. 호텔이라는 팻말이 큼지막하게 붙어 있으면 유적이라는 생각을 하지 못하고 지나치기 일쑤이지요.

유적을 상점이나 호텔로 사용한다는 건 우리나라에서는 생각하기 어렵습니다. 가끔 지방에 가면 큰 한옥을 게스트 하우스로 사용하는 경우가 더러 있지만, 일단은 아무도 살지 않으면서, 아무 용도로도 사용하지 않으면서 관리하고 보존하는 유적에 익숙합니다. 그런데 이곳 우즈베키스탄에서는 다릅니다. 거칠게 말하면, 방치되어 있든지 사용하든지. 어느 쪽이 바람직한지 판단하기는 어렵지만, 사용하면서 보존하고 있는 쪽에 마음이 가는 건 사실입니다.

쿠켈다시 마드라사 정문(왼쪽) 카펫 상점으로 사용되고 있는 정문 왼쪽 방(오른쪽)

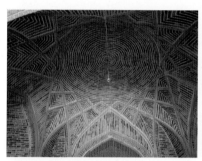
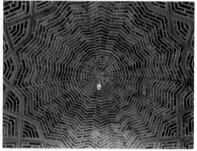

쿠켈다시 마드라사의 돔 천장 무늬

쿠켈다시 마드라사 안에도 상점이 늘어서 있다. 입구에 앉아서 인형과 필통 등에 직접 칠을 하며 기념품을 만드는 상인도 있다.

새벽 기차 소동

오늘 저녁 식사는 식당과 극장을 겸한 큰 규모의 식당에서 실크를 소재로 한 현지 공연을 보면서 먹기로 했습니다. 건물 정면에는 'RESTORAN, The Theater of Silk'라는 글자가 큼지막하게 붙어 있습니다. 입구에는 기둥을 즐비하게 박아 한껏 멋을 냈는데, 그보다 더 눈길을 끈 것은 바닥의 보도블록입니다. 보도블록은 넓은 평면을 채워야 하므로 규칙적인 문양을 사용하는 것은 기본이지요. 그러니 곡선 모양의 보도블록은 보기 어려운데, 여기의 것은 회오리 같기도 하고 표창 같기도 해서 자세히 보게 되었습니다.

보도블록 타일 한 개의 모양은 정사각형 중심에서 바나나 같은 모양이 사방으로 펼쳐진 모양입니다. 이런 모양은 중심에 대해서 90도씩 회전하면 같은 모양입니다. 즉, 90도 회전대칭이 있습니다. 타슈켄트의 물

공연은 실크 옷을 멋지게 차려입은 모델들의 패션쇼로 시작해서 춤과 연주와 극 공연을 포함하는 종합 예술이었다. 모든 공연을 관통하는 것은 실크 패션이다.

고기 보도블록과 같이 평면을 만드는 문양 17가지 중에서 90도 회전대칭, 한 가지만 있는 구조이지요. 그런데, 정사각형 타일 하나를 평행이동시키면 옆의 타일과 모양이 같지 않습니다. 모든 타일은 이웃한 타일과 선대칭입니다. 그렇게 해서 언뜻 보면 둥글둥글한 모양으로 보입니다. 이런 보도블록을 작업할 때에는 선대칭인 노란색 타일 네 개를 묶으면 단위 문양이 됩니다. 이것을 평행이동시키듯 붙여나가면 됩니다.

둥글게 반복되는 보도블록을 보니 부여에 갔을 때, 놀랐던 일이 생각납니다. 보도블록은 사각형 모양만 있는 줄 알았는데, 연꽃무늬, 용무늬 보도블록이 깔려 있었지요. 부여에서는 백제의 문양이 깔린 길거리에 반했었지요. 이곳에서는 기하학적 아름다움에 반했습니다.

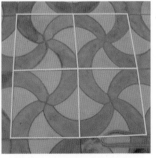

식당 겸 실크 공연장. 건물 앞 보도블록의 규칙적인 문양이 아름답다. 노란색 정사각형 네 개는 선대칭이고, 정사각형 네 개를 합한 것이 단위 문양이다. 단위 문양을 평행이동시키면 보도블록을 채울 수 있다.

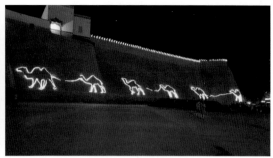

밤이면 칼란 미나렛에도, 아르크 성벽의 낙타들의 행렬에도 불이 켜진다.

내일 새벽이면 부하라를 떠납니다. 낮의 도시와 밤의 도시가 다르니 짐을 싸두고 새로운 마음으로 숙소를 나섭니다. 태양이 지평선 너머로 내려앉은 여름밤의 시원한 기운을 기대하며 칼란 미나렛으로 향합니다.

칼란 미나렛 광장에는 이미 많은 사람이 나와 여름밤을 즐기고 있습니다. 조명을 받는 미나렛은 낮보다 더 커 보이고 신비롭습니다. 저 불빛 아래서 아라비안나이트를 낭독한다면 정말 어울릴 밤입니다.

이번에는 아르크 성으로 갔습니다. 모퉁이를 돌자 넓은 광장이 어둡게 펼쳐졌습니다. 광장에는 뜻밖에도 전동 퀵보드가 한 줄로 늘어서 있었습니다. 대여용인가 봅니다. 광장을 둘러싼 찻길에서 불빛들이 휙휙 지나갑니다. 길 건너편 슈호프 탑의 쌍곡선 불빛이 화려합니다. 아스팔트로 둘러싸인 광장은 아직 한낮의 열기가 완전히 식지 않았습니다. 오래된 도시에서 이런 만남은 익숙하지 않습니다. 히바의 이찬 칼라에서와 같이 한적한 밤을 즐기기에 아르크 성은 적당하지 않습니다. 광장에 앉은 사람들 틈에 끼어 앉아 불빛과 어둠 틈으로 오래전의 부하라의 모습을 더듬었습니다. 차도 없고 전동 퀵보드도 없던 옛날의 부하라.

부하라에서 어둠이 짙게 깔린 새벽에 숙소를 나섰습니다. 4시 55분에 출발하는 새벽 기차를 타야 합니다. 중반을 넘어선 일정에 조금 지쳐 있는데 꼭두새벽에 일어났으니 가방을 끄는 손에 별로 힘이 없습니다. 기차역에 도착하여 기차에 가방을 싣고 한숨 돌립니다. 푹신한 좌석에 몸을 누이는데, 저쪽에서 다급한 목소리가 들립니다. 이 기차가 아니랍니다. 어둠이 어슴푸레 깔린 플랫폼에서 난리가 났습니다. 너나없이 달려들어 기차에서 우리 일행의 짐으로 보이는 것은 모두 끌어 내립니다.

그렇게 기차는 떠나버렸습니다. 우리가 탈 기차는 한 시간 후에 오는 거랍니다. 아침 시간은 5분이 얼마나 길게 느껴지는데, 한 시간이라니……. 아쉽게 젖히고 일어난 이부자리가 다시 생각납니다. 침대도 없고 이불도 없이 아이들과 어떻게 한 시간을 보내나, 궁리합니다. 그래, 퀴즈 잔치를 열자.

아이들이 기차역 앞 계단에 옹기종기 앉았습니다. 급하게 가방을 끌어 내리는 통에 잠은 이미 달아난 지 오래입니다.

부하라에서 사마르칸트로 가는 아프라시아브 고속열차

"우르겐치 공항에 내려서 갔던 흙만 남아 있던 고대 성채는?"

토프라크 칼라 대신 도시락, 토토로 등 비슷한 이름을 주워섬깁니다. 아이들의 웃음보가 터집니다.

"히바에서 등대 역할을 했던 높은 탑 이름은?"

생각이 날 듯 말 듯 한 안타까움에 한 아이는 무릎을 두드립니다. 다른 아이는 이마를 칩니다. '미' 한 글자를 떼곤 데구루루 구르는 아이도 있습니다. 마치 그렇게 하면 몸에서 단어가 튀어나오기라도 할 듯이. 미나렛이 생각나지 않는 아이들은 또다시 비슷한 이름을 마구 댑니다. 하나라도 더 맞힐 생각에 손부터 든 아이는 막상 지명을 받으면 '미' 다음 글자를 뱉을 수가 없습니다. 결국 '미나리'라는 말에 아이들의 웃음보가 터집니다. 그렇게 기차역을 웃음으로 가득 채우는데, 사마르칸트행 기차가 도착한다는 방송이 나옵니다.

PART 5

티무르의 푸른빛 도시,
사마르칸트

현장과 혜초가 본
사마르칸트

사마르칸트 기차역에서 내려 버스를 타고 아프라시아브 유적터로 향했습니다. 하늘은 파랗고 햇빛은 쨍쨍합니다. 버스 밖 풍경은 부하라와는 확연히 다릅니다. 사마르칸트는 수도인 타슈켄트에 이어 우즈베키스탄 제2의 도시입니다. 차도 많고 길 주변에 늘어선 낮은 건물이 깔끔합니다. 큰 도시의 냄새가 물씬 납니다.

사마르칸트는 소그드인들이 사는 오아시스 도시 중의 하나였습니다. 도시 국가라고 할 수 있지요. 소그드인들이 살았던 중앙아시아 지역을 '소그디아나'라고 하는데, 사마르칸트, 부하라를 포함하는 매우 넓은 지역입니다. 그런데, 소그드인은 누구일까요? 소그드인은 '스키타이'라고도 불립니다. 주로 유라시아 대륙에서 활동한, 세계사 교과서에서 최초의 유목민 국가를 세웠다고 배웠던 바로 그 기마 민족이 스키타이입니다. 이란계 유목 민족이 다른 이민족들과 섞이면서 형성되었다고 보지요.

유목민들은 봄, 여름, 가을, 겨울 정해진 경로에 따라 옮겨 다닙니다.

기후 때문입니다. 농사를 지을 수 없으니 자연의 힘에 기대어 옮겨 다니며 목축을 하는 삶의 양식을 터득했겠지요. 그 결과 유목민들은 가축, 모피, 가죽 같은 것을 정주민에게 팔고 그들에게서 곡식과 옷감을 샀습니다. 정주민들은 농사를 지으며 한곳에 정착해서 자급자족하며 삽니다. 그렇지만 유목민들은 교역하지 않으면 살 수 없었습니다.

스키타이에게 말은 생명이었습니다. 인간이 말 위에 올라탄 것은 정말 극적인 사건이었습니다. 불을 사용한 것만큼이나, 농사를 짓기 시작한 것만큼이나, 인류 문명에 큰 변화를 가져온 사건이 아닐까 합니다. 기동력과 전투력을 바탕으로 유라시아 초원 지대와 시베리아를 누볐습니다. 페르시아와 그리스의 공예품이나 장신구를 동방에 갖다 팔고, 알타이 지방의 황금과 중국의 비단을 서방에 팔았습니다. 교역은 교역으로 그치지 않고 문화도 옮겼습니다. 그들이 다닌 길을 '초원길'이라고 하지요. 실크로드 중의 하나입니다. 그들은 몽골, 중국 등 동북아시아에 청동기 문화를 전해주었습니다. 우리나라에도 기원전 6세기경 스키타이의 청동기 문화가 전해졌습니다. 우리나라에서 출토된 단검, 말에게 씌우는 재갈, 허리띠를 죄는 동물 모양의 장식은 유목민답게 동물 모양을 본뜬 스키타이의 독특한 문화가 전해진 결과입니다. 낯선 곳이라고 생각했는데, 우리의 고대 문화에 영향을 끼친 스키타이의 땅이라니, 세상 좁다는 말이 저절로 나옵니다.

아프라시아브, 사마르칸트, 강국

언제부턴가 소그드인은 중앙아시아에 사는 스키타이를 지칭하게 되었습니다. 차창 밖으로 보이는 사람들이 소그드인지 알아볼 능력은 없지만, 우리의 현지 가이드인 사브리나는 소그드인의 후예라고 자신을 소개했습니다. 사브리나는 여기 사마르칸트가 고향이니 당연한 일이겠지만, 소그드인과 말을 주고받으며 다니다니, 생각지도 못한 일입니다. 이렇게 낯선 일이 눈앞에서 벌어지는 것이 바로 여행의 맛이겠지요.

소그디아나에는 기원전 7세기 무렵부터 도시가 형성되기 시작했습니다. 크고 작은 오아시스 도시들이 흥망성쇠하며 나타났다 사라지고 흡수되고 확정되었습니다. 거점 도시 역할을 한 오아시스 도시에는 왕이 있고 작은 오아시스 도시에는 왕은 없고 성주나 군주가 있었다고 합니다. 오아시스 도시 국가에서는 관개 농업도 했습니다. 산에서 녹은 눈을 지하 수로로 끌어오는 거지요. 구운 점토로 만든 배관을 연결하여 도시 안에까지 물을 공급했습니다. 풍부한 농산물과 품질이 좋은 상품을 생산하면서 부를 만들어냈고 장거리 무역에 나섰습니다. 실크로드를 따라 무역의 중심지로도 성장한 거지요.

소그드인의 황금기는 5~8세기라고 봅니다. 그들은 중앙아시아에서 중국으로, 소아시아로 이어지는 수많은 도로를 따라 시장을 건설했습니다. 소그디아나를 중심으로 중국, 중앙아시아 초원, 몽골 곳곳에 퍼져 국제 무역을 통해 부를 쌓아나갔습니다. 국제 무역에는 면직물, 대마, 금, 은, 구리, 무기와 갑옷, 향료, 모피, 카펫과 의류, 유리와 도자기, 장식품, 준보석, 거울이 포함되었답니다. 7세기에는 양잠의 비밀도 터득하여 중국 실크를 대체하여 자신들이 생산한 실크도 수출했습니다. 그러는 사이 사마르칸트는 소그드인의 가장 강력한 도시 국가가 되었습니다.

소그드인에 대해 쉽게 찾을 수 있는 자료는 중국의 것입니다. 5세기 넘어서 수나라, 당나라와 접촉한 기록이 있습니다. 수나라 역사를 기록한 『수서』에는 '강국'이라는 이름으로 기록되어 있습니다. 당나라와 접촉

했던 기록은 『북서』에 기록되어 있습니다. 『북서』에는 강국의 사람들이 모두 눈이 깊고 코가 높으며 수염이 많다, 그들은 장사에 능하고 여러 민족이 장사하러 그 나라에 많이 모여든다고 설명해놓았습니다. 여러 민족이 장사하러 낙타를 몰고 다니는 길이 바로 실크로드였던 거지요. 『수서』와 『북서』에 기록된 내용을 참고하면, 중국의 수나라와 당나라 시대에 소그디아나에 존재했던 도시 국가 중에 강국과 안국이 큰 세력이었지요. 강국은 사마르칸트, 안국은 부하라를 가리킵니다.

아프라시아브의 모습은 현장 스님이 기록한 『대당서역기』에도 나타납니다. 629년 당나라 수도 장안에서 출발하여 인도로 가는 길에 현장 스님은 이곳을 지나게 되지요. 주민이 많고 물자도 풍부하고 여러 나라의 진귀한 보물들이 가득하다고 적어놓았습니다. 8세기 초에는 혜초 스님이 『왕오천축국전』에 기록을 남기기도 했습니다. 불법을 구하러 인도에 다녀오는 길이었지요. 이곳 사람들이 불법을 모르고 조로아스터교를 믿고 있다고, 절은 강국에만 하나 있다고 기록을 남겼습니다.

여기 이 황량한 구릉지가 바로 현장 스님이나 혜초 스님이 본, 번성했던 강국이었습니다. 도시 국가들의 연합체 성격을 띠던 이곳은 8세기 이후 아랍 세력의 침입으로 도시가 더 확대되었습니다. 이스마일 사마니 영묘에서 회고했던 사만 왕조의 경제 수도이기도 했고 한때는 부하라에 역사적인 건축물을 많이 남긴 카라한 왕조의 수도이기도 했고 호라즘 왕조의 수도이기도 했지요.

아프라시아브의 오마르 하이얌

그 화려하던 시절에 이곳에 또 한 명의 수학자가 흔적을 남겼습니다.

바로 오마르 하이얌(Omar Khayyam, 1048~1131년)입니다. 페르시아 북동부 니샤푸르에서 태어난 오마르 하이얌은 20세에 고향을 떠났습니다. 당시 부하라와 사마르칸트는 철학, 수학, 천문학 등을 공부하는 사람에게는 동경의 장소였을 겁니다. 부하라에 온 오마르 하이얌은 이븐 시나처럼 아르크 성의 도서관에 자주 방문했다고 합니다. 22세에 사마르칸트에 온 그는 부유한 법학자 아부 타히르의 후원을 받으며 큰 업적을 남깁니다. 삼차방정식의 해법을 담은 『대수 문제의 증명에 관한 논문』을 사마르칸트에서 썼지요.

삼차방정식의 해법은 아주 오래전부터 탐구되어왔지만, 풀기가 쉽지 않습니다. 예를 들어, 간단한 삼차방정식 $x^3 = 10$의 근을 생각해볼까요? 이 방정식의 근은 세제곱해서 10이 되는 수이니 그게 얼마일까요? 쉽지 않겠지요? 다행히 고바빌로니아인들이 세제곱 표를 점토판에 남겼고 고대 그리스에서는 원뿔곡선을 이용하는 기하학적인 방법이 연구되었습니다. 오마르 하이얌은 이것을 더 발전시켰습니다.

오마르 하이얌이 왜 삼차방정식에 관심을 가졌는지에 대해 알아보려면 정확한 연대는 알 수 없지만 『대수 문제의 증명에 관한 논문』보다 먼저 쓴 것이 확실한 또 다른 논문을 참고하면 됩니다. 처음부터 제목을 쓰지 않았는지, 중간에 표지가 유실되었는지 알 수 없지만 전해지는 것만으로도 다행입니다.

이 논문은 원에서 주어진 형태로 길이의 비가 정해지는 점 R를 찾는 문제를 다룹니다. [그림 1]과 같이 원 위에 점 R를 정하고 세 점 R, H, E, 를 지나는 직사각형을 그렸을 때, 선분 AE와 RH의 길이의 비가 EH와 HB의 길이의 비와 같아지는 점 R 말입니다.

오마르 하이얌은 이 점 R를 찾기 위해서는 [그림 2]와 같이 점 R에서

원에 접선을 그을 때 선분 RE와 RH의 길이의 합이 ET의 길이와 같은 점 R의 위치를 찾으면 된다는 것을 알았습니다. 이제 문제는 변 RE와 RH의 길이를 더한 것이 빗변 ET의 길이와 같은 직각삼각형 RET를 그리는 문제로 바뀌었습니다. 원 위에서 점 R의 위치를 바꾸면 RH의 길이가 달라지므로, 이제 RH의 길이만 구하면 놀랍고도 재미있는 성질을 가진, 단 하나의 직각삼각형 모양이 밝혀지는 겁니다.

변 RH의 길이 x를 구하기 위해 조금 복잡한 계산을 하면 삼차방정식 $x^3 + 200x = 20x^2 + 2000$이 나타납니다. 이제 x를 구하여 직삼각형을 그리면 됩니다.

오마르 하이얌 시대에는 이런 삼차방정식을 일차방정식, 이차방정식처럼 대수적인 방법으로 풀지 못했습니다. 대신 오마르 하이얌은 원뿔곡선을 이용하여 삼차방정식을 푸는 방법을 발견한 것입니다.

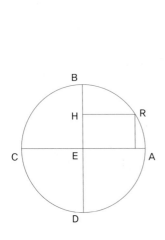

[그림 1] 오마르 하이얌은 AE:RH=EH:HB 인 원 위의 점 R을 찾는 문제를 다루었다.

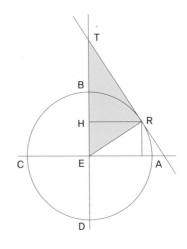

[그림 2] 직각삼각형 RET에서 RE+RH=ET 가 성립하면 AE:RH＝EH:HB이다.

그런데 이런 직각삼각형은 왜 그리고 싶었을까요? 기록에 따르면 10세기 이전부터 수학자와 장인들 사이에는 협업이 이루어지고 있었습니다. 이슬람 건축에서 보는 기하학적인 문양을 그리기 위해서는 장인들의 힘만으로는 부족했지요. 이미 타슈켄트나 히바에서 수학자와 장인들이 어떻게 협력했는지 살펴본 바 있습니다. 오마르 하이얌도 장인들과 협력했습니다. 사마르칸트를 떠나 고향인 페르시아로 돌아가서 이스파한에 머물 때도 마찬가지였습니다. 그곳 천문대의 책임자로 있으면서 관측 자료로 지즈(지즈는 천체의 위치와 운행에 관련된 계산을 포함하는 천문표를 엮은 책을 말하는 아랍어입니다)를 새로 만들고 달력을 개정하는 등 천문학자로 사는 한편, 장인들과의 협업도 계속했습니다. 장인들이 아름다운 문양을 만들기 위해 이런 직각삼각형을 원하자 오마르 하이얌은 수학적으로 정교하게 이런 삼각형을 연구한 거지요. 원을 이용해서 이런 성질을 갖는 직각삼각형을 그리면 각 E의 각도가 대략 57도 정도 되는데, 이런 직각삼각형을 이용해서 타슈켄트 바라크칸 마드라사에서 본 정사각형 분할 문양과 같은 디자인을 그려낼 수 있습니다.

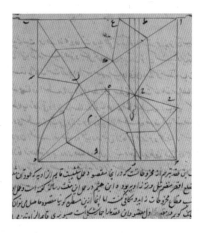

오마르 하이얌의 삼각형 작도와 그것을 활용한 디자인

오마르 하이얌은 제목이 전해지지 않는 이 논문에서 삼차방정식을 계수에 따라 14가지로 분류하고 이것들의 근을 구하는 방법을 담은 논문을 준비하겠다고 말했습니다. 그리고 사마르칸트에서 모든 삼차방정식의 해법을 담은 기념비적인 저작, 『대수 문제의 증명에 관한 논문』을 발표했지요.

당시에는 일차항은 선분의 길이, 이차항은 넓이, 삼차항은 부피라고 생각했고 음수도 사용하지 않았다는 점에 유의해야 합니다. 그 말은 양의 정수 b, c에 대하여 $x^3 + bx = c$ 와 $x^3 = bx + c$는 서로 다른 방정식이라는 말이지요. 따라서 풀이 방법도 달라질 수밖에 없었습니다. 오마르 하이얌의 천재성은 14가지로 분류한 삼차방정식마다 풀이에 적당한 원뿔곡선 두 개를 정하는 데서 발휘됩니다. 간단한 형태인 $x^3 + bx - c$는 원과 포물선을 이용해서 푸는 방법을 제시했고 나머지 경우에 대해서는 쌍곡선과 원을 이용해서 푸는 경우, 포물선과 쌍곡선을 이용해서 푸는 경우, 쌍곡선과 쌍곡선을 이용해서 푸는 경우 등 각각에 해당하는 기법을 체계적으로 제시했습니다. 근은 선분의 길이로 나타내기 때문에 당연히 양의 근만을 구할 수 있었지만, 그는 양의 근 이외에도 근이 더 있음을 언급하며 뒤에 오는 누군가가 알아낼 것이라고 말했습니다. 우리는 지금 그들이 누구인지 알고 있지요. 무려 400여 년이나 지난 뒤의 델 페로, 타르탈리아, 카르다노, 페라리가 그들입니다.

오마르 하이얌의 원뿔곡선을 이용한 풀이 방법은 대수와 기하의 연결을 시도한 아랍 수학의 흐름을 보여줍니다. 오마르 하이얌의 접근이 나중에 데카르트의 해석기하학에 영향을 주었다는 연구도 되새겨볼 필요가 있겠지요.

한편, 오마르 하이얌의 이름을 아는 많은 사람들은 그를 시인으로 기억합니다. 10세기 즈음부터 페르시아에서는 많은 시인이 4행시를 지었습니다. 그도 수백 편의 4행시를 남겼지요. 그것을 모은 시집을 『루바이야트』라고 하는데, '4행시들의 모음'이라는 뜻입니다. 19세기에 영국 시인 피츠제럴드가 영어로 번역하여 널리 알려지게 되었지요. 우리가 삶에 대해 알 수 있는 것이 별로 없지만 향기로운 꽃과 사랑하는 벗과 감미로운 포도주가 있다면 술탄도 부럽지 않다는 그의 시는 역시 수피교도답습니다.

여기 나뭇가지 아래에 빵 한 덩
어리,
와인 한 병, 시집 한 권 ─
그리고 황야에서
내 곁에서 노래하는 당신 ─
오, 이제 황야도 낙원이구나.

『루바이야트』. 피츠제럴드가 영어로 번역한 초판에 실린 사행시 XI과 설리번의 삽화

오마르 하이얌의 직각삼각형

변 RE와 RH의 길이를 더한 것이 빗변 ET의 길이와 같은 직각삼각형 RET를 그리기 위해서는 변 RH의 길이만 구하면 된다. 오마르 하이얌은 편의상 EH=10이라고 놓고 변 RH의 길이를 구했다.

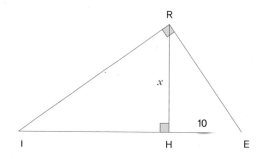

RH=x라고 하면 RE^2=x^2+100이다. 두 직각삼각형 RET와 REH에서 각 E도 같으므로 두 삼각형은 닮았다. 따라서 ET : RE = RE : EH 즉 RE^2=ET×EH이다. 다시 말하면, ET=$\frac{RE^2}{EH}$이므로 ET=$\frac{x^2}{10}$+10이다.

이제 식 RE+RH=ET를 만족하는 x를 구하기 위하여 RE=ET−RH의 양변을 제곱하면 RE^2=(ET−RH)^{2}으로 x^2+100 = $\left(\frac{x^2}{10}+10-x\right)^2$이 된다. 이 식을 정리하면 x^3+200x = 20x^2+20000이라는 삼차방정식이 나타난다.

일차항의 계수 200을 이차항의 계수 20으로 나누면 100이다. 오마르 하이얌은 10의 절반을 반지름으로 하는 원과 넓이가 일차항의 계수 200과 같은 정사각형으로부터 쌍곡선을 정하고, 이들의 교점으로부터 삼차방정식의 근을 기하적으로 찾았다. 다시 말하면, 길이가 이 근과 같은 선분 RH를 그려 원하는 직각삼각형을 그릴 수 있게 되었다.

오마르 하이얌의 삼차방정식 풀이

오마르 하이얌은 두 원뿔곡선의 교점으로 삼차방정식의 근을 구했다. 삼차방정식 $x^3+bx=c\,(b,\ c>0)$를 풀 때는 원점을 지나고 지름이 $\frac{c}{b}$인 원과 통경이 $\sqrt{b}$인 포물선을 이용했다. '통경'은 포물선의 초점을 지나고 축에 수직인 선분의 길이를 말하는데, 포물선은 통경에 의해 유일하게 결정된다. 오마르 하이얌의 풀이를 현대적 기호로 설명하면 아래와 같다.

삼차방정식 $x^3+bx=c\,(b,\ c>0)$를 풀려면 원점을 지나고 지름이 $\frac{c}{b}$인 원 $\left(x-\frac{c}{2b}\right)^2+y^2=\left(\frac{c}{2b}\right)^2$, 통경이 $\sqrt{b}$인 포물선 $y=\frac{1}{\sqrt{b}}x^2$이 필요하다. 두 원뿔곡선의 교점의 x좌표가 근인데, 현대적 좌표계로 보면 선분 OQ의 길이이다. 예를 들어, 삼차방정식 $x^3+4x=8$을 풀려면 포물선 $y=\frac{1}{2}x^2$과 원 $(x-1)^2+y^2=1$의 교점을 구하면 된다. 물론 근은 선분 OQ의 길이로 나타난다. 오마르 하이얌은 삼차방정식의 대수적인 풀이는 불가능하다고 생각하여 이와 같이 기하학적인 풀이 방법을 고안했다.

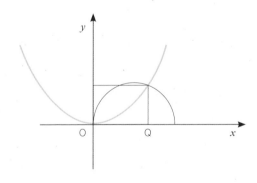

아프라시아브에서 만나는 고구려 사신

버스를 탄 지 별로 오래지 않아 창문 밖 낮은 담장 너머로 폐허 같은 허연 땅이 보이기 시작합니다. 듬성듬성 관목이 초록빛을 내보이지만, 공사하려고 파헤친 산등성이처럼 황량한 풍경입니다. 이윽고 버스가 우윳빛 웅장한 직육면체 건물 뒤편에 섰습니다. 아프라시아브 박물관 뒤편의 주차장입니다. 박물관 반대편으로 키보다 훨씬 높은 흰색 가림 벽이 시야를 막고 서 있습니다. 가림 벽 중간에 있는 문이 열려 있어 들여다보고 싶은 충동이 일어납니다. 아프라시아브 터로 들어가는 입구입니다. 해가 더 뜨거워지기 전에 유적 터를 먼저 보고 박물관에 들어가는 것이 순서이겠지요. 문 안으로 들어서자 넓고 황량하고 메마른 구릉지가 펼쳐집니다. 이곳이 아프라시아브 왕조 시대의 터입니다.

중세 아랍의 여행가인 이븐 바투타가 이곳을 방문했을 때는 호라즘 왕조가 몽골의 침입으로 멸망한 지 100여 년 후인 차가타이 칸국 시대입니다. 아프라시아브는 폐허가 되었고 남서쪽으로 1km 정도 떨어져 있는 곳에 새로운 시가지를 건설했지요. 지금의 사마르칸트 시가지입니다. 티무르 제국의 수도로 번창하게 될 곳입니다. 이븐 바투타는 그의 여행기에 이렇게 남겼습니다.

사마르칸트는 대단히 크고 아름다운 도시다. 까쐬린이라는 강가에 있는데, 수차로 화원에 물을 대고 있다. 신시 예배가 끝나면 사람들은 이 강가에 나와 산책을 즐긴다. 거기에는 앉을 자리가 많이 마련되어 있다. 또한 점포들도 있어서 과실과 기타 먹거리를 팔고 있다. 원래 강가에는 이곳 사람들의 높은 기개를 말해주는 웅장한 궁전과 건물들이 있었으나 지금은 그

대부분이 파괴되어버렸다. 도시도 마찬가지로 많이 파괴되어 성벽이나 성문은 남은 것이 없다.

사람들은 조금 떨어진 곳에 도시를 새로 만들고 다시 살아가기 시작했습니다. 시가지가 옮겨 간 후 이곳은 오랜 세월 폐허인 채 남아 있었지요. 시간의 더께가 앉으면서 흙도 덮이고 모든 것이 사라졌습니다. 그러다가 1950년대 중반부터 발굴이 시작되었습니다. 아프라시아브 유적지의 전체 면적이 2.2km²라니 그 크기가 대략 지름이 1.7km인 원과 비슷하겠네요.

지금은 초록색 풀과 누런색 풀이 듬성듬성 나 있는 메마른 구릉지일 뿐이지만 그 아래로는 1,000년 넘게 잠자고 있는 역사가 있습니다. 풀 사이로 여행자들이 밟아 길이 난 자국이 뚜렷합니다. 그 길을 따라 오늘도 한 무리의 여행자들이 걸어갑니다. 얼마 걷지 않아 주차장에서 보았던 검은색 돌로 만든 안내문과 똑같은 것이 또 보입니다. 간단한 설명과 그

버스 창밖으로 보이는 아프라시아브 유적(왼쪽). 아프라시아브 박물관 뒤쪽으로 유적지 입구가 있다(오른쪽).

아프라시아브에는 몽골인들이 돌로 깐 길이 남아 있다(왼쪽). 검은색 돌로 된 안내문과 그 너머의 아프라시아브 터(오른쪽)

림으로 이곳에서 꺾어 들어가면 발굴된 유적지라고 말해주고 있습니다.

검은 안내석을 이정표 삼아 오른쪽으로 꺾어 오르막길을 오릅니다. 소그디아나의 오아시스 도시들의 구조도 이웃 도시들과 마찬가지로 내성과 외성이 있는 구조입니다. 토프라크 칼라에서도 가장 높은 곳에 정사각형 모양으로 남아 있는 궁전 영역은 내성 안쪽이었고, 히바의 이찬 칼라도 내성의 안쪽 영역이었지요. 부하라에서 위용을 자랑하던 아르크성도 내성이었어요. 그 안쪽에 극히 일부분만 남아 있는, 왕과 고위층이 거주하던 영역을 둘러보았지요.

아프라시아브에서도 가장 높은 지역인 내성 안쪽은 왕이나 고위층이 거주하던, 도시의 중심 공간입니다. 내성과 외성 사이에는 관청, 주거지, 시장, 사원, 카라반 사라이 등 일상생활을 하는 공간이었고, 외성 바깥은 교외 주거 구역이었다고 합니다. 아프라시아브는 9세기 이후 점점 국제적인 교역의 도시로 확장됩니다. 그래서 도심 역할을 하던 내성의 남쪽에 새로운 내성을 만들고 더 크게 외성으로 둘러쌌습니다. 지금 우리가 서 있는 이곳이 바로 나중에 만들어진 내성의 안쪽, 신도심이었던 곳입니다. 결국 아프라시아브 도시 국가는 내성 두 개, 외성 두 개, 모두 네 개의 성벽으로 둘러싸인 지역이 되었습니다. 이곳 성에는 열두 개의 문이 있었는데, 네 개의 문은 위치와 이름이 전해져옵니다. 문의 이름은 국제 교역 도시답게 그 문으로 나가면 어떤 곳으로 갈 수 있는지에 따라 정해졌나 봅니다. 중국으로 가려면 중국 문, 부하라로 가려면 부하라 문, 그렇게요.

이곳 둔덕에 올라서서 주변을 둘러봅니다. 제자리에서 천천히 한 바퀴 돌며 가상 현실처럼 성벽을 세우고 궁전을 세우고 길거리에서 왁자한 사람들도 상상해봅니다. 지금은 풀과 흙으로 덮인 곳이지만 1,000년보다 긴 세월 동안 사람들로 번성했던 곳이니까요. 고고학적인 발굴은 19세기 말에 시작되었지만 옛날 토목 건축의 구조와 양식을 알 수 있는 실마리가 되는 자취와 유적들은 1965년에 사마르칸트와 타슈켄트를 잇는 도로를 건설하기 위해 사전 발굴 조사를 하는 과정에서 드러났지요. 기원전 7세기로 거슬러 올라가는 문화층도 발굴되었고, 7세기 무렵의 궁전과 사원, 주거지와 목욕탕 등 30여 개의 건물과 많은 양의 유물, 무엇보다도 관심을 끄는 벽화가 출토되었지요. 흙더미 속에서 잘려나간 벽화 조각들이 발견되었답니다. 궁전이 발굴된 곳의 위쪽 지층에서는 12세기 몽골군 침략 이전까지 존재했던 도시의 흔적도 발견되었고요.

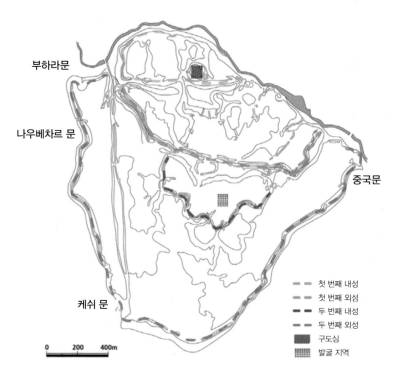

부하라문

나우베차르 문

중국문

케쉬 문

첫 번째 내성
첫 번째 외성
두 번째 내성
두 번째 외성
구도심
발굴 지역

0   200   400m

도시가 확장되면서 성벽이 증축되어 내성이 이중으로 설치되었다. 북쪽 내성에 구도심이 있고
발굴 지역은 남쪽으로 확장된 두 번째 내성 지역이다.

　그렇게 어느 정도 발굴하고 나서 아프라시아브 도시 국가는 다시 깊
은 잠에 빠져듭니다. 당국에서 제대로 복원하지 못할까 염려하여, 유물
만 박물관에 전시하고 유구는 다시 묻은 거지요. 그래서 유구는 볼 수
없고 흙과 풀로 덮인 구릉지만 보입니다. 둥글둥글하게 담장 모양으로
구획이 남은 일부 영역에서 1,000년 전의 아프라시아브 주거지를 상상
해볼 뿐입니다.

　이곳에서 가장 유명한 유물은 7세기 무렵의 벽화입니다. 동서남북 네

개의 벽면에 11m씩 그린 총 44m 길이의 커다란 벽화에 세계가 감탄했지요. 7세기 소그드인에 대해 전해지는 기록이 거의 없는 실정에서 거대한 벽화는 당시의 종교, 정치, 외교, 문화에 대한 소중한 자료를 담고 있으니까요. 일행 중의 한 명은 오로지 이 벽화를 보기 위해서 이번 여행에 참여했다고 말할 정도이니 얼마나 귀중한 유물인지 기대가 부풀어 오릅니다. 걸음을 서둘러 박물관으로 향합니다.

다시 흰색 가림 벽에 달린 문을 통과해서 아프라시아브 박물관 뒤쪽으로 나왔습니다. 건물을 돌아 정면으로 옵니다. 이 박물관은 아르메니아 건축가가 지었답니다. 당시는 우즈베키스탄과 아르메니아 모두 소비에트 연방 국가였으니 소련의 건축가라고 해야 할까요? 박물관에서 조금 물러나 건물 전체를 바라봅니다. 박물관은 사마르칸트 2,500주년을 기념하는 1970년에 완공했습니다. 건물 정면에는 2750이라는 수가 커다랗게 새겨져 있는데, 소그디아나의 역사를 생각하면 2,500년보다는 2,750년이 더 적당해 보입니다.

그 양옆으로 16명의 인물 부조가 눈길을 끕니다. 왼쪽부터 보면 첫 번째 사람은 컴퍼스를 들고 있으니 수학자를 나타낸 것 같은데, 가장 위대한 업적을 남긴 알 콰리즈미이겠지요. 병을 들고 있는 사람은 이븐 시나일까요? 이렇게 한 명 한 명 오른쪽으로 옮겨 가면서 짚어보는데, 여덟 번째 사람은 천문대 모형을 들고 있는 것을 보니 울루그 베그임에 틀림없습니다. 중앙 현관을 지나 첫 번째 사람은 알리셰르 나보이랍니다. 타슈켄트 지하철에서 만난 적 있지요. 세 번째 사람부터는 터번을 쓰고 있지 않습니다. 언뜻 지나쳤더라면 알아채지 못했을 테지요. 오른쪽에서 세 번째 있는, 손을 들고 있는 사람을 레닌이라고 말하는 인터넷 사이트를 여러 개 보았습니다. 외모가 레닌을 좀 닮기는 했지만 어울리지 않는

아프라시아브 박물관 정면. 16명의 부조가 새겨져 있는데, 오른쪽 6명은 터번을 쓰지 않은 것으로 보아 소련의 인물로 보인다.

인물이라 생각했는데, 사실은 바실리 바르톨트라고 합니다. 저에게는 그림으로만 보이는 글자를 읽을 줄 아는 사람을 만난 건 참 행운입니다. 바실리 바르톨트는 레닌과 동시대를 살았던 소련의 역사학자로 몽골 제국, 중앙아시아, 중동의 역사 연구를 한 단계 끌어올린 학자라고 합니다. 아프라시아브 박물관에 어울리는 인물입니다.

박물관 안으로 들어가니 벽화를 떼어 와 다시 재현해놓은 전시실이 바로 보입니다. 다른 전시물로 눈길을 돌릴 틈이 없습니다. 전시실 안으로 들어가면 오아시스 연합 국가 소그디아나의 7세기 모습을 그린 벽화, 특히 고구려 사신이 그려져 있다는 벽화를 볼 수 있으니까요.

조금은 떨리는 마음으로 전시장 안으로 들어섭니다. 들어가는 입구는 동쪽입니다. 생각보다 크지는 않습니다. 네 벽면에 벽화가 있습니다. 발굴 당시와 비슷한 크기의 방에 벽화를 그대로 갖다 붙였다고 합니다.

11m씩 네 면이고 동쪽에만 문이 있습니다. 1,300여 년이 지난 벽화는 많이 훼손되었습니다. 발굴 당시보다 더 흐릿해진 부분도 있다고 합니다. 이렇게 커다란, 그리고 오래된 그림을 보는 감동을 천천히 즐기려고 합니다.

벽 하나의 크기가 레오나르도 다빈치의 「최후의 만찬」과 비슷할까요? 아프라시아브 벽화가 더 길지만 훼손된 부분이 있어서 비슷하다고 보아도 될 듯싶습니다. 「최후의 만찬」은 식당 벽화로 그려진 것인데, 거의 보이지도 않을 정도로 훼손되어 복원하는 데 20년이 걸렸다고 하지요. 예전에 밀라노의 산타 마리아 델레 그라치에 성당에 있는 그 그림을 보기 위해 서울을 떠나기 전에 예약했었지요. 도착하니 한 무더기씩 입장객을 나눠 들여보내면서 딱 15분간 볼 수 있게 해줬습니다. 살짝 어둑한 전시실에 들어서자 한쪽 벽면을 가득 채운 「최후의 만찬」에만 빛이 있었지요. 신비한 느낌이 들도록 말입니다. 그때 비하면 예약도 필요 없고 관람 시간도 제한이 없어 마음이 편합니다. 더구나 동서남북 사면에 가득 찬 그림 때문인지 밀라노에서와는 다른 파장의 감동이 가슴 저 밑바닥에 일렁이기 시작합니다.

문으로 들어서자마자 우선 맞은편 서벽으로 갑니다. 아프라시아브 벽화가 우리나라 사람들의 관심을 끈 건 서벽에 그려져 있는 고구려 사절단의 모습 때문입니다. 7세기에 중앙아시아에 그려져 있는 고구려 사절단이라니! 중국 너머 서역, 아라비아, 인도에 이르기까지 교역했다는 말은 들었지만, 우리의 자료가 아니라 낯선 곳에서 그 증거를 본다는 건 또 다른 설렘이니까요.

서벽의 벽화는 사절단의 접견 장면입니다. 위쪽은 발굴 이전부터 훼

남벽 벽화(왼쪽). 서벽의 오른쪽 끝에 고구려 사신 두 명이 있다(오른쪽).

손되었고 아래쪽에는 여러 외국의 사절과 무사들이 있습니다. 벽화 왼쪽 상체가 훼손된 사신의 흰색 옷 아랫단에 기록된 문장에 따르면, 차가니안의 사신이 바르후만 왕을 알현하고 있고 다음 순서가 차치의 사신이랍니다(차가니안은 사마르칸트 부근의 작은 나라이고, 차치는 타슈켄트 지역의 나라입니다). 그러니 왼쪽 아래쪽에 예물을 들고 기다리는 사람들은 차가니안 사절단과 차치의 사절단이겠지요. 이 문장에 근거하여 바르후만 왕이 위쪽에 칼을 차고 앉아 있는 튀르크 호위병들의 경호를 받으며 사절단을 맞이하고 있다고 추측할 수 있습니다. 벽화를 그리던 때 소그드인들은 튀르크 왕조의 보호를 받으면서 무역을 했습니다. 정치는 튀르크인, 경제는 소그드인이 주도권을 갖고 있던 시기가 100여 년 넘게 이어지던 시기였지요. 튀르크 왕조가 당나라에 정복당하면서 소그드인들은 당나라와 우호적인 관계를 맺게 되지만요.

당시 정세에 대한 견해에 따라 여러 가지 복원도가 있는데, 중앙 위쪽에 바르후만 왕이 앉아 있다고 상상한 복원도를 그린 학자는 이 문장을 중요한 근거로 삼았겠지요. 중앙 아래쪽에 비단으로 보이는 천을 여러 필 들고 있는 사람들은 중국의 사절단이라고 보고요. 오른쪽 아래에 여덟 명의 사신들이 이야기를 나누고 있는데, 끝 쪽에 새 깃털을 꽂아 만든 모자인 '조우관'을 쓰고 고리 손잡이가 달린 칼인 '환두대도'를 허리에 찬 두 명이 고구려 사신입니다. 소그드인들에게 고구려는 동쪽 끝에 있는 나라이니 그곳에서 온 사신을 그림에서 오른쪽 끝에 그렸나 봅니다.

한편, 오른쪽에 놓인 북과 깃대는 유목 민족을 상징합니다. 소그디아나 지역에 종주권을 행사하던 서돌궐 제국이 657년에 당나라 연합군에 패했으니 그림을 그릴 당시에는 돌궐의 영향력이 살아 있을 때였나 봅니다. 화면에 꽤 많이 보이는 머리를 땋은 변발인들은 돌궐인들, 즉 튀르크인이지요.

실물로 벽화를 보는 일은 가슴 설레는 일만은 아닙니다. 군데군데 소실된 부분은 깊은 아쉬움을 남깁니다. 서벽을 삼등분해봅시다. 복원도에 따르면 왼쪽에 서 있는 사절단은 열두 명인데, 벽화에서는 다섯 명만 온전히 보이고 한 명은 팔다리와 옷자락 아랫단만 보입니다. 그런 식으로 소실된 부분, 흐릿한 부분, 상대적으로 선명한 부분이 섞여 있습니다.

남벽에는 사당처럼 보이는 건물로 가는 행렬이 묘사되어 있습니다. 행렬 맨 앞에는 코끼리를 탄 사람이 있고 이어서 낙타를 탄 사람도 있습니다. 거위 네 마리 뒤쪽으로는 화려하게 치장된 말을 타고 있는 사람도 보입니다. 조상 묘에 참배 가는 행렬이거나 결혼 행렬이라고 생각한다고 합니다. 북벽에는 당나라 복식의 여인들이 뱃놀이하는 장면과 말을 탄 남자들의 역동적인 수렵 장면이 그려져 있습니다.

이 벽화를 그린 정확한 연도와, 무엇을 그린 것인가를 둘러싸고 여러 가지 견해가 있습니다. 그림을 그린 것으로 추정하는 시기도 658년 이

위에서부터 서벽, 서벽 복원도, 남벽, 남벽 복원도

후로 보기도 하지만 이르면 640년대에서 늦으면 675년까지 다양합니다. 그 시기는 당나라가 돌궐을 누르고 강국이라고 했던 사마르칸트의 바르후만 왕을 강거 도독에 임명하고 당나라와 몽골이 전투를 벌이는 등 이곳을 둘러싼 정세가 급변하던 시기였습니다. 그래서 서벽에는 돌궐의 영향력이 보이고 북벽에는 당나라를 주제로 한 그림이 동시에 그려질 수 있었나 봅니다. 『신당서』 221권에는 이런 그림에 대한 기록이 나옵니다.

> 하국 또는 쿠샤니야, 이름하여 귀상니는 강거소왕 부묵의 옛 땅이다. 성 왼쪽에 큰 건물이 있어 북쪽에는 고대 중국 황제의 그림이 있고 동쪽에는 튀르크, 브라만, 서쪽에는 페르시아 등 여러 왕의 그림이 있다.

강거는 사마르칸트 북서쪽에 있었던 고대 국가입니다. 그중 쿠샤니야는 강거의 다섯 왕 중 부묵왕이 다스렸던 땅인데, 이곳에 아프라시아브 궁전과 비슷하게 사방에 벽화가 그려진 궁전이 있었나 봅니다. 중국, 인도, 돌궐, 서역의 통치자들을 함께 그린 그림이 당시 유행이었을까요?

전시관 한쪽에서는 3D 그래픽으로 복원된 아프라시아브 궁전과 벽화를 영상으로 보여줍니다. 뒤쪽에 자리 잡고 앉았습니다. 서울에 돌아가서도 인터넷에서 볼 수 있지만, 여기서 보는 맛은 또 다를 테니까요. 그런데 화면에 재미있는 장면이 뜹니다. 재현한 접견실의 천장이 히바의 주마 모스크에서 보았던 것과 같은 모양인 모고임천장입니다. 비가 별로 오지 않는 지역이라 모고임천장을 하면서 채광을 위해 가운데는 비워놨나 봅니다.

소그디아나에 열린 티무르의 시대

소그디아나의 지배자는 수시로 바뀌었습니다. 1077년부터는 호라즘 왕조의 시대가 열렸지요. 호라즘 왕조는 호라즘 지역은 물론 이란, 아프가니스탄, 소그디아나에 이르는 매우 넓은 지역까지 차지했지요. 거침없이 전성기를 보내고 있던 호라즘 왕조에 칭기즈칸이 450명으로 구성한 사절과 상인들을 보내 교역을 요청합니다. 그러나 이들은 호라즘 왕조의 수도까지 가지도 못하고 사마르칸트 북동쪽에 있는 당시의 국경 도시, 지금은 카자흐스탄에 속한 오트라르에서 몰살당하지요. 결국 호라즘 왕조는 칭기즈칸에 의해 철저하게 파괴당합니다. 1220년의 일입니다.

중앙아시아의 중요한 무역 거점이었던 사마르칸트는 곧 복구됩니다. 아미르 티무르가 사마르칸트의 부흥을 이끈 지도자입니다. 1370년에 티무르는 사마르칸트를 티무르 제국의 수도로 정합니다. 아프라시아브 남서쪽으로 조금 떨어진, 오늘날의 사마르칸트 지역입니다. 사마르칸트에서 보는 유적들은 티무르 제국 시절의 것이 많습니다. 1507년 사마르칸트를 정복한 샤이반 왕조는 수도를 부하라로 옮겼습니다. 티무르가 다시 일으킨 사마르칸트의 영광은 벚꽃이 지듯 짧게 끝나고 천천히 폐허의 길로 들어섭니다. 지금 도착한 이곳, 구르 아미르는 티무르가 묻힌 곳입니다.

아미르는 칸이 될 수 없었던 티무르가 가질 수 있는 최고의 지위이고, 구르 아미르란 '왕의 무덤'이라는 의미입니다. 구르 아미르는 큰길에서 아주 잘 보입니다. 마치 우리의 일주문처럼 화려한 피슈타크가 전면에 나와 있습니다. 그 뒤로 푸른 돔 형식의 건물과 양옆으로 높이 솟은 미

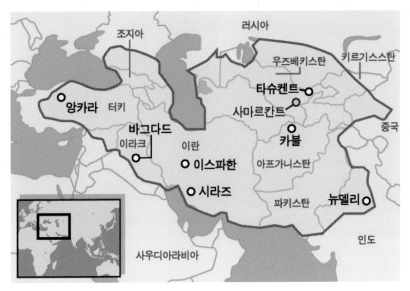

티무르 제국의 전성기였던 1405년의 지도

나렛이 초록색 나무 위로 보입니다. 당시 티무르의 위용이 이랬을까요? 위풍당당합니다.

티무르는 1370년 티무르 제국을 선포하고 30여 년 동안 정복 전쟁을 계속했습니다. 그 결과 중앙아시아 지역에서 시작하여 서쪽으로는 흑해에 이르기까지, 남쪽으로는 지금의 이란, 아프가니스탄 지역에서 인도의 북부에 이르기까지, 동쪽으로는 중국과 접하는 대제국을 건설했지요. 수도인 사마르칸트는 국제적인 상업 도시로 예전의 바그다드를 능가할 정도였다고 합니다.

티무르가 건설한 도시 사마르칸트는 온통 푸른빛입니다. 구르 아미르의 푸른 돔은 주름이 잡혀 있어 더 눈길을 끕니다. 매끈하지 않고 이렇게 주름을 넣은 돔은 티무르 시대에 시작된 기법이라고 하는데, 주름마

구르 아미르. 전면에 피슈타크가 있고 뒤로 주름 잡힌 돔과 미나렛이 보인다. 피슈타크 아치 안쪽으로 벌집같이 생긴 열린 둥근 천장은 무하르나스로 장식되어 있다. 돔의 주름 아래, 굴다 스타의 위쪽도 무하르나스로 장식되어 있다.

다 반복되는 문양도 아름답고 구(球)라고 하기에는 조금 긴 모양이 마치 굵은 뜨개실로 뜬 모자 같기도 합니다. 사마르칸트는 정복지인 페르시아와 아랍 문화를 흡수하며 이렇게 중앙아시아의 독특한 문화를 만들어나갔습니다.

무하르나스로 화려하게 장식한 티무르 시대의 건축

구르 아미르 앞의 보도블록은 별십각형 모양으로 화려합니다. 피슈타크도 이제까지 본 것과는 격이 달랐습니다. 크기와 높이가 엄청나서 그 표면을 꾸미고 있는 푸른빛 문양의 화려함과 섬세함에 저절로 감탄사가 터져 나옵니다. 위쪽의 둥근 천장은 '무하르나스'라고 하는 장식입니다. 우리 말로 옮기면 종유 장식이 적당할 겁니다. 종유석처럼 생긴 화려한

피슈타크 앞 광장의 바닥. 별십각형 무늬가 화려하다.

장식. 부하라에서도 보았지만, 부하라의 무하르나스가 동네 양반집 대문이라면 구르 아미르의 무하르나스는 광화문이라고나 할까요.

티무르 시대 건축의 화려함은 무하르나스의 다양한 변주로 나타났습니다. 무하르나스는 곡면과 평면 또는 곡면과 더 큰 곡면을 이을 때 사용했습니다. 주름 잡힌 돔에서는 주름과 원기둥 형태인 돔의 몸통을 이어주는 역할을 합니다. 미나렛에서는 몸통인 원기둥에서 피어나서 마치 꽃받침처럼 꼭대기 부분을 받치는 모양입니다. 건물 입구인 피슈타크의 무하르나스는 층층이 쌓아 올리면서 방사형으로 아치의 꼭대기 한 점을 향해 몰려가는 구조입니다. ㄷ자 모양의 벽을 점점 둥글게 채워나가 마침내 양파처럼 뾰족하게 마감하는 구조이지요.

구르 아미르 입구에 서서 무하르나스를 올려다보면 벌집같이 복잡한 구조에 입이 딱 벌어지며 저걸 어떻게 설계했을까 하는 의문이 들 수밖에 없습니다. 무하르나스에 대한 수학적 접근은 알 카시(al-Kashi, 1380~1429년)가 남긴 『산술의 열쇠』에 기록되어 있습니다. 알 카시는 페르시아가 티무르의 지배 아래 놓였을 무렵인 1380년에 페르시아 북부 카산에서 태어나 사마르칸트에서 활동한 학자입니다.

무하르나스는 조금씩 모양이 다른 입체 조각들을 이어 만듭니다. 알 카시는 무하르나스의 요소를 기본 조각과 연결 조각으로 구분했습니다. 기본 조각과 연결 조각은 곡면 부분과 수직 부분을 합쳐 구성되지요.

무하르나스는 기본 조각들 사이에 연결 조각을 한 개 또는 두 개 넣어서 연결하기도 하고 연결 조각 없이 연결하기도 합니다.

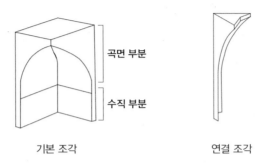

기본 조각   연결 조각

이 조각들로 한 층을 만들고 다시 그 위에 한 층 한 층 계속 쌓아 올립니다. 돔이나 미나렛에서는 대개 이층이나 삼층으로 끝나지만 피슈타크와 같이 점점 좁아지는 형태는 구조 설계가 매우 중요합니다 저렇게 복잡한 설계를 어떻게 했을까요? 그 비밀은 피슈타크 아래에서 무하르나스를 올려다보면 찾을 수 있습니다.

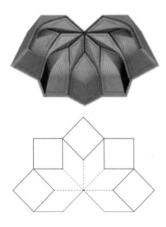

무하르나스를 평면에 사영하면 설계도의 모양을 알 수 있다.

무하르나스를 올려다보면 조각 하나하나가 서로 침범하지 않는다는 사실을 알아차릴 수 있습니다. 이렇게 상상해보지요. 무하르나스는 수백 개의 조각들을 이어 붙여 만드는데, 그 조각들이 뼈대로만 만들어졌다고 상상해봅시다. 저 멀리 높은 곳에서 빛을 비춘다면 바닥에는 조각의 뼈대들이 만드는 그림자 도형이 그려지겠지요? 그것이 무하르나스의 설계도입니다. 조각들

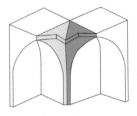
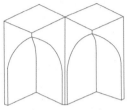

연결 조각을 한 개 넣어
연결한 경우

연결 조각을 두 개 넣어
연결한 경우

연결 조각 없이
연결한 경우

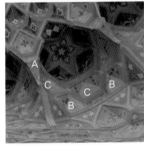

구르 아미르 입구의 무하르나스. 아래 사진은 밑에서 올려다본 모양이고 위 사진은 부분 확대
사진이다. A는 연결 조각, B와 C는 기본 조각이다.

이 수평 방향으로 서로 침범하지 않아 가능한 일이지요. 무하르나스는 이차원 설계도를 바탕으로 하여 주변에서 중심부로 갈수록 점점 높아지는 삼차원 형식으로 만들어졌습니다.

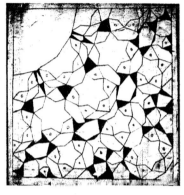

16세기 부하라의 무하르나스 설계 도면.
우즈베크 과학아카데미, 타슈켄트

이렇게 생각할 수 있는 증거가 이란, 터키 등에서 발견된 설계 도면입니다. 타슈켄트에 있는 우즈베크 과학아카데미에도 티무르 시대 이후의 무하르나스 설계 도면이 두루마리 형태로 보관되어 있습니다. 설계도를 들고 건설 현장을 지휘하는 장인! 입체 조각들을 하나하나 이어나가는 그 노고를 감당하는 당시의 건축가들은 진정한 예술가입니다. 다행히 설계도만이 아니라 건축 장면도 그림으로 남아 있습니다.

구르 아미르의 무하르나스도 밑에서 보면 중심부에서 뻗어 나오는 문양과 원형으로 배열된 별오각형이 마치 부채를 편 듯한 방사형 구조입니다. 이 무하르나스의 설계도에는 어떤 도형들이 그려져 있었을까 생각해봅니다. 이 기본 조각은 마름모, 저 기본 조각은 오각형이겠네요. 기본 조각들을 연결하는 수직면이 뾰족한 저 연결 조각은 표창 모양이고요.

알 카시는 『산술의 열쇠』에 무하르나스에 사용된 입체의 모양, 크기, 각도 등을 분석하여 삼차원 입체를 만드는 방법과 연결 방법도 설명했습니다. 그러기 위하여 먼저 무하르나스의 유형을 단순 무하르나스, 곡면 무하르나스 등 네 가지로 구분하여 그 설명에 성공했지요. 무하르나스의 겉넓이를 계산하는 방법도 설명해놓았습니다. 그는 이 책에서 다루는 주제마다 여러 가지 방법을 제안해놓았는데, 삼각형의 넓이를 구하는 방법도 세 가지로 설명해놓았습니다. 우리가 흔히 사용하는 밑변과

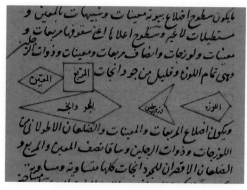

알 카시가 단순 무하르나스의 겉넓이를 계산할 때 사용한 도형

높이를 곱하여 2로 나누는 방법, 세 변의 길이를 알 때 구하는 방법, 삼각형의 둘레의 길이와 내접하는 원의 반지름으로 구하는 방법. 이렇게 여러 가지 방법으로 설명한 이유는 장인들의 임금을 완성된 건물이나 장식의 겉넓이에 따라 책정했다는 얘기로부터 짐작할 수 있습니다. 모양이 제각각이더라도 그때그때 편리한 방법으로 삼각형의 넓이를 구하라는 배려일 테지요.

화려한 무하르나스 아래 이완을 통과하여 구르 아미르에 들어서자 오른편에 커다란 돌로 된 우물이 눈길을 끕니다. 테두리가 움푹움푹 파인 이유가 전사들이 팔꿈치를 대고 마셔서라고 합니다. 그런데, 밑이 막혀 있어 욕조라는 사람도 있습니다. 티무르의 욕조였다면 테두리가 파인 이유를 뭐라고 설명할까요? 기록이 없으니 우물인지 욕조인지 여행객은 알 길이 없습니다.

구르 아미르 마당 한가운데에는 십육각형 모양으로 손가락만큼 가는 구멍 몇 개가 뚫린 하수구가 있습니다. 이렇게 작은 구멍이라니, 만날 때

구르 아미르 마당 오른편에 있는 우물 또는 욕조(왼쪽)와 벽면의 파란색 별팔각형 문양(오른쪽)

마다 반갑고 신기합니다. 그쯤에 서서 돔을 이고 있는 구르 아미르 건물을 바라봅니다. 예전에는 훨씬 많은 건물이 있었다지만 지금은 단출합니다. ㄷ자 모양으로 늘어선 건물 위쪽으로는 문장들이 띠를 두른 듯 새겨져 있습니다. 이 문장들에는 틀림없이 성스러운 의미가 담겨 있을 겁니다. 파란 하늘을 배경으로 주름 잡힌 푸른 돔, 양쪽에서 지켜주는 미나렛, 글자인 듯 문양인 듯, 수평으로 길게 늘어선 쿠파체가 감싸 안은 ㄷ자 건물의 크고 작은 아치 모양의 흙벽, 마지막으로 돔으로 들어가는 입구의 순백색 무하르나스. 이 모든 것이 어울려 신성한 영역을 만들어 내고 있습니다.

건물 안으로 들어서자 온통 황금빛으로 찬란합니다. 중앙의 까마득히 높은 돔 천장에서는 황금빛 문양이 흘러내리는 듯하고 네 귀퉁이에서는 황금빛 무하르나스가 빛을 반사하고 있습니다. 네 개의 무하르나스를 잇는 벽면의 문양도 모두 황금빛으로 반짝거립니다. 황금의 나라에 들어선 듯합니다.

순백색의 무하르나스가 신성한 영역을 만들어내고 있는 구르 아미르 입구.
벽면에는 별팔각형 문양이 반복된다.

  고개를 젖히고 천장과 벽면을 보느라 정신이 없습니다. 황금빛이 뿜어
내는 아우라가 대단합니다. 황금빛이 몸에 스며들 즈음, 바닥에 놓인 관
에 관심을 가질 여유가 생겼습니다. 가운데 검은색이 티무르의 관입니다.

티무르의 관은 크지 않습니다. 다른 관들과는 달리 까만색이라 눈에 잘 띌 뿐. 티무르의 관은 스승 사이드 바라카의 발치에, 티무르의 발치에는 울루그 베그가 누워 있습니다. 그 흐름에 눈길을 멈춥니다. 티무르 제국은 티무르의 스승에게서 시작되어 손자인 울루그 베그에 이르러 완성되었다고 보니까요. 레기스탄 광장과 울루그 베그 천문대에서 그 찬란했던 영광을 곧 보게 되리라 기대합니다.

구르 아미르 내부. 티무르의 관을 포함하여 아홉 개의 관이 있다. 중앙의 돔, 사방의 무하르나스, 벽면이 온통 황금빛이다.

알 카시의 무하르나스 디자인

무하르나스의 기본 조각과 연결 조각은 서로 맞물려야 하니 그 크기가 맞아떨어져야 한다. 알 카시는 『산술의 열쇠』 기본 조각과 연결 조각의 곡면의 옆선을 그리는 방법을 다음과 같이 설명했다.

① 수평선 AB를 그린다.

② 길이가 AB의 두 배이고 이 선에 수직인 선 AC 그린다.

③ ∠ABD = 30°인 점 D를 잡는다.

④ 선분 BD를 5등분한다.

⑤ 선분 BD의 $\frac{3}{5}$ 지점에 점 E를 잡는다.

⑥ 중심이 D, 반지름이 DE인 원을 그려 DC 위의 점 F를 잡는다.

⑦ 중심이 E, F이고 반지름이 EF인 두 원을 그린다.

⑧ 위 ⑦의 두 원의 교점을 G라고 한다.

⑨ 중심이 G이고 E, F를 지나는 호를 그리면 세 점 B, E, F를 지나는 선이 무하르나스 곡면을 이루는 옆선이다.

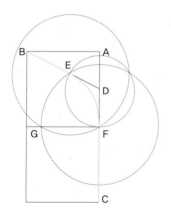

무하르나스를 평면에 비추면

구르 아미르의 무하르나스를 평면에 사영한 모양은 다각형이다. 연결 조각을 사영한 모양은 표창 모양이고, 기본 조각을 사영한 모양으로는 마름모, 오각형인 경우가 많다.

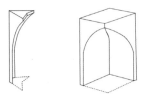

조각을 평면에 사영한 모양. 왼쪽부터 표창 모양, 마름모, 오각형

무하르나스의 모양이 화려한 것과는 다르게 평면에 사영한 모양의 종류는 생각보다 다양하지 않다. 일 칸국에서는 정사각형과 마름모를 기본으로 했는데, 두 도형의 절반, 두 도형을 연꼴과 화살촉꼴로 나눈 조각의 총 여덟 종류의 조각만 사용했다.

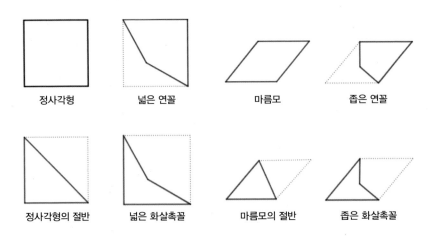

정사각형　　　넓은 연꼴　　　마름모　　　좁은 연꼴

정사각형의 절반　　　넓은 화살촉꼴　　　마름모의 절반　　　좁은 화살촉꼴

울루그 베그의 꿈이 남은
사마르칸트

구르 아미르에서 나와 레기스탄 광장으로 걸어갑니다. 레기스탄 거리를 따라 동쪽으로 조금 걷자 사마르칸트의 심장부라고 할 수 있는 레기스탄 광장과 세 개의 건물이 보입니다. 널따란 직사각형 광장 너머 보이는 건물은 틸랴 코리 마드라사, 왼쪽은 울루그 베그 마드라사, 오른쪽은 셰르도르 마드라사입니다. 마드라사마다 양옆에 굴다스타를 거느린 거대한 피슈타크가 고요하게 우뚝 서 있습니다. 파란 하늘을 배경으로 푸른빛 주름 잡힌 둥근 돔, 무하르나스로 한껏 모양을 낸 원기둥 모양의 굴다스타, 거대한 직육면체 피슈타크와 아치 곡선이 보여주는 기하학적인 조화는 눈을 떼지 못할 정도로 아름답습니다. 길옆에 마련된, 네모난 전망대에서 한참을 바라보다 오른쪽으로 내려갑니다. 저곳에 들어가려면 오른쪽으로 빙 둘러 매표소를 지나야 합니다. 셰르도르 마드라사 옆 벽을 끼고 걷다가 교역 센터였다는, 작은 돔을 이고 있는 육각형 건물을 지나니 매표소가 보입니다. 사람들이 가득 찬 매표소 앞을

레기스탄 광장의 세 마드리시. 징면이 틸랴 코리 마드라사, 왼쪽이 울루그 베그 마드라사, 오른쪽이 셰르도르 마드라사이다.

지나 낮은 철문을 지나니 셰르도르 마드라사와 틸랴 코리 마드라사 사이로 들어서게 됩니다. 바닥은 어느새 보도블록에서 대리석으로 바뀌어 있습니다.

광장에는 공연이 있는지 무대 설치가 한창입니다. 광장 바닥에 판자를 깔아 조금 높였고 이쪽저쪽에 마이크와 의자들이 자리 잡았습니다. 공연은 틀림없이 밤의 불빛 아래 펼쳐지겠지요. 몇 년 전에 경복궁의 경회루에서 보았던 야간 공연이 생각납니다. 가을마다 '달빛 야행'이라는 이름으로 야간 개장을 하는 프로그램이었던 것으로 기억합니다. 야간 조명이 켜진 전각들 사이를 이리저리 걸어 다니다가 경회루 앞에 마련된 관객석에 앉았지요. 연못 건너 경회루에서 펼쳐지는 공연을 보는데, 검은 물을 배경으로 조그만 배를 타고 흰 도포를 입은 인물이 소리를 하면서 나타난 장면은 장엄하기까지 했습니다. 밤에 켜진 은은한 조명은 익숙한 풍경을 신비한 풍경으로 바꿔놓았습니다.

거대한 푸른빛, 레기스탄 광장

광장에 서서 마드라사 세 개를 천천히 바라봅니다. 마드라사들은 위치로도 구분되지만 피슈타크의 문양으로도 구분할 수 있습니다. 울루그베그 마드라사의 피슈타크에는 별들이 그려져 있습니다. 우주를 상징하는 것 같은 동심원을 품은 별십육각형과 그보다 작은 별팔각형, 별오각형이 규칙적으로 반복됩니다. 울루그 베그의 천문학 업적을 떠오르게합니다. 틸랴 코리 마드라사에는 양옆에 자리 잡은 노란 별팔각형 사이를 노랗고 파란 아라베스크 무늬가 넝쿨지듯 흐르고 있습니다. 피슈타크의 문양은 셰르도르 마드라사가 가장 독특합니다. 셰르도르라는 이름은 '사자와 함께'라는 뜻입니다. 어린 사슴을 쫓는 사자가 그려져 있습니다. 사자라고 하는데, 호랑이에 더 가까워 보입니다. 이슬람에서는 생명이 있는 것을 그리지 않게 되어 있다는데 웬일일까요? 전하는 말에 따르면 부하라 칸국 자니 왕조의 총독이었던 얄랑투시 바하두르가 그려넣게 했다고 합니다. 당시 이맘 쿨리칸이 사마르칸트에는 사자를, 부하라에는 불사조를 그려 넣으라고 지시한 겁니다. 나디르 디반베기 마드라사도 같은 시기에 지은 것이거든요. 이맘 쿨리칸은 왜 사자를 택했을까요? 아마도 자신을 티무르 제국을 계승한 몽골의 후예라고 생각했기 때문이 아닐까요? 몽골 제국의 궁궐에서는 코끼리, 사자, 말, 용과 같은 동물 형상의 금은 술통이 발견되었고 유적지에서는 이런 동물들을 흙으로 만든 미술품들도 발굴되었거든요.

위에서부터 차례로 울루그 베그 마드라사, 틸랴 코리 마드라사, 셰르도르 마드라사의 피슈타크

거대한 마드라사들이 ㄷ자를 만들고 있는 이곳 레기스탄을 사마르칸트의 중심지라고 하지요. 웅장함과 화려함에 저절로 고개가 끄덕여집니다. 건물 외벽은 비어 있는 곳 하나 없이 문양으로 가득합니다. 쿠파체로 쓴 것은 알라, 무함마드 외에는 읽지 못하지만, 편평한 외벽이든 둥그런 외벽이든 쿠파체로 쓰여 있는 글자 대부분은 '알라'입니다. 글자를 모른다면 추상적인 디자인, 기하학적 디자인으로만 보일 겁니다. 멋진 디자인이 반복되면서 벽면을 가득 채웠다고 감탄할 겁니다.

알라라는 글자가 가장 많이 새겨진 건물은 셰르도르 마드라사로 보입니다. 이슬람에서 금기시하는 동물 문양을 새겨 넣었기 때문일까요? 나머지 벽면 전체는 오로지 글자입니다. 대개는 흘림체를 사용하는, 피슈타크를 감싸는 ㄷ자 영역까지 쿠파체의 알라로 가득합니다. 부하라의 아르크 성에서도, 칼란 모스크에서도 알라와 무함마드의 글자 문양을 보긴 했지만, 이곳 사마르칸트는 그 규모가 다릅니다. 채색 타일로 단장한 건물들이 많이 복구되어 있어 눈 돌리는 곳마다 알라의 글자 문양이 보입니다. 울루그 베그 마드라사, 셰르도르 마드라사, 틸랴 코리 마드라사에서는 물론 아까 지나온 구르 아미르에도 지천으로 널려 있었습니다. 무슬림들이 얼마나 신을 찬양하는 사람들인지 저절로 이해되었습니다.

셰르도르 마드라사로 들어서자 연주 소리가 들립니다. 안쪽 마당 그늘에 꽤 많은 사람이 저마다 악기를 들고 있습니다. 레기스탄 중앙 광장에 무대 설치를 하는 것을 보았는데, 여기서 연습을 하고 있나 봅니다. 아마도 공연은 저녁 때 하겠지요. 가까이 가서 보니 낯선 악기들도 꽤 보입니다.

레기스탄의 야간 공연 규모는 경복궁보다는 베로나의 아레나에 비유

알라 글자(셰르도르 마드라사)   알라 글자(셰르도르 마드라사) 앞의 신랑 신부

알라 글자가 셰르도르 마드라사 벽면과 굴다   알라 글자(울루그 베그 마드라사)
스타에도 가득하다.

해야 할 것 같습니다. 이탈리아에 갔을 때, 베로나에서 야외 오페라를
보았지요. 콜로세움 비슷한 벽으로 둘러싸인 야외무대에서 열린 공연은
불빛과 흙벽이 만들어내는 신비로운 분위기에 푹 빠지게 했지요. 여기
레기스탄에도 야간 공연이 있는지 알았더라면 하는 아쉬움에 한참을
서서 들었습니다.

셰르도르 마드라사 전면의 사자 덕분에 부하라 칸국의 권력을 사방에
떨치는 데는 성공했는지 몰라도 이슬람 교리에 어긋나는 문양을 보고
조용했을 리가 없지요. 수많은 무슬림들이 탄식하고 불만을 나타냈을

알라 글자(울루그 베그 마드라사)　　　　　알라, 무함마드 글자(구르 아미르)

겁니다. 신의 노여움을 걱정했을 수도 있습니다. 결국 그 옆에 틸랴 코리 마드라사를 또 짓습니다. 내부를 황금빛으로 치장해서 불만에 찬 이슬람 지도자들을 달랬나 봅니다. 다른 마드라사와는 달리 내부는 온통 황금빛으로 눈이 부십니다. 천장의 황금빛 동심원 문양에 탄성이 새어 나옵니다. 틸랴 코리 마드라사의 천장은 타슈켄트의 하즈라티 이맘 광장의 모스크의 천장과 비슷합니다. 타슈켄트의 것과는 달리 온통 황금빛이라는 점이 다릅니다. 사람들이 바닥에 휴대 전화를 놓고 천장을 찍느라 분주합니다. 고개를 젖히고 찍는 것보다 훨씬 쉬운 방법입니다.

저쪽 미흐라브 앞에 한 여인이 앉아 기도를 하고 있습니다. 미흐라브 정면에 타슈켄트 바라크칸 마드라사 정면에 있던 정사각형 분할 문양이 있습니다. 황금빛으로 신성한 자태를 빛내면서요.

레기스탄 광상에서 열릴 공연을 앞두고 셰르도르 마드라사 안마당에서 연습 중인 악단원들

틸랴 코리 마드라사 안쪽에는 채색 타일을 파는 기념품 가게가 있습니다. 벽에 가득 걸려 있는 글자와 문양이 새겨진 타일들을 보고 있으려니 다 갖고 싶을 정도로 마음이 빠져듭니다. 사각 모양, 원 모양, 팔각 모양 안에 캘리그라피나 기하학적인 문양이 그려져 있습니다. 어느 것 하나 눈길을 끌지 않는 것이 없습니다. 가게 주인이 뭐라고 하는데 눈치로 보아하니 탁자에 놓인 것이 채색 타일을 만드는 과정을 보여주는 조각들이네요. 채색 타일은 통째로 굽는 것이 아니라 여러 조각으로 나누어 구운 후 색을 입히나 봅니다. 꽃문양의 사각형 타일을 예로 들면, 사각형 타일을 통째로 굽는 것이 아니라 문양과 색깔에 따라 여러 조각으로 나눈 것을 구워 조립하는 식이지요. 이러한 기법을 '채색 타일 모자이크'라고 합니다.

우주의 문을 연 술탄, 울루그 베그

세 마드라사 중 가장 오래된 마드라사는 울루그 베그 마드라사입니다. 1417년에 짓기 시작했지요. 가장 궁금한 마드라사이기도 합니다. 왜냐고요? 울루그 베그(Ulugh Beg, 1394~1449년)라는 술탄이 하늘을 바라보는 학자이기도 했기 때문이지요. 울루그 베그가 살던 우주 속을 걸어 울루그 베그 마드라사로 갑니다.

울루그 베그 마드라사의 피슈타크의 가운데에는 커다란 이완이 있고 양옆에 그보다 작은 이완이 있습니다. 물론 양옆의 작은 이완은 가운데 것보다 작다는 말이지 실제로 작은 크기는 아닙니다. 가운데 이완의 육각형 마슈라비야 사이로 안이 들여다보입니다.

그 앞에 있는 울루그 베그 마드라사라는 안내판을 교탁 삼아 일행들이 올망졸망 앉았습니다. 마드라사 안으로 들어가기 전에 울루그 베그

황금빛으로 치장된 틸랴 코리 마드라사 내부. 미흐라브 정면에 정사각형 분할 문양이 있다.

채색 타일 가게에서는 채색 타일을 만드는 과정도 시연한다.

의 업적에 대해 알아보는 시간입니다. 우리 일행을 신기한 듯 멈춰서 보는 외국인들은 우리가 15세기 사마르칸트로 시간 여행을 떠난 것을 알았을까요? 뜨거운 햇빛을 가려주는 모자를 손에 쥔 안내자를 따라서.

　울루그 베그는 티무르 제국을 세운 티무르의 손자입니다. 할아버지가 페르시아를 침공했을 때 페르시아 지역에서 태어나 정복 전쟁을 떠난 할아버지를 따라 중동과 인도 여러 곳을 함께 다녔다고 하지요. 1405년 티무르 제국의 수도는 지금의 아프가니스탄 헤라트로 바뀌었습니다. 세 번째 술탄인 샤 루흐는 아들인 울루그 베그를 사마르칸트의 통치자로 임명했지요. 1409년 울루그 베그가 16세 때의 일입니다. 울루그 베그는 1411년에는 트란스옥시아나(옥시아나는 아무다리야강의 다른 이름으로 트란스옥시아나는 아무다리야강 너머 지역 전체를 말합니다)의 통치자가 되었습니다. 술탄으로 재위한 기간은 아버지 샤 루흐가 죽은 1447년부터 2년간으로 짧지만, 훨씬 이전부터 이 지역의 지배자로 살았던 거지요. 샤 루흐는 38년의 재위 기간에 제국 안팎을 평정하고 티무르 제국을 안정적으로 발전시킵니다. 샤 루흐는 티무르와는 달리 정복보다는 과학과 예술에 관심이 많았다고 하지요. 울루그 베그도 마찬가지였습니다. 통치 기간에 자신의 이름을 딴 마드라사에 이어 사마르칸트 천문대(지금은 울루그 베그 천문대)도 지으면서 사마르칸트를 학문의 중심지로 만들었지

울루그 베그 마드라사 입구에 앉아 15세기로 지적 여행을 떠난 일행

요. 문예 부흥의 시대를 열었습니다.

울루그 베그 시절, 사마르칸트에는 티무르 제국 전역에서 학생과 학자들이 모여들었습니다. 실크로드의 중심지였던 곳에 당대 최고의 학자들이 연구하고 가르치는 왕립 대학이 있고 스스로가 학자인 통치자가 있으니 학문의 중심지로 더할 나위 없이 훌륭한 곳이었겠지요. 울루그 베그 마드라사에는 1만여 명의 학생과 학자들이 와서 공부했다고 합니다. 그중 500여 명은 수학을 전공했다고 하지요. 울루그 베그는 마드라사에 자주 방문했고 학자들의 수학과 천문학 세미나에 자주, 적극적으로 참석했다고 합니다. 60여 명에 달하는 초청된 학자 중에 울루그 베그의 스승인 카디 자다 알 루미(Qadi Zada al-Rumi)와 알 카시만이 울루그 베그와 견줄 만했다고 합니다. 더구나 울루그 베그는 말을 타면서도 복잡한 천문학적 계산을 수행했다는 이야기도 전해집니다.

이곳 마드라사에서는 유클리드의 『원론』, 프톨레마이오스의 『알마게스트』 등을 교재로 사용했는데, 주 교재는 알 카시가 지은 『산술의 열쇠』였습니다. 무하르나스에 대한 내용도 있는 이 책은 천문학자는 물론 측량가,

건축가, 장인, 회계사, 상인들에게 필요한 수학인 정수와 분수의 연산, 천문학자의 계산법, 평면도형과 입체도형의 측정 등을 담은 다섯 권으로 되어 있습니다. 이러한 이야기들은 알 카시가 고향에 계신 아버지에게 보낸 두 통의 편지에서 확인할 수 있습니다. 이 두 통의 편지가 발견된 덕분에 당시 사마르칸트에서 벌어진 일에 대해 꽤 많은 것을 알게 되었지요.

페르시아 출신의 학자인 알 카시는 우리나라에 별로 알려지지 않은 것과는 달리 이란이나 중앙아시아에서는 매우 추앙받고 있는 학자입니다. 그가 1407년에 천체의 크기와 거리 등에 대하여 쓴 논문의 제목을 그대로 가져온 〈하늘로 향한 사다리(The Ladder of the Sky)〉라는 제목의 이란 드라마를 인터넷에서 볼 수 있습니다. 21화까지 있는 제법 긴 드라마입니다.

알 카시나 울루그 베그의 찬란한 업적과는 달리 마드라사 자체는 여느 마드라사와 별 차이점이 없습니다. 아치문이 있는 방들이 이층으로 나란히 늘어서 있습니다. 마당은 타일과 벽돌로 둘러싸여 고즈넉합니다. 거대한 벽을 수놓은 다양한 캘리그라피와 기하학적으로 아름다운 문양들은 여전하지만 다른 마드라사보다 유난히 우주를 상징하는 원형의 문양들이 많습니다. 상인들은 그 아래 화려한 색깔의 옷을 걸어 놓고 관광객들을 유혹합니다.

한쪽 모퉁이에 ㅅ자로 세워 놓은 메뉴판이 보입니다. 커피, 칵테일, 아이스티, 모히토. 울루그 베그나 알 카시와는 아무 관계가 없는 음료수이지만 그들을 본 듯 반가워 화살표를 따라 이층으로 올라갑니다. 주문이 밀려 한참을 기다려 음료수를 받아 들고 벽에 걸터앉습니다. 좁은 통로에 음료수 한 잔씩 들고 낮은 벽을 의자 삼아 앉아 있는 사람들이 많습니다.

울루그 베그 마드라사 안쪽 풍경. 사방이 푸른 문양으로 화려하다. 몇 개의 이완과 문 안쪽에
는 기념품 가게가 있다.

　사실 울루그 베그나 알 카시의 업적을 제대로 보기에는 여기 마드라
사보다는 울루그 베그 천문대가 더 제격입니다.

　울루그 베그 천문대는 사마르칸트의 중심지라고 할 수 있는 레기스
탄 광장에서 북동쪽으로 약 3km 정도 떨어져 있는 곳에 있습니다. 주
차장에서 조금 걸어 올라가자 붉은 벽돌이 깔린 둥근 광장에 울루그

베그가 앉아 있습니다. 긴 옷을 걸치고 터번을 둘렀습니다. 손에는 지즈를 상징하는 두루마리 종이를 쥐고 있네요. 발치 아래 기단에는 '미르조 울루그 베그'라고 이름이 쓰여 있습니다. 그 아래 작은 글씨로 '1394~1449'라고 그가 살았던 시기를 알려줍니다. 그의 삶은 정쟁 속에 급작스럽게 끝났습니다. 그러나 지즈를 손에

울루그 베그의 동상. 우주를 상징하는 원형의 넓은 광장에 지즈를 상징하는 두루마리를 쥐고 앉아 있다.

쥐고 황금색 수가 놓인 청동의 옷을 입은 채 먼 곳을 바라보는 모습에서는 지상의 다툼에서 벗어나 영원의 세계로 떠난 듯한 숙연함이 느껴집니다.

동상을 지나 계단을 올라가면 건물이 두 개 서 있습니다. 오른쪽 건물은 천문대의 문입니다. 천문대 건물은 남아 있지 않습니다. 왼쪽 건물은 좀 더 크게 지어놓은 박물관입니다. 1970년대에 지은 건물이지요. 박물관의 문 뒤에는 마치 마드라사처럼 직사각형 건물이 있을 것 같지만 사실 뒤쪽은 원형입니다. 즉, 박물관은 반원 모양의 건물이지요. 지름으로 원을 뚝 잘라 문을 만든 격이라고나 할까요.

먼저 천문대 쪽으로 걸음을 옮깁니다. 커다란 원형 기단으로 터를 잡아놓은 한가운데로 걸어가 문 안쪽을 들여다봅니다. 울루그 베그는 어

릴 적에 할아버지 티무르를 따라 페르시아에도 머물렀는데, 그때 마라가 천문대를 방문한 기억을 오랫동안 간직하고 있었다고 합니다.

마라가 천문대는 13세기 천문학의 독보적인 존재였던 알 투시가 아니었다면 지어지지 못했을 것입니다. 칭기즈칸의 손자인 훌라구칸이 바드다드를 정복했을 때 훌라구칸의 허락을 얻어 바그다드 '지혜의 전당'에 있던 수십만 권의 책을 옮기면서 마라가 천문대를 지었지요. 1259년에 지은 마라가 천문대에는 알 투시를 중심으로 마라가 학파가 형성되었습니다. 프톨레마이오스의 천문학의 오류를 수정하면서 이슬람 천문학을 세계 최고 수준으로 올려놓은 곳입니다. 울루그 베그는 사마르칸트에 마라가 천문대 이상의 천문대를 만들고 싶었을 겁니다.

천문대의 모형은 박물관에서 볼 수 있습니다. 원래의 천문대는 지름이 46m, 높이가 30m인 3층 원기둥 건물입니다. 여기에 지하로 11m 정

울루그 베그 천문대. 원형의 기단 한가운데 있는 문으로 들어서면 땅 밑으로 육분의 일부가 보인다.

도를 더 파 내려가 반지름 40.2m인 호를 원의 4분의 1 크기로 설치했지요. 나란히 두 줄의 대리석으로 만든 이 호에 20도부터 80도까지 각도를 새겨 육분의를 완성했습니다. 각도를 60도만큼, 즉 원의 6분의 1만큼 측정할 수 있어 '육분의'라고 합니다. 울루그 베그 천문대는 15세기 당대에 가장 훌륭한 것이었고 중앙아시아에서 가장 거대한 천문대였습니다. 천문대의 피슈타크와 육분의 일부만 남아 있어 아쉬울 뿐이지요. 피슈타크로 들어서면 바로 난간이 가로막습니다. 그 아래쪽으로 기다랗게 누워 있는 두 줄로 된 돌, 그것이 육분의입니다.

육분의의 반지름이 40.2m라는 것은 어마어마한 크기입니다. 울루그 베그는 육분의를 왜 이토록 크게 만들었을까요? 그것은 관측의 정밀도를 높이기 위해서였습니다. 대리석으로 만든 육분의에서 1도에 대한 호의 길이는 70.1cm입니다. 1분에 대한 호의 길이는 1.17cm이고 5초에 대한 호의 길이는 1mm입니다. 맨눈으로 관측하면서 태양의 위치를 5초 단위의 정밀도로 관측한다는 것은 얼마나 대단한 일인가요. 울루그 베그가 원한 것은 이런 정교한 관측 기록이었던 것입니다.

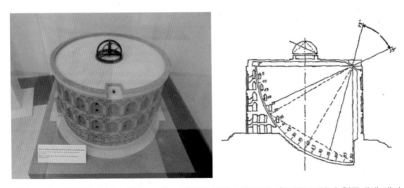

울루그 베그 박물관에 있는 울루그 베그 천문대 복원 모형(왼쪽). 원기둥 모양의 천문대에 대리석으로 사분원이 놓여 있다. 천장의 구멍을 통해 낮에는 빛이 들어오고 밤에는 별을 볼 수 있다(오른쪽).

약 150년 뒤에 덴마크의 천문학자 튀코 브라헤도(1546~1601년) 사분의, 육분의 등 여러 가지 관측기구를 만들었습니다. 그가 매일 기록했던 정교한 관측 기록 덕분에 독일의 천문학자 케플러(1571~1630년)가 행성 법칙 세 가지를 찾아낸 것은 모두가 아는 사실! 튀코 브라헤가 있던 우라니보르 천문대의 벽에 설치한 사분의는 반지름이

울루그 베그가 천문대에서 학자들과 함께 있는 모습의 그림. 아미르 티무르 박물관

1.94m로 채 2m가 안 되는 크기였어요. 튀코 브라헤의 사분의에서 5.8cm는 1도, 0.77cm는 8분입니다. 케플러의 발견은 8분의 오차를 무시하지 않은 덕분이었는데, 울루그 베그의 천문대에서는 5초 단위로 측정하는 육분의를 설치했다니 저 대리석에는 우주를 해석하고 싶은 학자 울루그 베그의 치열함이 배어 있을 테지요.

울루그 베그 천문대의 육분의는 너무 거대하기 때문에 사다리를 놓고 올라가는 정도로는 관측할 수 없습니다. 두 줄로 된 육분의 가장자리에 놓인 계단을 따라 걸어 내려가서 또는 걸어 올라가서 천장에 뚫린 구멍으로 보이는 별의 위치를 기록했습니다. 지금은 난간으로 막아놓아서 내려갈 수 없지만, 2017년에 바호디르 율다셰프 감독이 만든 다큐멘터리 〈울

루그 베그: 우주의 문을 연 사람(Ulugh Beg_The Man Who Unlocked The Universe)〉을 보면, 사람들이 육분의 주변에 앉아 별의 위치를 기록하며 이야기를 나누는 장면이 나옵니다.

천문대 지하에 두 줄로 누워 있는 육분의. 돌로 만들어진 호에 눈금이 새겨져 있고 옆에는 계단이 있다.

알 카시, sin1°를 계산하다

천문대의 책임자는 알 카시였습니다. 알 카시가 쓴 천문학 문헌은 세 편이 전해집니다. 그중에 1416년에 쓴『관측기구의 설명에 관한 논문』에서는 천문 관측기구를 여덟 가지 다루었습니다. 프톨레마이오스가 사용하던 기구도 있고, 부와이 왕조의 학자 알 쿠잔디(al-Khujandi, 940년 무렵~1000년)가 발명한 것도 있고, 마라가 천문대의 알 투시(al-Tusi, 1135년 무렵~1213년 무렵)와 알 시라지(al-Shirazi, 1236~1311년)가 만든 것도 있고, 알 카시가 처음 만든 것도 있습니다. 이 천문대에는 그렇게 앞서간 거인들의 업적이 스며 있습니다. 천문대에서는 매일 태양의 위치를 측정하고 행성과 항성의 위치도 측정하여 기록했습니다. 17년 동안 관측한 1,018개의 천체의 위치 등 여러 정보를 담은『술탄의 지즈』를 1437년에 출판했습니다. 지즈에는 그동안 관측한 태양, 달, 행성, 항성의 위치로부터 앞으로의 이들의 위치를 계산할 수 있는 식도 포함되어 있습니다. 행성의 이심률과 공전 주기의 반지름도 새로 계산해냈고, 황도의 기울기는 23.5047도로 구했지요. 오늘날의 값이 23.44도이고 100년마다 0.0129도 정도 달라짐을 고려하면 매우 정교한 값입니다.

『술탄의 지즈』에서 가장 중요한 것은 계산의 기초가 되는 사인값 표입니다. 이 표는 18페이지에 걸쳐 실려 있는데, 0도부터 90도까지의 사인값을 1도 간격으로 계산해놓았습니다. 육십진법으로 소수점 아래 다섯 자리 또는 여섯 자리(십진법으로는 소수점 아래 아홉 자리 또는 열한 자리에 해당)까지 계산해놓은 표이지요. 또, 5초 간격으로 계산된 표도 있습니다. 사인값에 대한 가장 정밀한 계산이었습니다.

울루그 베그 천문대의 이런 놀라운 업적은 알 카시가 토대를 마련했다고 볼 수 있습니다. 알 카시는 sin1°의 계산 과정에서 등장하는 삼차방정식을 보간법으로 풀어 그 과정을 『현과 사인에 대한 논문』에 남겼습니다. 그는 육십진법으로 소수점 아래 네 자리(십진법으로는 소수점 아래 여덟 자리)까지 구했는데, 이 값은 16세기 타키 알 딘(Taqi al-Din)이 넘어설 때까지 가장 정확한 값이었습니다. 천문학에는 삼각함수가 필수입니다. 삼각함수가 아니라면 엄청나게 멀리 떨어져 있는 천체까지의 거리를 어떻게 계산할 수 있었을까요? 알 카시는 지금은 '코사인 정리'라고 하는 것을 처음으로 증명했습니다. 삼각형 ABC에서 $a^2 = b^2 + c^2 - 2bc\cos A$가 성립한다는, 삼각형의 변의 길이와 각의 크기를 찾을 때 매우 유용한 정리이지요. 각 A가 직각이면 $\cos A = 0$이니 피타고라스의 정리가 됩니다. 프랑스에서는 알 카시의 업적을 기려 '알 카시의 법칙'이라고 합니다.

앞서 여러 번 얘기한 『산술의 열쇠』에는 알 카시의 또 하나의 거대한 업적이 담겨 있습니다. 알 카시는 계산에 매우 뛰어났습니다. 컴퓨터라고 해도 손색없을 정도로 위대한 계산가였지요. 이 책에는 아르키메데

스가 원에 접하는 다각형을 이용하여 원주율을 구한 것과 마찬가지의 방법으로 원주율을 구하는 과정이 실려 있는데, 육십진법으로 소수점 아래 아홉 자리(십진법으로는 열여섯 자리)까지 계산했습니다. 이 기록은 180년 후에 독일의 수학자 루돌프 반 쿨렌(1540~1601년)이 나타날 때까지 깨지지 않은 대단한 기록이었지요. 원주율의 값을 구할 때나 sin1°의 값을 구할 때나 알 카시는 십진법과 육십진법에 대한 확고한 인식을 가지고 있던 것으로 보입니다. 이 책에는 십진법의 소수 표현에 대한 설명이 포함되어 있고, 이것이 알 카시의 또 하나의 위대한 업적입니다.

지금은 십진법의 분수 표현과 소수 표현을 모두 사용하지만, 알 콰리즈미가 9세기에 인도 숫자를 소개한 이후에도 십진법이 쓰이기까지는 오랜 시간이 걸렸습니다. 알 카시가 살던 15세기에도 학자들은 육십진법을 주로 사용했지요. 알 투시든 울루그 베그든 2 ; 3, 4와 같이 쓰면 $2 + \frac{3}{60} + \frac{4}{60^2}$ 를 나타내는 것이니 육십진법으로는 이미 고바빌로니아에서부터 소수 표현을 사용했던 셈입니다. 십진법은 상인들이 주로 썼고 학자들의 진법은 아니었던 거지요.

알 유클리디시의 『힌두 산술에 대한 책』의 61쪽. $\frac{1}{10}$ 을 더하는 과정에서 10행에 소수점 기호 ، 를 두 번 사용했다.

십진법 소수 표현이 처음 등장한 것은 952년 경입니다. 다마스쿠스와 바그다드에서 활동한 알 유클리디시가 처음으로 소수점 기호를 사용한 기록을 남겼습니다. 알 유클리디시의 『힌두 산술에 대한 책』에는 2로 나누는 계산과 $\frac{1}{10}$을 더하는 계산이 나옵니다. 135에 이 수의 $\frac{1}{10}$을 더하면 148.5이고, 다시 148.5에 이 수의 $\frac{1}{10}$을 더하면 163.35입니다. 이렇게 다섯 번 되풀이하는 과정에서 16335, 179685와 같이 일의 자리임을 나타내는 기호 ′를 사용하여 그 오른쪽은 소수점 아래의 수임을 알려주었습니다.

1172년에 알 사마왈(al Samaw'al)이 『산술에 대한 논문』에서 조금 더 발전시키지만 본격적인 십진법 소수 표현은 다시 300여 년이나 지난 알 카시에 이르러서야 등장합니다. 알 카시는 정수 부분과 소수 부분을 다른 색깔로 나타내기도 하고 정수 부분과 소수 부분을 아래와 같이 표로 구분하여 나타내기도 했습니다.

정수	소수 첫째 자리	소수 둘째 자리		정수	소수
17	2	8	또는	17	28

알 카시가 17.28을 표로 구분하여 나타낸 방법

표현 방법 자체는 알 유클리디시의 방법이 더 현대적이지만 알 카시는 두 가지 면에서 더 진보적이었습니다. 첫째, 알 카시는 14.3과 25.07의 곱셈을 할 때 143과 2507을 곱한 후 소수 부분이 세 자리임을 표시했습니다. 이 방법은 지금 우리도 사용하는, 알 유클리디시의 방법보다 훨씬 편한 방법이지요. 둘째, 알 유클리디시는 소수점 기호를 단순한 기호로 사용했을 뿐 그 중요성을 인식한 흔적은 없는데, 알 카시는 소수 표현에 따로 이름을 붙일 만큼 그 중요성을 인정했다는 점입니다.

그 후 독일의 수학자 루돌프 반 쿨렌이 1530년에 17.28을 17|28과 같이 정수 부분과 소수 부분 사이에 선을 그어 구분했고 네덜란드의 수학자 시몬 스테빈은 17⓪2①18②2와 같이 나타냈지요. 그런데 어쩐 일인지 스테빈이 십진법 소수 표현을 사용한 선구자로 여겨지고 있습니다.

비록 알 카시는 『술탄의 지즈』가 발행되기 전인 1429년경에 죽었다고 알려졌지만, 그의 가르침을 받은 학자들과 그가 남긴 업적은 울루그 베그 천문대의 토대를 이루었음에 틀림없습니다.

오스만 제국의 술탄 메메트 2세에게 알리 쿠시지가 『술탄의 지즈』를 바치는 세밀화. 톱카프 궁전 박물관 도서관. 이스탄불

울루그 베그 천문대는 30년 넘게 운영되다가 울루그 베그가 암살당한 1449년에 파괴되었습니다. 울루그 베그가 교리보다 학문을 더 중시한다고 불만을 가졌던, 학문보다 알라의 말씀이 중요하다는 교조적인 생각을 가진 이슬람 종교 지도자들과 결탁한 아들이 저지른 일입니다. 학생도 떠나고 학자들도 떠났습니다. 그중에 이곳에서 교육받은 알리 쿠시지(Ali Qushji, 1403~1474년)도 있습니다. 알리 쿠시지는 혜성을 관찰하여 지구가 회전한다는 증거를 찾은 학자입니다. 천체가 등속 원운동으로 움직인다는 아리스토텔레스의 말을 부인하고 지구가 움직인다고 해도 모순이 없다는 '개념적인 혁명'을 한 사람이지요.

알리 쿠시지는 『술탄의 지즈』를 품고 가족과 함께 콘스탄티노플로 탈출하는 데 성공했습니다. 거기서 『술탄의 지즈』를 출판했습니다. 『술탄의 지즈』는 페르시아어, 아랍어, 터키어, 라틴어 등 많은 언어로 번역되어 19세기까지 계속 사용되었지요.

유럽에서 『술탄의 지즈』가 출판되었을 때, 사람들은 천문대의 존재에 대해 알게 되었습니다. 그러나 어디에 있는지는 아무도 알지 못했지요. 천문대는 1908년에 러시아 고고학자 바실리 뱟킨(Vasiliy Vyatkin)이 발견했습니다. 아프라시아브 박물관 정면에 새겨진 부조에서 안경을 낀 오른쪽에서 두 번째 사람입니다. 천문대는 1941년에는 동쪽 부분이, 1948년에는 서쪽 부분이 발굴되었지요. 천문대의 크기도 밝혀졌고 관측 기구들도 일부 발견되었습니다. 남북으로 뻗는 자오선과 정확하게 일치하는, 바위로 된 거대한 육분의가 마침내 드러났지요.

알 카시가 구한 sin1°의 값

알 카시는 sin1°의 값을 구할 때 sin3°에서 출발했다. sin3°는 어떻게 구했을까? sin3°=sin(18°−15°)이므로 sin18°와 sin15°를 알면 구할 수 있다. sin15°는 sin30°에서, sin18°는 sin36°에서 배각 공식을 이용하면 구할 수 있는데, sin36°는 정오각형에서 제곱근을 이용하여 구할 수 있다. 이런 과정을 거쳐서 알 카시는 sin3°의 값을 알고 있었다. 또 사인 함수의 삼배각 공식 $\sin 3\theta = 3\sin\theta - 4\sin^3\theta$도 알고 있었다. 당시 이슬람 천문학자들은 반지름이 60인 원에서 삼각함수를 생각했으므로 $\text{Sin}\theta = 60\sin\theta$로 삼배각 공식은

$$\frac{\text{Sin}3\theta}{60} = 3\frac{\text{Sin}\theta}{60} - 4\left(\frac{\text{Sin}\theta}{60}\right)^3$$

$$\text{Sin}3\theta = 3\,\text{Sin}\theta - \frac{4}{60^2}\text{Sin}^3\theta$$

이다. 이를 육십진법의 소수 표현으로 나타내면

$$\text{Sin}3\theta = 3\,\text{Sin}\theta - 0\,;0,4\,\text{Sin}^3\theta$$

이다. 이제 로 '$\theta = 1°$'하며 $\text{Sin}1° = x$라고 놓으면

$$\text{Sin}3° = 3x - 0\,;0,4x^3$$

$$x = \frac{0\,;0,4\,x^3 + \text{Sin}3°}{3}$$

알 카시는 여기에 sin3°≈3 ; 8, 24, 33, 59, 34, 28, 15를 대입하고 보간법을 이용하여 x의 값을 1 ; 2, 49, 43, 11로 구하였다.

알 유클리디시와 알 카시의 곱셈

알 유클리디시는 『힌두 산술에 대한 책』에서 곱셈 방법을 설명했다. 예를 들어 249와 735의 곱셈은 아래와 같이 윗수를 기준으로 곱한 후, 세심하게 자리를 맞추어 더한다.

알 유클리디시의 계산						해석
1	4	6	1	0		(200과 735의 곱)
	2	8	1	2	2 0	(40과 735의 곱)
		6	3	2	7 4 5	(9와 735의 곱)

십의 자리 · 만의 자리 · 천의 자리 · 백의 자리 · 십의 자리 · 일의 자리

위의 계산에서 각 자릿수를 구하면, 일의 자리는 5, 십의 자리는 7+4=11에서 1(1 올림), 백의 자리는 2+3+2+2=9에 1을 더하면 10이므로 0(1 올림), 천의 자리는 6+8+1+1+6=22에 1을 더하여 23이므로 3(2 올림), 만의 자리는 4+2=6에 2를 더하면 8, 십만의 자리는 1이다. 따라서 두 수의 곱은 183,015이다.

알 카시는 『산술의 열쇠』에서 곱셈 방법을 세 가지로 설명했다. 첫째 방법은 대각선을 그은 격자표를 이용하는 방법이다. 표 바깥쪽에 곱하는 두 수를 가로, 세로로 쓰고 각각의 수를 곱하여 표를 채운 후, 대각선 방향으로 수를 더하면 7,806과 175를 곱한 결과 1,366,050을 얻는다.

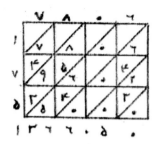
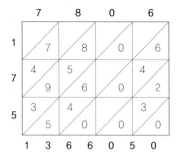

두 번째 방법은 표 없이 자리를 맞춰 쓰는 방법이다. 358과 624를 아래와 같이 각 수의 곱을 대각선 \ 방향으로 쓴 후, 세로로 더한다.

알 카시의 계산	해석
1 2 0 6 2 0 1 8 1 0 3 2 3 0 1 6 4 8 ――――――― 2 2 3 3 9 2	(그림)

세 번째 방법은 더 큰 수를 곱할 때 사용하는 방법으로 원리는 비슷하다.

알 유클리디시와 알 카시의 곱셈 방법을 비교하면 알 유클리디시의 방법은 매우 조심해서 자리를 맞추어야 하는 데 비해 알 카시의 방법은 기계적으로 계산이 가능하다. 알 카시는 소수를 곱할 때도 이와 같은 방법으로 사용했다. 곱한 후에 소수점의 위치를 결정하는, 지금 우리가 사용하는 방법을 개발했다.

세종 대왕과 울루그 베그

천문대를 나와 박물관으로 들어섰습니다. 박물관에는 천문대 모형을 비롯해서 천문대에 설치되어 있었다는 여러 가지 관측기구들과 울루그 베그의 책도 비치되어 있습니다. 벽에 걸린 전시물을 하나하나 읽으며 천천히 발걸음을 옮기던 중 익숙한 사진이 눈에 들어왔습니다. 우리나라 조선 시대의 천상열차분야지도와 혼천의 사진입니다. 혼천의 뒤쪽으로 관천대 위에 적도의까지 사진에 나온 것으로 보아 세종 대왕릉에 전시된 혼천의인가 봅니다. 먼 나라에 와서 우리 유적을 만나다니, 반가운 마음에 전시물 설명을 찬찬히 읽어봅니다.

> 사마르칸트 학교의 업적이 중국을 통하여 한국에까지 전파되었다. 조선의 왕 이도(세종, 1397~1450년)는 1432년에 천문학자·과학자로 구성된 특별 대표단을 중국으로 보내 천문학과 관련된 몇 권의 책을 중국으로부터 가져오게 한다. 그 이후 울루그 베그 학교의 전통이 한국에서도 발전하게 된다.

세종 대왕은 이미 1421년에 장영실 등 몇 명을 천문 관측기구 제작을 위해 명나라에 유학 보냈습니다. 명나라의 천문학은 명나라만의 것이 아니었습니다. 쿠빌라이칸은 훌라구칸이 다스리는 지역에서 천문학자 자말 앗딘을 초청합니다. 자말 앗딘은 알 투시를 중심으로 마라가 천문대에서 집대성된 첨단 천문학을 대원 제국에 소개하여 이후 중국 천문학의 발전에 지대한 영향을 미치게 됩니다. 아시아와 유럽을 묘사한 지구본을 만들어 보이고 지리지와 세계 지도도 편찬했지요. 1271년에는 마라가 천문대를 본떠 대도(북경)에 천문대도 설립했습니다. 북경 천문대에는 마라가 천문대에서 쓰던 것과 같은 혼천의 등 천문 관측기구들도 설치했습니다. 이곳에서의 천문 관측에 기반하여 편찬된 새로운 역서인 『수시력』은 중국 역사상 가장 오랫동안 사용될 만큼 정밀한 것이었지요.

명나라를 세운 주원장은 대원 제국의 천문학이 이슬람 천문학을 기반으로 하여 매우 높은 수준까지 발달했음을 알고 있었지요. 명나라를 세우자마자 주원장은 대원 제국의 천문 관측기구들과 아랍어, 페르시아어로 되어 있는 이슬람 서적을 모두 가져와 한문으로 번역하라고 명했지요. 이후 몇십 년 동안 무슬림 천문학자들과 중국의 학자들은 역법에서 괄목할 만한 성장을 이룩합니다. 세종 대왕이 명나라에 학자들을 보낸 것은 바로 이러한 사정 때문이었습니다. 그들의 선진 학문을 배워 오고 싶었던 겁니다.

1432년은 세종 대왕이 우리나라에 맞는 천문 역법을 만들기 시작한 해이지요. 당시에는 중국의 역법을 따르고 있었는데 우리 실정에 맞지 않았지요. 중국과 우리나라 한양은 경도와 위도가 달라서 태양과 달과 별의 위치의 관측값이 다를 수밖에 없으니까요. 그것을 개편하고자 하는 노력은 여러 사람의 힘을 합쳐 달성되었지요. 신분을 초월하여 등용된 장영실은 천문 관측기구를 만들었고 서운관 관리들은 매일매일 관측하여 기록을 남겼습니다. 1433년에 처음으로 우리나라의 하늘에 맞는 혼천의를 제작하여 사용했지요. 드디어 이순지, 김담 등 학자들은 중국과 이슬람 역법을 연구하여 우리가 기록한 관측 자료를 토대로 한 우리 땅에 맞는 역법을 10년 만에 완성했습니다. 그것이 바로 『칠정산』입니다. 『칠정산』은 내편과 외편으로 이루어져 있는데, 특히 외편은 회회력에 기반한 역서이지요.

세종 대왕 시대는 유독 과학 기술이 발달했던 시대입니다. 그 배경에 중국만 있는 것이 아니라 당시 세계 최고의 천문학을 구가하고 있던 티무르 제국의 천문 기술과 역법이 있었던 거지요.

세종 대왕의 이름이 적힌 울루그 베그 박물관의 전시물 앞에서 생각에 빠져듭니다. 울루그 베그와 세종 대왕은 여러 면에서 닮았습니다. 할아버지가 새 왕조를 연 것도, 새 왕조에서 학문의 전성기를 일군 것도, 천문학 등 학문에 큰 관심을 가진 것도 비슷합니다. 비록 세종 대왕은 울루그 베그와는 달리 비운의 죽음을 맞지는 않았지만 그 이후 과학의 시대가 급격히 저물어버린 것까지도 닮았습니다.

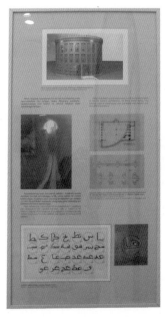

울루그 베그 박물관 전시물. 천문대 복원도와 육분의에 대한 자세한 설명(왼쪽), 혼천의와 천상열차분야지도 사진과 세종 대왕이 중국을 통해 사마르칸트의 천문학을 수입했다는 설명문(오른쪽)

조로아스터교 사원에서 이슬람 사원으로

울루그 베그 천문대에서 도로를 따라 남서쪽으로 가다 보면 아프라시아브 유적지가 있습니다. 더 남쪽으로 내려가면 묘지들이 보입니다. 특이하게도 사진이 새겨진 비석들이 즐비합니다. 샤히진다 영묘군 옆에 조성된 일반인들의 무덤입니다. 샤히진다 영묘군은 아프라시아브 언덕을 올라가면서 형성된 무덤군입니다. 물론 건물들로 만들어져 있지요. 안내판에는 44개의 묘 지도가 그려져 있습니다. 정말 많은 사람이 묻혀 있는 곳입니다. 시작은 이슬람교의 창시자인 무함마드의 사촌으로 사마르칸트에 와서 선교 중에 살해된 쿠삼 이븐 아바스입니다. 8세기에 만들어진 후 14세기 이후 티무르 시대의 왕족과 이슬람 종교 지도자, 순교자들이 묻혀 있습니다. 작은 규모의 구르 아미르 같은 멋진 돔과 마음을 경건하게 하는 피슈타크를 가진 영묘들이 언덕을 따라 올라가며 줄지어 있습니다.

샤히진다 영묘군이 아프라시아브 유적지의 가장 남쪽이라면 남서쪽 끄트머리에 하즈라트 히즈르 모스크가 고즈넉이 자리 잡고 있습니다. 19세기에 재건되어 몇 차례 증축되면서 예스러운 맛은 없어졌지만 밖에서 보는 돔과 미나렛과 여름 사원의 목각 기둥은 이슬람 사원의 형식을 그대로 따랐지요.

하즈라트 히즈르 모스크가 있는 풍경은 매우 깔끔합니다. 흙색 직사각형 보도블록에 붉은색 보도블록들이 줄을 그어놓은 듯 규칙적으로 박혀 있습니다. 사원의 옆은 주황색 벽돌 색깔이 보도블록의 붉은색과 한 형제인 듯 조화롭습니다. 길가에 심어놓은 노랗고 빨간 꽃들은 녹색 나무들과 잔디밭의 단조로움을 깔깔거리며 깨우는 듯합니다.

하즈라트 히즈르 모스크의 자리에는 원래 조로아스터교의 사원이 있었다고 합니다. 히즈르는 고대 페르시아에서부터 숭배되던 성인입니다. 사람들의 소원을 들어주고 다산을 축복하는 성인이며, 나그네의 수호성인이기도 합니다. 오랜 시간이 지나면서 만들어진 히즈르의 이미지는 이슬람 전체에 퍼졌고 어느새 이슬람 성인으로 추앙되기에 이르렀지요. 하즈라트 히즈르에 대한 전설은 여러 버전이 있습니다만 나그네의 수호성인이라는 점과 사원 앞으로 흐르는 물이 생명수라는 이야기는 공통입니다. '아프라시아브'라는 말에서 시아브는 '강', 아프라는 '너머'라는 뜻입니다. 아주 오래전부터 아프라시아브 유적지 앞쪽에 수로가 설치되어 있었다고 합니다. 이 물을 생명수로 여겼나 봅니다.

조로아스터교의 사원이 있던 이곳은 박트리아, 인도, 페르시아와 같이 남쪽에서 가는 대상들이 아프라시아브 성내를 빠져나갈 때 지나야 했지요. 먼 길을 떠나기 전에 이 사원에 들러 나그네의 수호성인에게 안전을 빌지 않았을까요?

하즈라트 히즈르 모스크 앞 정갈한 도로와 여름 사원

8세기에 이 지역을 정복한 아랍인들이 이 자리에 사마르칸트 최초의 이슬람 사원을 지었다고 합니다. 그때는 길 떠나는 대상들이 이슬람 사원에서 절을 했겠지요. 안전을 기원하며.

지금 보고 있는 사원은 그때 지어진 것이 아닙니다. 13세기 초 몽골 침략 때 사원은 완전히 파괴되었습니다. 아프라시아브 성내가 완전히 파괴되어 지금은 황량한 언덕으로만 남아 있는 것처럼요. 현재의 사원은 1823년에 다시 지어졌고 그 후 여러 차례 증축된 것입니다.

계단을 올라 하즈라트 히즈르 모스크에 들어서니 목각 기둥 사이로 시원한 풍경이 펼쳐진 여름 사원이 반겨줍니다. 이슬람 전통 모자인 쿠피를 쓴 나이 든 분들을 보니 관광지가 아니라 지금도 사용되고 있는 이슬람 사원이라는 실감이 듭니다. 안으로 들어가니 둥근 천장은 노랗고 푸른 동심원 문양으로 화려하게 장식되어 있고, 흰색 벽은 하얀 무하르나스로 화려하고 경건합니다. 구석마다 높이가 가슴께까지 오는 문이

여름 사원(왼쪽). 허리를 굽히고 들어가는 작은 기도실(오른쪽)

하즈라트 히즈르 모스크에서 바라본 남쪽 풍경. 시아브 바자르 너머 비비하눔 모스크가 보이고 왼편에 비비하눔 영묘가 보인다.

있습니다. 그 안에 허리를 굽혀야 들어갈 수 있는 작은 기도실이 있습니다. 작은 문은 기도하기 전에 마음을 비우는 장치인가 봅니다.

하즈라트 히즈르 모스크 방문에는 또 다른 즐거움이 따릅니다. 바로 탁 트인 전망이지요. 예전 수로가 있던 자리는 지금은 도로로 바뀌었는데, 건너가는 다리가 놓여 있습니다. 그 다리 남쪽으로 비비하눔 모스크와 비비하눔 영묘가 보입니다. 두 개의 거대한 피슈타크가 비비하눔 모스크이고 조금 떨어진 곳에 보이는 푸른 돔이 비비하눔 영묘입니다.

다리를 건너 시아브 바자르를 끼고 잘 닦인 길을 따라 비비하눔 모스크로 걸어갑니다. 바자르는 '시장'이라는 뜻이니, 시아브 바자르는 '강가에 있는 시장'이라는 말이겠지요. 사마르칸트에서 가장 크고 오래된 시장입니다. 사마르칸트에 오면 꼭 여기에 들러서 레표시카를 먹어보아

야 합니다. 다른 지역에
서 만든 것은 '그 맛'이
안 난다고 합니다. 타슈
켄트에서 학부모님들이
구워 왔던 레표시카와
정말 차이가 나는지 궁
금합니다.

시아브 바자르의 레표시카는 우즈베크 최고의 맛을 자랑
한다.

비비하눔은 티무르가
가장 총애했던 왕비라고 하지요. 티무르가 인도 원정에서 돌아와 페르
시아 건축가들을 동원하여 중앙아시아에서 가장 큰 모스크를 짓고 비
비하눔의 이름을 붙였다고 합니다. 인도에서 잡아 온 90마리의 코끼리
는 무거운 것을 들어 올리고 운반하는 데 사용되었지요. 인도에서 가져
온 호화로운 대리석은 마당을 둘러싸는 기둥으로, 또 널찍한 뜰의 마감
재로 사용되었다고 합니다. 수천 명의 신자가 기도할 수 있는 주마 모스
크가 탄생한 겁니다.

비비하눔 모스크는 동서 방향의 직사각형 모양입니다. 동쪽이 정문인
데 거대한 피슈타크의 무늬가 지워진 채로 있네요. 그 뒤쪽의 중앙 돔
은 이것에 가려 들어가야 볼 수 있습니다. 북쪽과 남쪽에 주름 잡힌 돔
이 하나씩 있습니다. 세 개의 돔으로 만들어진 사원은 모두 겨울 사원
으로 사용되었다고 합니다.

사마르칸트를 세상에서 가장 아름다운 도시로 만들고자 했다는 티무
르의 의지도 세월 앞에서는 무력한가 봅니다. 다른 건물들처럼 비비하눔
모스크도 금이 가고 무너져 내렸지요. 1897년 지진 탓이 크긴 합니다만.

비비하눔 모스크 입구의 피슈타크는 무늬를 복원하지 않았다(왼쪽).
1905년에 찍은 비비하눔 모스크. 오른쪽이 중앙 돔, 왼쪽이 북쪽 돔이다(오른쪽).

지금의 건물은 현대의 기술로 복원된 것입니다. 복원 전인 1905년에 러시아 제국의 화학자이자 사진작가였던 세르게이 프로쿠딘 고르스키가 찍은 사진은 북서쪽에서 찍은 것으로 보입니다. 중앙 돔에는 균열이 보이고 그 앞의 거대한 피슈타크는 아치 곡선 위로는 무너져 내렸습니다. 북쪽 사원의 돔과 이완은 아예 흔적도 없습니다.

사원 안으로 들어서자 마당 중앙에 대리석으로 만든 기단 위에 코란을 놓고 읽었다는 코란 받침대가 있습니다. 울루그 베그가 설치했다고 하지요. 건물 안에 있었던 이 코란 받침대 위에는 티무르가 바스라를 정복한 후 전리품으로 가져온 코란 초본이 놓여 있었다고 합니다. 3대 칼리프인 우스만이 보던 것이라 '우스만 코란'이라고 하는, 이슬람교 경전의 유일한 정본이라고 합니다. 티무르는 이것을 비비하눔 모스크에 보관했던 거지요. 타슈켄트의 무이 무보라크 마드라사에서 보았던 바로 그것입니다.

비비하눔 모스크의 중앙 돔 피슈타크에는 별오각형, 별팔각형, 별십이각형 등 다양한 별다각형으로 만들어낸 문양이 가득하다(왼쪽). 비비하눔 모스크 아래쪽에 반복되는 별십이각형에 기반한 문양(오른쪽).

비비하눔 모스크의 코란 받침대. 나무로 만든 독서대도 책을 받치는 부분은 ㅅ자 모양이다.

코란 받침대의 모양이 이상하다고요? 우리 독서대를 생각하면 곤란하지요. 히바와 부하라의 가게에서 가끔 보았던 엑스자로 생긴 이곳의 독서대는 바로 저 모양을 본떠 만든 것입니다.

뽕나무로 만든 종이

종이의 역사는 길고 깁니다. 지금과 같은 종이를 쓰는 건 근래의 일이고 옛날에 우리가 쓰던 한지라고 불리는 종이는 지금의 종이와는 다릅니다. 지금도 한지 공예라고 해서 한지로 상자나 가구를 만들기도 할 정도로 한지는 내구성이 좋지요. 종이가 귀하던 조선 시대에는 사관이 기록한 초고인 사초를 쓴 종이를 깨끗이 씻어서 다시 사용할 정도였고요.

종이의 전파는 흔히 751년 탈라스 전투 때라고 하지요. 그 이전에 중앙아시아에서는 목화 섬유를 이용해서 종이를 만들었다는 말도 있습니다만, 탈라스 전투에서 끌려간 당나라 포로 중에 제지술을 가진 기술자들에 의해 널리 퍼졌다고 합니다. 당시 당나라가 서진 정책을 펴자 석국(지금의 타슈켄트)이 위협을 느끼고 아바스 왕조에 지원을 요청하지요. 그래서 벌어진 것이 탈라스 전투입니다. 이 전투에서 당나라가 패하면서 이후 중앙아시아는 이슬람의 영향권으로 들어가게 됩니다.

사마르칸트에는 종이 공장이 생겨났습니다. 사마르칸트 주위를 흐르는 시아브강 유역에 종이 공장이 수백 개 들어섰다고 하지요. 탈라스 전투가 벌어진 지 몇십 년 후에 호라즘 지역에서 독립한 사만 왕조의 종이는 오랫동안 전 세계에서 최고의 종이로 여겨졌답니다. 종이는 사마르칸트의 특산물이 되었습니다.

이제 옛날 방식으로 뽕나무로 종이를 만드는 종이 공장을 찾아가보려고 합니다. 우리나라에 한지를 전통 방식으로 만드는 곳이 별로 없는 것처럼 사마르칸트에도 전통 방식의 제지술을 볼 수 있는 곳은 이곳뿐이라고 합니다. 우리 일행이 찾아간 종이 공장(Fabrica de papel de seda)은 비비하눔 모스크에서 동쪽으로 5km 정도 떨어진 곳에 있는 코니 길 마을에 있습니다. 사마르칸트 중심을 벗어나니 낮은 집들이 이어지는 단조로운 길이 이어집니다. 곧 시골길 같은 곳으로 들어서더니 작은 개울이 있는 곳에 '코니 길 메로스(Koni Ghil MEROS)'라는 간판이 보였습니다. 이곳이 종이를 만드는 체험도 할 수 있는 종이 공장이랍니다.

개울 옆엔 나무와 숲이 우거져 있고 이층 건물이 하나 있습니다. 건물 입구에는 이곳을 선전하는 홍보물이 붙어 있고 건물 오른쪽에는 방아채가 네 개나 되는 물레방아가 설치되어 있습니다.

밖이 부산스러웠는지 안에서 직원이 나왔습니다. 직원은 우리를 반갑게 맞아주며 먼저 건물 옆으로 안내해주었습니다. 처마를 길게 빼 그늘진 곳에 두 명이 앉아서 물에 불린 뽕나무의 껍질을 벗기고 있었습니다. 칼로 겁실을 벗기면 속에 있던 섬유질이 드러납니다. 건물을 한 바퀴 돌며 보니 종이가 되기를 기다리는 나뭇가지들을 쌓아놓은 것도 보이고 커다란 가마솥 두 개를 걸어놓은 재래식 아궁이 같은 화덕도 보입니다.

코니 길 메로스 종이 공장. 방아채가 네 개나 되는 물레방아가 설치되어 있다.

이곳에서 종이를 만드는 공정도 알고 보니 한지를 만드는 공정과 비슷합니다. 물에 불린 뽕나무 껍질을 벗겨 오랫동안 삶아 부드럽게 만듭니다. 흐물흐물해진 속껍질을 물레방아를 이용하여 짓이깁니다. 이것을 물이 담긴 통에 넣고 나무 발을 흔들며 얇게 뜬 후 잘 펴서 무거운 돌로 눌러 물기를 뺍니다. 이렇게 만들어진 젖은 종이를 잘 말린 후 한 장씩 대리석 위에 놓고 반질반질한 소라 껍데기나 뿔과 같은 도구로 문질러 광택을 내면 종이가 완성됩니다.

종이를 만드는 과정은 건물 밖에서 시작하여 안에서 완성됩니다. 뽕나무 껍질을 벗기고 삶는 과정까지는 밖에서 하고, 삶은 껍질을 짓이기는 방아는 건물 안팎에 걸쳐 있습니다. 건물 오른쪽에 방아가 보입니다. 여기 물레방아는 보통 보는 물레방아보다 규모가 상당히 큽니다.

흐르는 물에 물레바퀴가 돌아가면 수직으로 연결된 통나무 굴대도 돌아갑니다. 굴대에는 누름대가 네 개나 끼어 있습니다. 물레바퀴가 돌아갈 때 누름대는 각자 제 앞에 있는 방아채를 힘차게 누릅니다. 회전하며 반복되는 움직임에 방아채 끝에 달린 공이가 쿵쿵하면 건물 안에 설치된 방아확에서는 걸쭉한 섬유가 짓찧어집니다. 이렇게 방아채를 통해서 건물 안팎이 연결됩니다.

건물 안으로 들어서자 방아채에 달린 네 개의 기다란 방앗공이가 번갈아가면서 쿵쿵 확에 놓인 섬유질을 찧어댑니다. 이렇게 확이 여러 개 연결된 물레방아는 처음 봅니다. 문 왼쪽에 종이를 뜰 나무 발이 준비되어 있습니다. 직원이 나무 발로 종이를 뜨는 장면을 보여줍니다. 나무 발 위로 젖은 먼지 같은 종이가 얇게 눕습니다. 그 옆에서는 그렇게 만들어진 젖은 종이에서 물기를 뺍니다. 탁자 위에 켜켜이 놓인 젖은 종이 위에 올려진 무거운 돌이 물기를 빼나 봅니다. 마지막 공정은 잘 말린

① 물에 불린 뽕나무의 껍질을 벗긴다.

② 가마솥에서 오랫동안 삶아 껍질을 부드럽게 만든다.

③ 물레방아로 속껍질을 짓이긴다.

④ 짓이긴 속껍질을 물이 담긴 통에 넣고 나무 발을 흔들며 얇게 뜬다.

⑤ 종이를 무거운 돌로 누른다.

⑥ 말린 종이를 대리석 위에 놓고 잘 다듬은 소라 껍데기나 뿔과 같은 도구로 문질러 광택을 낸다.

종이를 무두질하듯 소라 껍데기로 문지르는 과정입니다. 직원이 반질반질한 뿔을 손에 잡고 대리석 위에 얹은 종이를 문지릅니다. 이렇게 문질러야 윤기도 나고 우둘투둘한 것도 없어지면서 글자를 쓸 때 매끄럽게 쓸 수 있겠지요. 정말 손이 많이 가는 과정입니다.

옆방에 들어서니 종이로 만든 수공예품이 가득합니다. 얼굴에 연지 곤지를 찍은 탈도 있고 전통 의상을 입은 인형도 있습니다. 맵시 나는 무늬를 넣은 가방도 있고 우아한 옷도 있습니다. 천연 염색을 한 옷감 같은 느낌의 종이와 글이 절로 써질 듯한 예쁜 편지지도 있습니다. 다 갖고 싶을 정도로 모두 저마다의 매력을 뽐내는데, 어떤 걸 골라야 할까요?

밖으로 나와 개울을 따라 조금 걸으니 저쪽에 뒤뚱거리는 오리 떼도 보입니다. 직접 손으로 모든 공정을 진행하는 것을 보았기 때문일까요? 사마르칸트 시아브강 강가에 수백 개의 제지 공장이 있었다는 그 시절로 돌아온 듯합니다. 실크로드를 따라 이런 종이들도 날개 돋친 듯 팔려나갔겠지요.

온종일 뜨겁던 해가 기운을 잃을 무렵, 타슈켄트로 가는 아프라시아브 고속열차에 올라탔습니다. 창밖엔 드넓은 하늘 아래 옅은 구름이 흘러가고 있습니다. 누런 초원도 끝 간 데 없이 펼쳐져 있습니다. 잡풀과 관목이 만들어내는 초록빛이 기차처럼 획획 지나가며 누런빛과 섞여 황톳빛 향수를 불러일으킵니다.

저 초원으로 얼마나 많은 사람이 지나갔을까요? 뽀얀 흙먼지를 일으키며 말을 타고 달리는 전사들이 보입니다. 낙타에 올라앉아 다음 오아시스까지 길고 긴 행렬을 이루고 가는 대상도 보입니다. 흙을 이겨 집을 짓고 살았던 사람들, 짐승의 가죽으로 유르트를 세우며 옮겨 다니던 사람들도 보입니다. 스탈린 치하에서 중앙아시아로 강제로 이주당한, '카레이스키'라고 불리는 사람들도 보입니다. 그렇게 수많은 사람이 지나갔던 곳에 오늘은 먼 타지에서 온 이방인이 열차를 타고 지나갑니다.

이곳은 우리나라와는 다릅니다. 매우 다릅니다. 기후도 다르고 풍경도 다르고 음식도 다르고 사람들의 습성도 다릅니다. 기원전부터 넓은 대륙에서는 교역과 침략이 성행하여 사람들은 자연스럽게 섞여 살게 되었습니다. 그 덕에 이곳 사람들은 여러 가지 언어를 구사하는 것이 자연스럽습니다. 사마르칸트 주민들은 대부분 타지크 민족이라 집에서는 타지크어를, 학교에선 공식 언어인 우즈베크어를, 길거리에선 소련에 속해 있었던 영향으로 러시아어를 사용합니다. 기본적으로 세 개 정도의 언어는 할 줄 아는 거지요. 이슬람 지역이니 꽤 많은 사람이 아랍어도 할 줄 압니다. 한 나라의 국민이 그 영토 안에서 여러 가지 언어를 사용한다는 게 어떤 느낌인지 잘 와닿지는 않습니다만, 확실히 호기심은 불러일으킵니다. 사마르칸트나 타슈켄트에는 택시가 있지만 대도시가 아닌 히바나 부하라 같은 곳에는 택시가 없습니다. 지나가는 승용차를 향해 '택시'라고 외치면 대부분이 앞에 와서 멈춥니다. 승용차가 택시 영업을 하는 거지요. 차가 서면 먼저 어디를 몇 숨에 갈 건지 흥정을 하고 타면 됩니다.

그렇게 낯선 곳이지만 사람들은 순박하고 음식은 맛있습니다. 신을 공경하는 모습은 이방인을 안심시킵니다. 우즈베크 사람들의 교육에 대한 열망은 그들의 미래를 상상하게 합니다. 소련의 통치에서 벗어나 우즈베크의 정체성을 찾아 나가는 여정에 엄지손가락을 치켜세워주고 싶습니다.

실크로드를 따라 늘어선, 우즈베크의 유서 깊은 도시들을 차례로 방문하고 이제 여정을 마치려고 합니다. 창밖엔 지평선 위로 저녁놀이 넓게 펼쳐져 있습니다. 낮게 깔린 구름 속으로 타는 듯한 붉은빛 해가 꼴딱 넘어가려고 합니다. 초원에는 어스름이 깔려 있고 옅은 구름은 아직 검푸른 하늘에 걸려 있습니다. 이 평화로운 풍광이 이곳에서 고단한 삶을 살았던 모든 사람의 영혼을 달래주기를 바랄 뿐입니다.

☀ 출처

인용문 출처

121·273쪽   이븐 바투타 지음, 정수일 번역, 『이븐 바투타 어행기 I』, 창작과비평 사, 2001.

182쪽   신경림 지음, 『낙타』, 창비, 2008.

284쪽   https://zh.wikisource.org/zh-hans/新唐書/卷221下에서 번역.

291쪽   Saskia van den Hoeven & Maartje van der Veen, Muqarnas Math in Islamic arts, Utrecht University, 2010.

292쪽   Golombek, Lisa, & Maria Subtelny, eds. Timurid Art and Culture: Iran and Central Asia in the Fifteenth Century. Leiden: E.J. Brill, 1992.

사진 출처

23쪽   Jöran Friberg, Seven-Sided Star Figures and Tuning Algorithms in Mesopotamian, Greek, and Islamic Texts, Archiv für

Orientforschung, Bd. 52 (2011), pp. 121-155

59쪽   https://commons.wikimedia.org/wiki/File:Topra-Kala_2nd_cent-
6th_cent_CE.jpg

73쪽(작은 사진)   http://www.qaraqalpaq.com/anctopraq.html

104쪽   https://www.orientalarchitecture.com/sid/1231/uzbekistan/khiva/
juma-mosque-of-khiva

108쪽   북한 고구려 고분 벽화 모사도, 국립문화재연구소, 2018.

110쪽   https://www.britishmuseum.org/collection/image/596764001

122쪽   https://commons.wikimedia.org/wiki/File:Jiva,_Itchan_Kala_72.jpg

125쪽   https://commons.wikimedia.org/wiki/File:Medrese_Alla_Kuli_Khan.
jpg

143쪽   https://www.wilton-photography.com/news-stories/2020/05/17/
ceilings-of-uzbekistan

160쪽   https://commons.wikimedia.org/wiki/File:Kalta_Minor_and_Kukhna_
Ark,_Khiva.jpg

272쪽   https://en.wikipedia.org/wiki/Rubaiyat_of_Omar_Khayyam

276쪽   강지원, 소그디아나 도시 유적의 특징과 존재 양상, 야외고고학 제40호
(2021. 3)

283쪽   https://commons.wikimedia.org/wiki/Category:Afrasiyab_museum_
paintings

310쪽   https://commons.wikimedia.org/wiki/File:Statue_of_Mirzo_Ulugbek.
jpg

324쪽   https://tr.m.wikipedia.org/wiki/Dosya:Fatih_Sultan_Mehmed_und_
Ali_Ku%C5%9F%C3%A7u.jpg

333쪽(오른쪽 사진)   http://loc.gov/pictures/resource/prokc.21835/#q=bibi+kh
anym&qla=en

☀ 색인

우즈베키스탄 여행기
수학자와 함께 걷는 실크로드

1판 1쇄 발행 2023년 3월 22일

지은이 남호영, 박제남
발행인 도영
디자인 씨오디
편집 및 교정 교열 하서린, 김미숙
발행처 솔빛길 **등록** 2012-000052
주소 서울시 마포구 동교로 142, 5층 (서교동)
전화 02) 909-5517
팩스 02) 6013-9348, 0505) 300-9348
이메일 anemone70@hanmail.net

ISBN 978-89-98120-89-4 03910

ⓒ 남호영, 박제남

* 이 저서는 인하대학교의 지원을 받아 저술되었습니다.